돌봄의 목소리들

100인 돌봄시민회의, 한국 사회 돌봄의 미래를 묻다

돌봄의 목소리들

N인분, 돌봄과미래, 빠띠 엮음

이매진

[이매진의 시선 27]

돌봄의 목소리들
100인 돌봄시민회의, 한국 사회 돌봄의 미래를 묻다

초판 1쇄 2025년 6월 30일
엮은이 N인분, 돌봄과미래, 빠띠
펴낸곳 이매진
펴낸이 정철수
등록 2003년 5월 14일 제313-2003-0183호
전화 02-3141-1917
팩스 02-3141-0917
이메일 imaginepub@naver.com
블로그 blog.naver.com/imaginepub
인스타그램 @imagine_publish
ISBN 979-11-5531-154-7 (03330)

일러두기

1. 2025년 5월 10일에 열린 '100인 돌봄시민회의'에서 나눈 이야기를 독자들이 읽기 좋게 정리한 책입니다. 각 장 제목에 달린 부제는 각 논의 테이블에 붙인 이름입니다.
2. 돌봄 시민 등은 모두 익명으로 처리했으며, 각 장에 등장하는 돌봄 시민 등은 모두 다른 사람입니다.
3. 단행본, 신문, 정기 간행물 등은 겹화살괄호(《 》)를, 단행본에 포함된 장, 논문, 기사, 법률, 연극, 그림, 음악 등은 홑화살괄호(〈 〉)를 썼습니다.

차례

프롤로그 돌봄, 사적인 목소리에서 시작해 공적인 대안으로
조기현 돌봄 커뮤니티 N인분 대표　**9**

1장 "돌봄 편의점! 담배 대신 돌봄을 주는"
가족 돌봄자 지원, 돌봄과 노동 병행 1　**13**

2장 "숨 쉬듯 돌봄 노동을 하고 있어요"
가족 돌봄자 지원, 돌봄과 노동 병행 2　**35**

3장 "걸어서 15분 안에 치매 돌봄 거점을 만들자!"
치매와 인지 장애 돌봄　**51**

4장 "우리 모두 돌봄을 바탕으로 살아가려면"
장애인 돌봄과 발달 장애 자녀 돌봄　**81**

5장 **"비상 돌봄 훈련이 필요해요"**

암 환자, 중증 질환자 돌봄 **103**

6장 **"어떤 죽음이든 다 갑작스럽지 않나요?"**

생애 말기 돌봄(호스피스 등) **121**

7장 **"보편적 돌봄이 있는 공동체 주택을 상상해요"**

집에서 돌봄, 요양 시설 대체 돌봄 **137**

8장 **"동료 지원이 많이 필요해요"**

정신 질환, 정신 장애 돌봄 **151**

9장 **"간병비는 의료 급여화하면 좋지 않나요?"**

의료-간병 통합 시스템 **171**

10장 "이웃 돌봄만 잘 받아도 괜찮잖아요"

지역 사회, 이웃 기반 돌봄 시스템 1 **189**

11장 "작은 끈을 이어 주는 네트워크가 지역마다 있으면 좋겠어요"

지역 사회, 이웃 기반 돌봄 시스템 2 **203**

12장 "이 인분, 삼 인분……가족이 다 죽어야 끝나?"

청년 돌봄 **221**

13장 "돌봄 도시를 만들자!"

자율 주제 **237**

에필로그 101번째 돌봄 시민을 기다리며

허선 돌봄과미래 교육연수위원장·순천향대학교 사회복지학과 교수 **253**

프롤로그
돌봄, 사적인 목소리에서 시작해 공적인 대안으로

조기현 돌봄 커뮤니티 N인분 대표

6년 전 《아빠의 아빠가 됐다》를 낸 이후, 돌봄을 주제로 한 강의나 자문을 하면서 전국을 다녔습니다. 돌봄 문제를 해결할 대안을 향한 갈증과 관심, 날카로운 문제의식과 변화하는 앎을 실시간으로 마주하는 경험이었습니다. 6년 전에 '돌봄은 가족의 책임이 아니다!'는 말이 커다란 인식 전환을 불러왔다면, 이제는 시민 각자가 생각하는 사회적 돌봄을 주제로 삼은 대화가 자주 이어집니다. 이미 시민들 사이에서는 하향식 돌봄 정책을 넘어선 성찰과 지성이 느껴집니다.

그렇지만 돌봄 부담과 돌봄 공백은 여전히 우리를 짓누르고 있습니다. 곁에 있는 누군가가 아플 때 이용할 돌봄 서비스가 없거나 돌봄 노동자를 구하지 못해 쩔쩔매며 느낀 당혹감, 아픈 이를 시설, 요양병원, 정신병원에 입원시킨 뒤 밀려드는 죄책감, 돌봄으로 어쩔 수 없이 퇴사해야 하는 억울함, 부모 돌봄과 내 노후에 얽힌 불안함, 돌봄만 생각하면 밀려드는 막막함. 우리가 돌봄 앞에서 감내해야만 하는 마음들 말입니다.

분명 눈에 보이는 돌봄 정책은 종류와 규모 면에서 계속 늘어났습니다. 2022년 기준으로 성인 돌봄 예산은 21조 4000억 원을 넘겼습니다. 경제협력개발기구(OECD) 회원국이 국내총생산(GDP)의 1퍼센트에서 2퍼센트를 성인 돌봄에 쓰는 정도하고 맞먹습니다. 아이러니하게도 한국은 간병 살인 비율이 2000년대 한 해 평균 5.6건에서 2020년대 18.8건(경찰대학교 치안정책연구소)으로 확 늘었습니다. 돌봄 예산은 늘어났는데, 외려 비극은 줄어들지 않았습니다.

'가장 사적인 목소리에서부터 돌봄의 공적 대안을 마련합니다!' 돌봄시민회의가 내건 슬로건은 이런 문제의식에서 만들어졌습니다. 돌보는 시민들이 목소리를 내지 않는다면 돌봄에 관련된 중요한 정책은 돌보지 않는 사람들이 결정할 가능성이 큽니다. 돌봄은 몸을 맞대고 마음을 쓰며 일상으로 겪는 일입니다. 이 구체적이고 세밀한 몸과 마음과 일상이 반영되지 않는 정책으로 과연 돌보는 이들이 겪는 고통을 줄일 수 있을까요? 돌봄 정책이 늘어나고 커진 지금도 우리가 안전망으로 체감하는 돌봄 정책이 없는 이유가 여기에 있지 않을까요? 돌보는 이들을 투명 인간 취급하지 않는 돌봄 민주주의가 필요한 셈입니다.

2025년 5월 10일, 돌봄 시민 100명이 모였습니다. 모두 이 자리에 모이기 위해 일상을 조율하고 에너지를 비축했습니다. 누군가는 새벽 기차를 타고 행사장이 있는 서울로 왔고, 누군가는 돌봄 일정을 조율하느라 뒤늦게 참석했습니다. 누군가는 배우자 돌봄을 자녀에게 맡기고 싶은데 자녀가 취업 준비 중이라 말을 꺼내지 못해 전전긍긍했고, 누군가는 돌봄 노동자하고 일정을 조정하기 어려워서, 누군가는 돌보다가 자기도 아프게 돼서 참석하지 못하는 아쉬움을 전했습니다. 한날한시에 돌보는 사람 100명이 모이는 자리는 이토록 힘든 일이었습니다. '100인 돌봄시민회의'는 그렇게 시작했습니다.

'100인 돌봄시민회의' 1부는 자기가 겪은 돌봄 이야기를 풀고 2부는 돌봄 경험을 바탕으로 정책 대안을 도출하는 방식으로 진행했습니다. 2부 끝자락에는 대통령 선거 후보자나 후보자 대리인, 정치인이 와서 시민들이 내놓는 의견을 직접 듣고 답하는 시간을 가졌습니다. 내 돌봄 이야기에서 시작해 공적 대안을 마련하고, 그렇게 마련한 대안을 제도 정치에 직접 제안하는 과정이었습니다.

돌봄 유형별로 10가지 주제를 정하고 13개 분과로 나뉘어 진행했습니다. 시민들이 이야기를 나누다가 과거에 겪은 고통이 전이될까 염려해 신경계 안정화 전문가로 구성된 심리지원팀을 꾸렸습니다. 돌봄이 필요한 이하고 함께 올 상황에 대비해 토론에 집중할 수 있도록 돌봄지원팀도 배치했습니다. 모든 분과에 정책 멘토가 함께했습니다. 정책 멘토는 우리가 나눈 돌봄 이야기가 개인이 겪은 일화로 끝나지 않고 경험 속에서 공적 대안을 함께 발견할 수 있게 돕는 조력자였습니다.

돌봄의 목소리들을 널리 들리게 하기 위해 추진위원회는 많은 노력을 쏟았습니다. 돌봄시민회의를 열자는 제 아이디어를 들은 허선 교수님이 조기 대통령 선거에 맞춰 시도해 보자고 제안하신 덕분에 이 프로젝트는 시작됐습니다. 탄핵 인용이 계속 미뤄지고 행사를 치를 자금이 모이지 않는 상황에서 추진위원회가 발휘한 지구력도 돌봄시민회의를 가능하게 한 밑바탕이었습니다.

추진위원회에 함께하는 세 단체가 낸 시너지와 구성원들이 보여준 합이 큰 몫을 했습니다. 온라인과 오프라인을 아우르며 시민행동, 참여, 숙의 커뮤니티 형성 등에 힘써 온 '빠띠', 돌봄 정책에서 전문성을 인정받고 입법 연계 역량을 지닌 '재단법인 돌봄과미래', 돌봄 시민들이 모여 돌봄시민회의를 구상하고 조직한 'N인분'이 각각 지닌 장기가 빛을 발하며 오늘날 돌봄을 둘러싼 어두운 구석구석을 비췄습니다. 이 연대 경험이 돌봄시민회의가 확산하는 동력이 되리라 믿습니다.

　　　　돌봄시민회의가 내건 뜻에 함께하며 후원해 주신 민주노총 전국보건의료산업노동조합, 사단법인 한국장애인단체총연맹, 국민건강보험노동조합, 한국사회복지협의회에도 감사하는 마음을 전합니다. 무엇보다 어려운 걸음을 해 주신 돌봄 시민들 덕분에 돌봄시민회의가 세상에 나올 수 있었습니다. 함께해 주신 돌봄 시민들에게 감사 인사를 전하며, 이렇게 모인 목소리가 흩어지지 않도록 추진위원회는 후속 활동을 이어가겠다는 약속을 드립니다.

　　　　몸과 마음과 일상을 맞대는 돌봄의 언어들이 정책 영역에 더 많이 가닿을 수 있어야 합니다. 생동하는 삶의 언어와 조금 납작할 수 있는 정책의 언어가 계속 갈등하고 대립하면서 찾게 되는 대안이 많아지기를 바라고, 그렇게 우리가 안전망으로 체감하는 돌봄 정책이 만들어지기를 바랍니다. 선거라는 이벤트를 넘어, 우리는 돌봄 말하기를 멈추지 말아야 합니다. 돌봄의 목소리들이 흩어지지 않고 계속 돌봄을 이어 말하기 위한 바통이 될 수 있도록 이렇게 책으로 만들었습니다. 《돌봄의 목소리들》이라는 바통을 당신에게 건넵니다.

1장

"돌봄 편의점!
담배 대신 돌봄을 주는"

가족 돌봄자 지원, 돌봄과 노동 병행 1

100인 돌봄시민회의에 멘토로 참여해 오히려 여러 가지를 배울 수 있었습니다. 대한민국이 기본이 튼튼한 사회가 되기 위해 얼마나 많이 노력해야 하는지도 깨닫는 계기가 됐습니다. 민주주의 회복과 경제 위기 극복은 협력과 연대를 바탕으로 모든 국민이 기본적 삶을 보장받아야 비로소 가능할 것입니다.

— 은민수 서강대학교 공공정책대학원 대우교수

돌봄 시민 1   저는 경기도 군포에 살고 있고, 조기현 작가가 영케어러 자조모임을 시작할 때 같이 했어요. 지금도 구성원 중 한 명이고요. 아버지가 산업 재해로 머리를 크게 다쳐 장애인이 되셨고, 9년째 요양병원에 입원 중이십니다. 지금 직간접적으로 돌봄을 하고 있습니다.

돌봄 시민 2   그동안 보건 의료 시민단체 활동가로 살다가 아버지가 암에 걸려서 그만뒀어요. 아버지가 돌아가시고 나서 다시 완전 다른 영역에 취업했습니다. 지금 제가 하는 일이 노인 분들을 많이 만나는 일이에요. 공공 주택 입주민 관련된.

돌봄 시민 3   지금 간호학을 공부하고 있습니다. 돌봄에 관심이 있어서 간호학을 전공했고, 서울시 치매 관리 사업 쪽 일을 잠깐 했고요. 어머니를 모시고 사는데, 제가 곧 돌봄을 해야 되는 처지입니다. 돌봄 제공자에서 돌봄 당사자가 돼 가다 보니, 치매 어르신들도 참 힘드시기는 하겠지만 가족들 어려움을 제가 그동안 많이 못 보고 있었다는 생각이 좀 많이 들었어요. 앞으로 어떻게 어머니를 돌볼 수 있을까 하는 고민이 깊어지면서, 오늘은 돌봄 당사자로서 다른 분들이랑 얘기를 나누고 싶어 참여했습니다.

돌봄 시민 4   안녕하세요. 병원 의료사회복지사로 일하고 있습니다. 제가 담당하는 대상자가 어르신들이에요. 그전에 청소년도 담당한 적이 있는데, 청소년이든 노인이든 돌봄에 항상 좀 문제가 있더라고요. 경제적인 어려움도 있지만 돌봄 문제도 뗄 수가 없는데, 제가 할 수 있는 일은 제도 안내밖에 없더라고요. 당사자로서 돌봄에서 느끼는 어려움이 어떤 건지 조금 더 알고 싶고, 앞으로 정책을 어떻게 해야 되는지도 궁금하고 해서 참여했습니다.

돌봄 시민 5   저는 사회복지법인에서 근무하고 있습니다. 장애인을 주로 지원합니다. 주로 장애인 자립을 많이 지원하고 있는데, 장애인 당사자 가정을 방문하면 돌봄자를 많이 만나게 돼요. 장애인 지원은 많이 있는데 돌봄자 지원이 별로 없는 것 같아서, 저희 법인에서 어떻게 하면 돌봄자를 지원할 수 있을지 고민하다가 개인적인 생각을 나누고 이야기를 듣고 싶어서 참여했습니다.

돌봄 시민 6   대학에서 사회복지학을 가르치고 있습니다. 처음에는 정치학을 공부하다가 사회복지학을 공부했습니다. 돌봄 정책에 관심이 많고요. 사회복지 정책을 실제 정책으로 만들고 입법하는 데 연관된 일을 하고 있습니다. 제가 갖고 있는 아이디어도 좀 말씀을 드리고 여러분 얘기도 들어 보고 싶어서 왔습니다.

돌봄 시민 7   안녕하세요. 저는 사회적 협동조합에서 이사장으로 근무하고 있습니다. 통합 돌봄이나 지역사회 돌봄에 관심이 많습니다. 현장에서 돌봄을 직접 수행하지는 않지만, 집수리하러 갈 때 돌봄 당사자들하고 만나거든요. 장애인, 노인, 저층 주거지 문제 등이 겹쳐 있는 것 같아요. 돌봄이라는 현실적인 문제도 있지만 주거에서 오는 불편도 많이들 호소하셔서, 제가 단순한 집수리를 넘어서서 주거 돌봄을 해야 한다고 주장하거든요. 지역에 있는 다른 장애인 단체나 의료복지 사회적 협동조합 같은 데에서도 활동하면서, 조각조각 나 있는 파편적인 형태를 넘어서 돌봄을 어떻게 연결할 수 있을까 고민하기도 하고요. 돌봄 체계가 너무 중첩돼 있기도 하고, 그러면서 소외되는 분도 생기는 현실도 쭉 고민이 돼서, 오늘은 좀 많이 들으려고 왔습니다.

돌봄을 돌아보는 돌봄자들

돌봄 시민 1   이제 돌봄에 관련해서 여러분이 직접 겪거나 목격한 일들을 이야기해 보려고 합니다. 돌봄 현장에서 직접 부딪친 문제들을 공유해 주시면 좋겠습니다.

돌봄 시민 3   제가 야학에서 활동하는데, 야학에 오시는 분들이 대부분 60대나 70대이고, 80대도 있거든요. 그분들이 어렵게 사시는 바람에 공부를 못 하셔서 뒤늦게 공부하러 오신 거예요. 여성이 상당히 많은데, 대부분은 돌봄 활동을 다 끝내고 밤에 오시는 거죠. 배우자도 나이가 많고 그분들이 모시는 시부모님도 연세가 많으신 거예요. 정말 열정을 가지고 어렵게 마음먹고 오셨는데, 중간에 계속 돌봄 상황이 생기는 거죠. 남편이 쓰러져서, 시어머니가 다쳐 수술해야 해서 중간에 가시는데, 그분들이 갈등을 겪어요. 이제는 내 인생을 살 수 있을 줄 알았는데, 나를 돌볼 만한 상황이라고 생각하고 왔는데, 계속 돌봄에 매여 있어야 하는 거죠. 그러다 보니까 미워하는 마음, 빨리 가시면 좋겠다는, 그런 문제가 생겨요. 제가 도울 수 있는 것은 그 상황에 너무 매몰되지 마시라고 말하는 정도밖에 없는데, 정말 속상하고 애틋해요. 학생들 앞에서는 제가 이렇게 감정을 다 드러내지 못합니다. 그분들이 무너질까 봐 걱정되니까요. 그런 사람이 한 명은 필요하니까요.

　　　　　제가 나이가 좀 있는데 결혼을 하지 않았어요. 제가 돌봄을 받지 못하고 유년 시절을 보냈는데, 저도 그 어머니들처럼 나머지 인생은 나를 챙기면서 살고 싶다고 생각했어요. 사실 결혼하게 되면 나를 돌볼 사람이 생기기도 하겠지만, 대부분 우리 한국 여성들은 돌보는 역할을 많이 해야만 되잖아요. 남은 인생을 자녀를 낳고 키우면서, 누군가를 돌보고 책임지면서 보내고 싶지 않은 마음이 컸어요. 남은 인생은 나를 위해서만 살고 싶다, 나를 돌보면서 살고 싶다는 그런 마음이죠. 모두 와 주셔서 감사합니다.

돌봄 시민 4 돌봄 경험을 들어 온 사람으로서 항상 부딪친 문제가 있어요. 갑작스러운 질병 때문에 자녀들이라든가 형제자매가 돌봄을 하는 분들이 많지만, 가장 걱정은 집에 돌아가서 혼자 살아가야 하는 분들이에요. 자립이 문제인데, 어르신들은 혼자 지내시거나 두 부부만 지내도 힘들어서 돌봄을 못 하잖아요. 그러면 결국 시설이나 병원으로 가시는 경우가 많아요. 지금은 지역 사회 돌봄이라든가 재택 의료 같은 것이 많이 생기기는 했지만, 사실 제가 옆에서 그런 사례를 접할 때는 이런 정책이 정말 당사자를 위한 걸까 하는 생각도 들었어요. 여러 돌봄 서비스가 있지만 겹치는 게 정말 많고, 정작 세 시간이나 네 시간밖에 돌봄이 안 되면 결국 다 자부담이거든요. 그런 어려움에 부닥치니까 저도 제도를 말씀드리려 하다가도 부끄러웠죠.

그렇게 한계를 느껴서 정책에 관련된 외부 활동을 하면서 목소리를 내고 싶기도 했지만, 제가 당사자가 아니라서 정서적으로 지지하기가 조심스러웠어요. 그래서 오히려 어떤 부분을 더 헤아리고 경청해야 할지, 어떻게 이야기해야 할지를 좀 배우고 싶어요. 그리고 이제 내 문제가 될 수도 있어서 노후까지 생각하게 되더라고요. 저도 결혼을 안 한 미혼인데, 앞으로 생각해 보면 스스로 노후를 책임져야 하는 거죠. 정년이 60세면, 나는 팔팔한데 일자리가 없으면, 노후까지 문제가 되는 거잖아요. 또 돌봄을 받아야 하는 상황이 될 수도 있잖아요.

돌봄 시민 5   돌봄 당사자는 아니지만 옆에서 지켜본 일들을 말씀드리고 싶습니다. 중증 자폐성 장애인이나 뇌병변 장애인 같은 경우는 활동보조인이나 복지 기관에 맡겨져 있는 시간이 아니면 보통 당사자가 24시간 장애인 옆에 붙어 있어요. 그런데 좀 취약한 분들 집에 가면 대부분은 부모가 장애인을 돌보는 경우가 아주 많아요. 그러다 보니까 생계라든지 개인적 문화생활을 다 포기해야 하고 항상 피로해서 많이 힘들다고 얘기들을 하세요. 그래서 장애 당사자 지원뿐만 아니라 돌봄 하는 사람도 지원이 많이 필요하다고 생각합니다. 제가 아침마다 장애인 관련 기사를 보는데, 장애인 탈시설 문제가 많이 다뤄지더라고요. 장애인 탈시설을 옹호하는 사람도 이해되고 옹호하지 않는 사람도 제삼자 처지에서는 다 이해가 되더라고요. 이런 문제들이 정말 궁금해서 왔습니다.

돌봄 시민 7   세 분 말씀하신 내용이 제가 직간접으로 경험한 것들이랑 다 중복되는 것 같아요. 요양보호사 문제, 탈시설을 해도 지역 사회에서 함께할 수 없는 문제, 일자리 문제를 맨날 만나요. 아버지가 딸을 돌보는 사례가 있어요. 딸이 소리를 지르니까 아주 구석진 집을 찾아서 조용하게 거주하는데, 그 집에 누수가 발생해서 저희가 출동했어요. 집주인이 고쳐 줘야 하는데 외면하는 거죠. 저희가 고치면 좋은데 예산 문제 때문에 진짜 괴로워요. 마음 같아서는 다 해 드리고 싶지만, 저는 공공이 아니라 민간이잖아요. 제도 안에서 그런 자원들을 연결해야 되는데, 난감하죠.

　　　　　　　　　　제가 일하는 사회적 협동조합 같은 데서 그런 연결을 막 나서서 할 때가 있어요. 복지관에 연락하고, 주민센터 연락하고, 구청에 연락하고. 저희가 오지랖이 넓어서 이러는 것뿐이지, 사실 그렇게 하는 데는 거의 없어요. 현장에서 일하면서 이런 연결 문제를 저는 되게 많이 느껴요. 제가 노숙인을 임대 주택에 입주시키는 일도 했거든요. 이분들이 들어가면 지역 사회에서 고립이 돼요. 'LH 임대주택'이라는 표지가 붙어 있으면 동네 애들이 들어가면서 욕을 해요. '거지가 사는 집' 같은 식이죠. 그런 경험을 제가 직간접으로 하는데, 사회복지사로서 그냥 사례 관리라는 걸 하는 거죠. 그런데 참여할 때 되게 수동적이고, 예산 확보 같은 문제들 때문에 항상 곤란했어요. 차별 해소도 안 되고, 고립되는 거죠. 그래서 쪽방촌에 그냥 살려고 하는 분들이 많죠. 거기서는 그래도 안에서 소통도 하고 뭔가 동질감을 느낄 수 있어요. 탑골공원 쪽방촌에도 가 봤어요. 주민센터 공무원이 주민들 공공 임대 같은 데로 보내도 몇 달 못 있고 다시 돌아온다는 거예요. 왜 돌아오냐면 거기에서는 사람들을 못 만나고 여기 오면 마음이 편하다고 한대요. 다 자기 같은 사람들이니까 불편함도 있지만 더 편하다는 거죠.

     삼사 년 전쯤에 간병인 쪽을 좀 알아보고 싶어서 서울대학교병원에 가서 간병인협회 부회장을 만났어요. 그때가 코로나 중이었어요. 간병인이 완전히 샌드위치예요. 일만 터지면 가족한테는 조금 힘드니까 간병인에게 다 퍼부어요. 석션처럼 원래 하면 안 되는 일도 가르쳐서 하게 하다가 문제 생기면 이 사람들이 다 떠안는 거죠. 겨울철에도 통증 환자를 떠나면 안 되니까 며칠씩 먹을 음식을 얼려 가져와서는 해동해서 화장실 같은 데 가서 혼자 먹는다고 하더라고요. 간병인들도 사실 다 60대 이상 취약 계층이고 환자라 돌봄이 필요한 사람들이에요. 무거운 환자를 막 들고 그래야 하잖아요. 끝나고 집에 가면 완전히 자기가 골병이 들어서 끙끙 앓고. 그런 이야기를 녹취해서 보고서도 나왔어요.

돌봄 시민 2 저는 아버지가 암에 걸리시고 노쇠하시기 전까지는 관련 활동가도 하고 그래서 보건 의료나 요양 쪽에서는 그래도 많은 정보를 알고 있다고 자만하는 상태였어요. 되게 간병을 잘할 거라고 자신했어요. 온전히 24시간 케어를 담당하기로 하고 아버지를 제집에 들어오시게 하면서 제가 알고 있는 모든 인프라를 다 아버지랑 연계하고, 요양 등급 받을 때도 이의 신청을 해서 재산정해 달라 적극적으로 요구해서 등급도 더 세게 받게 조정하고, 병원에서도 병원비가 많이 나오면 선택진료비 빼고 정상적으로 해 달라고 막 싸우고, 그렇게 제도를 모두 활용해서 아버지를 케어했습니다. 다른 사람들보다 정보력이 있기 때문에 처음에는 잘 진행이 됐어요.

그런데 어느 시점이 지나니까 가장 어려운 일이 가정 간병이라는 느낌이 팍 왔어요. 요양보호사는 정해진 시간만 일하고 가면 쉬는 시간이 있죠. 전문 사회복지사는 그 시간만 일하면 나머지 시간은 자기 활동을 하는데, 가족은 이런 게 없어요. 가족 간병은 쉼이 없고, 간병을 담당하는 시간과 쉬는 시간을 구분할 수 없는 노동인 거예요. 이를테면 애를 볼 거냐 돈을 벌 거냐 그러면 돈을 벌겠다고 얘기하듯이, 가족 간병은 제대로 연구되지 않았어요. 지금은 시간이 많이 돼서 거의 10년 전 이야기이지만, 가족 간병은 관련 연구에서 완전히 배제돼 있다는 느낌이 많이 들었습니다. 노인 돌봄이나 사회복지 영역에서 대상자이자 당사자로서 노인이나 장애인은 연구가 많이 돼 있지만 이런 사람들을 지원하는 가족은 연구, 지원, 재활을 알아서 해결해야 하는 존재로 거의 방치돼 있다는 생각이, 저는 들었어요.

복지 제도에서 지원하는 노인 돌봄이라든지 간병은 어디

까지나 그 영역의 한계 안에서 연결할 때만 실행이 되지 전체적인 시스템은 아니잖아요. 결국에는 이 모든 인프라에 연계하는 코디네이터 구실을 가족이 해야 하는 상황인 거죠. 중요한 건 이 코디네이터가 저처럼 그런 정보를 알고 있지 못해요. 그런 정보를 많이 알고 있는 저도 너무 힘들었어요. 평범한 사람이 막상 부모를 케어해야 될 때 이런 자원과 대상자를 잘 연결하는 사회복지사나 간병인보다 더 많은 구실을 해야 하는데, 정보력이 없잖아요. 그런 이들한테 정보를 주는 사람이 없어요. 없습니다. 건강보험공단에서 보내 주는 노인 요양보호사도 자기가 하는 업무에 필요한 정보만 알고 있기 때문에 처음부터 끝까지 자력으로 해야 하죠. 가족이 코디네이터를 못하면 아무리 시스템이 잘 갖춰져 있어도 대상자가 연결이 안 되는 거예요. 가족 대상 교육, 정보 제공, 심리 지원, 재활 취업 같은 지원은 전혀 없어요.

가장 어려운 일을 하면서 가장 지원이 없는 영역이 가족 간병자라고 생각합니다. 제가 오늘 오면서 인공 지능, 에이아이에 물어봤어요. 지금 대한민국에 치매 지원 서비스 같은 걸 신청해서 지원받고 있는 사람이 몇 퍼센트나 되냐고 하니까 15퍼센트 정도래요. 공공 기관에서는 직원이 부모를 돌보면 인센티브를 줘요. 그나마 최근에 생겼어요. 급여에 얼마를 더 보너스로 주는 식으로, 육아하는 사람들을 지원하듯 말이죠. 그런데 아이 키우는 부모한테 주는 정도에는 한참 못 미쳐요. 그 정도는 아닙니다. 그러니까 제 경험도 그렇고, 있는 제도를 활용하는 사람이 많지 않다는 거죠. 그만큼 가족 간병은 사각지대에 있다고 저는 느끼고 있습니다.

돌봄 시민 6 가족 돌봄에 관련해서 국가가 할 수 있는 것이 시간이나 돈 또는 서비스를 직접 지원하는 정도가 될 텐데, 가족 돌봄을 보면 가장 힘든 게 모니터링이 힘들다는 거예요. 또한 제대로 돌봄을 하는지를 측정하기가 힘들고, 하더라도 그냥 밥만 챙기는 정도인지 24시간 정말 붙어 있는지 확인할 길이 없잖아요. 도덕적 해이 문제를 해결해야 하죠. 다른 돌봄 노동자처럼 시간에 따라서 임금을 측정하기가 너무 힘들다는 얘기가 있어요. 가족 요양보호사 제도가 있는데, 일반 요양보호사가 받는 금액의 절반만 지원해요. 그래서 어떻게 하냐면 서로 각자 부모를 돌보는데 신고만 따로 해요. 카드만 찍는 거죠. 그러면 100퍼센트를 받잖아요. 그러니까 결국에는 현실적이지 않은 거예요. 남용될 소지도 많고.

돌봄 시민 4　공단에서 원칙적으로 가족 돌봄은 완전 섬에 있거나 요양보호사를 부를 수 없을 때 하는 게 원칙인데, 일단은 센터에 직원으로 등록하는 방식도 있어요. 이런 건 바뀌어야 하지만, 요양보호사 자격은 갖고 있어야 하죠.

돌봄 시민 7　가족을 돌보고 나서 다시 취업하려고 할 때 그전에 하던 일을 이어서 할 수 없는 문제가 있잖아요. 돌봄 이후 취업 문제에 관련된 대안이 마련되면 좋겠어요. 경력 단절 문제가 해결돼야 하는데, 이런 정도 방안도 있지 않을까 하는 이야기를 해 주셔도 좋겠습니다.

시간, 소득, 서비스

돌봄 시민 6　크게 세 가지 정책 방향이 있습니다. 첫째, 통합입니다. 소득 보장, 서비스, 좋은 주거, 의료 등이 매우 긴밀하게 연결돼 있는데, 우리는 아직도 그야말로 따로따로 돌아왔어요. 그러니까 많은 문제가 나오고, 특히 비효율성이 나타났죠. 이제는 이런 것들이 함께 패키지로 가야 효과가 날 수 있습니다. 둘째는 분권입니다. 그동안 중앙 정부 중심이었는데, 이제 광역 지방자치단체와 기초 지방자치단체로, 밑으로 분권화돼서 지역 밀착형으로 가는 방향이 옳지 않나 생각이 듭니다. 여전히 기획재정부 같은 데에서 잡고 있으려고 하고, 어떻게 보면 니들이 뭘 알아서 해 봤어, 시키는 대로 해, 전문가들이 그림 그려 주면 따라 해, 이러는 게 사실이거든요. 셋째, 지자체가 혼자 하지 않고 공동 생산하는 겁니다. 장애인 같은 수혜자가 일방적이고 수동적으로 주면 받는 방식이 아니라, 의사 결정에 참여해서 같이 만들어 가야 하는 거죠. 그런데 지방으로 갈수록 역량이 좀 부족한 건 사실이에요. 인구 구조상 노년층이 많아서 의사 결정을 해도 우리가 잘 알아 식으로, 가부장적으로 가는 수도 있다는 말이에요.

　　　　　이렇게 세 가지, 그러니까 통합, 분권, 공동 생산이 진보적인 정책 방향이에요. 재정 문제라든지, 각각 넘어야 할 산이 있어요. 그렇지만 시행착오를 감수하면서 일단 해 봐야 해요. 내 얘기가 받아들여지고 삶이, 가족이 좀 나아지더라 하는 효과가 생기면 점점 더 적극적으로 되고 발전하는 거죠. 이 세 가지 방향에서 더 생각할 수 있는 구체적인 수단에 관련해서는, 어쨌든 모든 서비스가 공동으로 생산돼야 하고, 시간 휴가제 같은 방식까지 포함해서 시간을 돌봄에 할애할 수 있는 여건을 마련해야 해요. 그리고 돈이죠. 지금 돌봄이 대부분 다 무급이에요. 무급도 양반이죠. 휴가 쓰고 오면 자리 없어지고 그러잖아요. 경제적인 보상이 필요해요.

　　　　　시간, 돈, 서비스 차원에서 우리가 수단을 좀 찾아볼 수 있겠죠. 대표적으로 '돌봄 참여 소득'을 생각해 볼 수 있어요. 참여 소득은 원래 사회적으로 의미 있는 가치 공제 활동을 얘기하거든요. 예전에는 가사를 당연한 것으로 보고 반드시 노동을 해야만 임금을 받는다고 생각했잖아요. 지금은 세상이 바뀌어서, 자원봉사든 커뮤니티 활동이든 시민단체 활동이든 가족을 위한 활동이든 사회적으로 의미 있는 활동에는 급여를 줘야 해요. 돌봄 노동이 정말 중산층도 한번 해 볼까 하는 생각이 들 정도로 사회적 인식이 높아지고 소득도 높아져야 돌봄 받는 사람도 행복해져요. 돌봄 제공자가 편해야 돌봄 실력이 나아지잖아요. 그리고 커뮤니티 케어라는 게 한마디로 탈시설인데, 중증 환자 아니면 시설에 안 들어가도 되도록 해야 하지만 너무 힘든 가족이 있잖아요. 그래서 가족 부담을 줄여 주는 지역 사회 통합 돌봄이 필요한 것 아니겠어요. 돌봄 서비스는 민간이 한 90퍼센트를 차지해요. 공공성이 전혀 없죠. 사회서비스원이 있기는 하지만 기능이 미미하고, 민간과 공공이 절반 정도 섞여서 마블링 같은 형태가 돼야 가장 좋거든요. 주택도 그렇거든요. 민간이 확실히 품질이 낮고, 공공은 가격이 싸죠. 민간과 공공이 경쟁하면 소비자는 싼 가격에 좋은 주택을 살 수 있어요. 그런데 돌봄은 거의 일방적이라 경쟁 자체가 안 돼요.

시간, 소득, 서비스 차원에서 국가가 큰 틀을 잡아 줘야 해요. 돌봄 할 수 있는 시간, 참여 소득, 공공 서비스 확대가 같이 가야 해요. 지금은 사회서비스원이 광역 지자체 수준에 있잖아요. 광역에서는 기초 단위를 잘 몰라요. 중앙 정부보다는 좀 낫겠지만, 읍면동까지는 잘 모르고 인프라도 없어요. 사회서비스원 밑에 기본사회서비스원 같은 걸 만들어서 공공 서비스를 제공하는 거죠. 공공이랑 민간이 경쟁하면서 선택권을 줘야 해요.

돌봄 시민 3 선택권이 좀 다양하면 좋겠어요. 돌봄을 해야 하는 상황이 될 때, 직접 돌봄을 하고 싶은 사람이 있을 거고 마음이야 하고 싶지만 내 일을 하면서 다른 누군가가 나만큼 돌봄을 해 주기를 원하는 사람들이 있을 거잖아요. 어떤 사람은 내가 직접 돌봄을 하더라도 중간중간에 내 일을 챙길 수 있는 서비스를 원할 수도 있고요. 다 다를 것 같거든요. 어떤 상황이더라도 내가 선택할 수 있으면 좋겠어요. 지금은 어머니를 직접 돌보고 싶어서 국가에서 주는 여러 서비스를 직접 받으면서 돌봄을 해도 어느 순간 제가 지칠 수가 있잖아요. 이제는 조금 떨어져서 거리를 두고 돌봄을 하고 싶다 그러면, 그 긴 시간 동안 누군가 와서 거들어 주고 저는 제 시간을 가지는 거죠. 어떤 죄책감도 없이 우리 엄마를 누군가에게 맡길 수 있는, 그런 선택권을 누릴 수 있을까 하는 생각이 많이 좀 들었어요.

예전에 치매 가족 간담회를 한 적이 있어요. 요즘 돌보지 않을 권리 이야기가 나오거든요. 돌봄을 하지 않을 권리는 보장돼야 된다고 어떤 분이 발제를 했더니, 가족들이 엄청 화를 내시는 거예요. 의외였어요. 그게 뭔 소리냐, 가족을 돕지 말라는 게 무슨 소리냐. 그러니까 연세 드신 분들인 거예요. 가족이 가족을 돌보는 건 너무 당연한데 돌보지 않을 권리라는 게 뭐냐, 그럼 그냥 부모님 안 돌봐도 괜찮다는 얘기인 거냐, 면책권을 주는 거냐, 이렇게 생각하시는 거죠. 아직은 그래도 우리 사회에서는 내가 직접 돌봄을 하면서도 부담스럽지 않은 방향을 원하는 것 같다고 생각했지만, 사실 시대는 변하잖아요. 저 같은 더 어린 세대는 또 다른 방향을 원할 수도 있고요. 오히려 더 돌보지 않을 권리를 보장받고 싶어하는. 부모를 방치하겠다는 얘기는 아니고, 그러니까 원하지 않는 때에 내가 직접 돌봄을 안 할 뿐이지 돌봄을 더 잘 제공하기 위해서 나보다는 더 강한, 더 나은 돌봄을 할 수 있는 정치까지 가겠다는 거죠.

돌봄 시민 5   우리 사회 인식이 그런 권리를 방치로 인식할 수밖에 없는 이유가 아직 그런 돌봄을 보장해 줄 수 있는 인프라가 없고, 서비스가 없으니까, 실제로 내가 원하지는 않아도 방임처럼 되는 상황이 되니까, 그런 권리를 보장받을 수 있도록 서비스가 다양해지면 좋겠다는, 그런 곳에서 살고 싶다는 생각이 들었어요.

돌봄 시민 4   일종의 탈돌봄권이잖아요. 원치 않은 돌봄 상황을 국가나 지자체를 믿고 벗어날 수 있는.

돌봄 시민 5   단순하게 회피랑은 조금 다른 의미 같아요.

돌봄 시민 4   오히려 반대로 더 좋은 돌봄을 제공하고 싶은 게 될 수 있어요. 아침부터 시간에 막 쫓기면서 짜증 내고 그러면 잘못될 수 있으니까. 그런 면에서 지식도 있고 경험도 있는 분들이 돌봄을 하면 돌봄 받는 분도 행복하시겠다, 이런 차원이 맞아요.

돌봄 시민 2   일단 가족 돌봄이 가장 어려운 점은 가이드라인이 없다는 거거든요. 여기부터 여기까지 하는 거라는 규정이 없어요. 그래서 매우 힘들거든요. 요양보호사는 여기부터 여기까지 한다는 규정이 있는데도 현장에 가면 사실 잘 지켜지지 않잖아요. 사회적인 필요, 요양보호사가 기관에서 받는 교육, 현장에서 원하는 게 다 다르잖아요. 가족 간병은 그런 영역이 더 무한대일 건데, 사회적으로 가족 간병에 적용할 가이드라인을 만들어야 한다고 생각해요.

교육 아이템이든, 사회적 기준이든, 무슨 학문이든 가족 돌봄이라는 영역을 정해 주면 사람들이 내가 이 정도는 할 수 있겠다고 생각할 수 있잖아요. 그런데 범위가 너무 넓게 인식되기 때문에 다들 하기 싫은 일이 돼 버리는 거예요. 그래서 사람들이 접근할 수 있는 가이드라인을 정리해야 한다고 생각해요. 여기까지 가족 돌봄이고 여기부터 사회 서비스야 하고 정리하는 플랫폼, 시스템이 있어야 해요. 각각 전문 영역은 개발이 잘 돼 있어요. 웬만한 지자체에서는 휠체어 택시 불러서 병원 동행 서비스를 붙여 줘요. 심지어 에이아이 노인 복지 서비스 같은 아이템도 있어요. 그런데 그런 것들을 가족 간병 하는 분들이 모르죠. 이런 자원을 전달해 줄 수 있는 매개체 구실을 하는 직업이 필요해요. 저는 너무 많은 영역을 다루기 때문에 사회복지사가 다 하기는 힘들다고 봐요.

그러니까 가족 돌봄을 하는 분들을 교육하는 시스템이 필요하고, 가이드라인이 있으면 좋겠고, 그 가이드라인을 교육하는 시스템도 필요하다는 거죠. 그리고 아까 말씀하신 대로 가족을 돌본 사람이 부모님 돌아가시면 아무것도 할 게 없잖아요. 해방이 되죠, 그 일에서는. 대신에 취업도 이제 할 수 없죠. 오륙 년을 쉬었는데, 어디 가서 무슨 일을 해요? 그런데 그분들이 가진 자원이 하나 있어요. 돌봄 경험과 돌봄 경험을 통해서 얻은 인프라를 누구보다 잘 알아요. 부모님이 돌아가시면 스스로 취득한 자원이 다 제로 베이스가 돼요. 물론 제도는 계속 변하겠지만, 어떤 상황에 어떤 제도를 매칭해서 해결한 경험 자원을 재활용할 수 있는 시스템이 필요하다는 거죠. 그런 경험과 자원을 가진 분들을 하나의 직업군으로 만들 수도 있죠.

케어 매니저나 돌봄 코디네이터 같은 직업을 만들어서 자기가 가진 자원을 직업으로 승화시킬 수 있게 하자는 거죠. 사회적 기업이 될 수도 있고요. 전문가보다 더 많이 아는 전문가거든요. 새로 돌봄에 직면한 사람들 교육도 하고, 지원도 하고, 상담도 하고. 장애인이 장애인을 상담하는, 동반자 상담 같은 게 있어요. 그런데 가족 돌봄은 경험을 서로 교환하고 만날 수 있는 시스템이 없어요. 가족 안에서만 사용하고, 사용이 끝나면 그냥 아웃인 거예요. 필요한 사람들이 다시 나눠 쓸 수 있게 해야 하죠. 그동안 전문가들이 그냥 일대일로 대상자랑 연결되는 시스템이었다면, 지금은 정보를 확대 재생산할 수 있는 시스템이 돼 있잖아요.

통합 돌봄 서비스 얘기할 때 지역 공동체를 많이 말하잖아요. 사실 공동체 방식이 되게 이상적이고 좋기는 한데, 지금 촛불 집회 때 모임으로 안 나가잖아요. 유튜브 보고 나가거나 그냥 나가거나 그렇죠. 여러 사람이 모이지만 다 개인이지 참여하는 조직이 있어서 집회에 참석하는 시대가 아니라는 거예요. 공동체 개념이나 개인이 집단에 참여하는 방식이 달라졌어요. 노인들이 가장 싫어하는 게 사실은 집단 활동이에요. 집단이 모여서 하는 일들이 이상적으로 좋기는 한데 지금 시대에는 좀 맞지 않아요.

돌봄 시민 1 정리하면 사회 서비스와 가족 돌봄을 구분할 수 있게 가이드라인을 만드는 작업이 필요하고, 그런 가이드라인을 바탕으로 돌봄 경험을 가진 분들이 경험 자원을 재활용할 수 있는 시스템이나 플랫폼이 있어야 하고, 어떤 직업군을 만드는 방식 등을 통해서 돌봄 경험자가 경험을 나누고 전문성을 활용할 수 있어야 한다는 정도가 되겠습니다.

돌봄 시민 2 유럽은 잘 돼 있는데 우리가 안 되는 게 뭐냐면, 우리는 돌봄 받는 사람들이 자기 스스로 뭘 찾고 이해해서 신청할 수 있는 능력이 현저히 떨어지는 분들이 많다는 말이에요. 일종의 원스톱 서비스라든지 개인 주치의 제도처럼 '돌봄 주치의'가 가능할 것 같아요. 아무튼 사례 관리를 하듯이 병원은 이런 쪽으로 가셔라, 보험 약관은 이런 뜻이다, 금융 부채는 이렇게 해결하시라 등등. 그래야 재기할 수 있거든요. 약간 숨 쉴 공간이 필요해요. 숨 쉴 공간 없이 고립된 상태에서 돌봄의 미로를 계속 헤매는 거죠. 돌봄과 돌봄 이후를 관리해 주는 사람이 필요해요.

아까 커뮤니티 관련해서 말씀하셨는데, 커뮤니티에는 지리적 개념이 있어요. 저는 오히려 지리적으로 떨어져 있어도 커뮤니티에서 큰 도움을 받을 수 있다고 생각해요. 지리적으로 가까운 곳에서 할 수 있는 일도 있고 인터넷 등을 통해서 주고받을 수 있는 것도 많아요. 인공 지능 같은 과학기술을 잘 활용하면 비대면 의료처럼 시너지가 있겠다고 생각해요. 인간과 기술, 접촉과 비접촉이 다 필요하다는 거죠.

제가 가이드라인을 말씀드린 이유를 빠트렸네요. 가이드라인을 얘기한 이유는 가족 간병의 영역을 축소해야 하기 때문이에요. 가족 간병 영역을 계속 축소하고, 가족 간병 인력에도 사회적 기업이 개입해야 된다고 생각해요. 잘못된 간병을 하거나 잘못된 돌봄을 하는 사례가 진짜 빈번한데, 사실 돌봄을 담당하는 사람들이 이미 심리적으로 많이 무너져 있기 때문이에요. 관계가 틀어진 건데, 그냥 개인과 개인의 문제, 가족과 가족의 문제이니까 스스로 해결하라고 하는 상황이잖아요. 돌봄이 사회적 문제라면 사회적 개입이 있어야 한다고 생각하고요. 성년 후견인 제도가 있잖아요. 스스로 뭔가를 하기 어려운 사람이 신청을 하면 후견인을 세워서 그 후견인이 관리하는 그런 제도를 차용하는 거죠. 요즘 보이스 피싱처럼 노인이 범죄에 노출될 가능성이 아주 높잖아요. 돌봄을 활용해서 사기를 치는 범죄도 많이 늘어나고 있다고 하더라고요. 그래서 돌봄을 그냥 맡겨 두는 게 아니라 사회가 개입해서 돌봄이 제대로 되고 있는지 알아봐야 하고, 돌봄을 받는 사람이 인권을 잘 보장받는지 모니터링해야 된다고 생각해요. 기관을 이용하는 사람은 모니터링이 되지만 집에 있는 사람은 안 되거든요.

돌봄 시민 5   저는 이제 취약 계층에 많이 집중하고 있어요. 왜냐하면 당사자를 많이 겪었으니까요. 그분들하고 만나서 항상 얘기하는 게 경제적 문제, 일자리 문제인데, 노인복지관에 5년 동안 있으면서 느낀 점이 어르신들 공공 일자리 정책이 굉장히 많았어요. 그런 일자리를 돌봄 청년이나 가족에게 제공하면 어떨까 하는 생각이 들어요. 요즘 디지털 노마드라고 해서 집에서도 할 수 있는 재택근무 일자리가 늘어나고 있거든요. 빅데이터 활용하는 데이터 라벨링이라든지 코딩 같은 일들을 다 집에서 할 수 있는데, 이런 일자리를 국가가 돌봄 청년이나 가족들한테 공공 일자리로 제공하는 거죠.

담배 대신 돌봄 주는

돌봄 시민 7   저는 커피 들고 오신 분을 보고 생각했어요. 돌봄을 받는 분도 뭔가 재능이 있잖아요. 누구나 쓸모 있는 인간이 되고 싶어하잖아요. 노인이 돼서 아플 때 나는 쓸모가 없어 하면서 자존감도 낮아지고 그러잖아요. 수급받는 할머니들이 반찬 만들어서 동네 청년들한테 나누는 일도 많잖아요. 수혜자가 받는 사람일 뿐만이 아니라 뭔가 기여하는 쓸모 있는 존재로, 존엄한 인간으로 늙어서 죽고 싶다는 거, 누구나 하는 보편적인 생각인데, 그렇게 됐으면 좋겠어요. 특히 돈 잘 버는 일을 못 하고 활동가 같은 삶을 살다 보니까 저 자신이 갖고 있는 불안감이 있어요. 개인의 영달이나 나만을 위해서 살지 않는 대다수 공익적 활동가들도 결국은 나이가 들면 혼자서 자식도 없이 아프면서 사는 경우도 많더라고요.

제가 집수리를 하잖아요. 그러면 이제 노가다라고 그런다는 말이에요. 그런데 공공 기관도 그렇게 보는 것 같아요. 사회적으로 존중해 주는 인식이 있을 때 돌봄도 더 잘 되잖아요. 제가 하는 활동에서 노숙인이 직원이에요. 어떻게 보면 사회적 가족이 된 거거든요. 내가 뭐 밥을 차려 주거나 하는 건 아니고 각자 거주지도 다르지만 커뮤니티에 오는 거죠. 여기가 직장이기도 하지만 일종의 커뮤니티인 거예요. 그분들이 여기에서 자기 고충이나 힘듦을 토로하면서 정서적으로 위로도 받고 월급도 받는 거죠. 저희 같은 조직을 사람들이 좋게 보지는 않지만, 어쨌든 이런 게 반경 2킬로미터 안에 좀 있으면 좋겠는 거예요. 그래서 여차하면 가 가지고 '야, 나 너무 힘들어' 하거나 '야, 네가 와서 좀 해 줘' 하는 거죠. 동네 옆집 사장님 카페에 가서 전등 하나 고쳐 주면 그 사장님이 샌드위치 하나 갖다 주고, 뭐 이런 식으로. 아까 에이아이 얘기하신 말씀도 동의하지만, 실제로 정말 대문 열고 슬리퍼 신고 나갈 때 돌봄이 바로 필요한 경우도 진짜 많거든요.

돌봄 시민 5 그런 데가 있으면 좋을 것 같아요. 그러니까 만약 어떤 시설이 하나 있어 가지고 내가 누군가를, 아이가 될 수도 있고, 집에 있는 장애 있는 가족이 될 수도 있고, 치매 앓는 부모가 될 수도 있는데, 급하게 지금 애가 아파도 거기다 그냥 갖다 놔요. 동네에 보면 경로당 같은 데가 있잖아요. 그런 데를 아예 시설을 조금 더 크게 해서 전문 인력들이 들어가면 필요한 일이 있을 때 잠깐 몇 시간 동안 맡기고 가거나, 아니면 말씀처럼 상담 필요할 때 가 가지고 뭐 물어볼 수도 있고, 바로 현장에서 연결될 수도 있는 종합 돌봄 센터 같은 곳이죠.

돌봄 시민 3 뭐가 다 해결되는 건 아니어도 거기 가면 일상이 의지가 되는 데 있잖아요. 존재만으로 의지가 되는 거죠. 그런 게 있으면 불안하지 않고, 뭔 일이 나면 가서 물어도 볼 수 있고.

돌봄 시민 5 편의점이죠, 편의점.

돌봄 시민 7 돌봄 편의점을 하려고 했어요. 그때 정확하게 기억은 안 나는데, 돌봄 편의점처럼 와 가지고 안마기 놓고, 일단 이런 거 몇 개 놓고, 상담사도 있고, 차도 마시는 그런 거를 하려고 했는데, 우리는 돈이 없으니까…….

돌봄 시민 6 자원과 인력이죠.

돌봄 시민 4 그러니까 아까처럼 돌봄 주치의 편의점이죠. 동네 편의점에 공간을 좀 마련해 가지고 한두 명 두고서 국가에서 보조하게 하든지, 아니면 편의점만큼 많지는 않더라도 동네에 한 몇 개씩 있어서 거기를 가면 어쨌든 해결책을 고민하고 도와주거나 연결해 주는 곳.

돌봄 시민 3 맞아요. 숍인숍처럼.

돌봄 시민 4 아니, 그런 얘기가 아니라, 편의점은 어디 시골 가도 있거든요. 어떤 업체하고 계약을 하는 거죠. 어느 정도 공간만 있으면 인력은 국가가 제공하는 거고요.

돌봄 시민 7 반지하 공공 임대를 지상으로 이주시켜 가지고 비어 있는 반지하가 엄청 많아요. 정부에서 반지하 지상 이주 사업은 대대적으로 했잖아요. 지금 보면 동네 경로당으로 운영하는 곳이 있고 커뮤니티 공간이나 빨래방 같은 곳도 있어요.

돌봄 시민 3   좋겠다. 돌봄 편의점! 담배 대신 돌봄을 주는.

돌봄 시민 5   돌봄 주치의, 정말 좋아요. 주치의면 사람이 질병에 걸릴 것 같으면 미리 생활 습관 관리해 주고 미리 검진하는 건데, 사실 돌봄도 돌봄 문제가 생기기 전에 예방이 중요한 거 맞아요. 그러니까 위기 직전에야 발견해 가지고 돈을 줄 게 아니라 그전에 뭔가를 해야 된다고 생각해요.

돌봄 시민 1   지금 세 가지 선택지를 정리해 봤어요. 첫째, 가족 돌봄 가이드를 통한 돌봄 경험 활용 직업군 마련. 너무 축약돼서 납작해진 것 같기는 하네요. 둘째, 돌봄 가족 공공 일자리, 그리고 셋째는 돌봄 편의점입니다.

돌봄 시민 6   결국에는 다 공공 일자리예요. 결과적인 결과물이 그렇지 않아요?

2장

"숨 쉬듯 돌봄 노동을 하고 있어요"

가족 돌봄자 지원, 돌봄과 노동 병행 2

그분들의 고충을 듣기에는 짧은 시간이었지만, 우리 사회가 해야 할 일이 무엇인지를 정리하는 데는 충분한 시간이었습니다. 소중한 뜻이 모여 꼭 모든 사람에게 공정한 제도가 만들어질 수 있기를 기대합니다.

— **한지원** 중앙대학교 예방의학 박사 수료

돌봄 시민 1 복지관에서 일하는 사회복지사예요. 사회복지 쪽에서도 돌봄이 요즘 많이 화두가 되고 있고 공공에서도 돌봄이 화두라서 저희 기관도 돌봄 관련된 사업을 좀 많이 하고 있습니다. 돌봄 관련된 얘기를 나누고 싶어서 이 자리에 왔습니다.

돌봄 시민 2 어저께까지 재활센터에서 간호사로 근무했습니다. 앞으로 어떤 일을 할지 고민하고 있고, 부모님들도 나이가 들고 하시니까 돌봄에 관심이 많아요.

돌봄 시민 3 장애인 활동지원사로 14년 근무하고 있고, 치매 앓는 아내를 8년째 돌보고 있어요. 장애인 활동지원사를 양성하는 교육 강사도 하고 있습니다. 가족 돌봄과 돌봄 노동을 양쪽 다 경험하고 있어서 신청했는데, 저는 아내를 요양원이나 요양병원 같은 데는 안 보내요. 실습할 때 충격적인 모습을 많이 봐서.

돌봄 멘토 1 대학에서 연구원으로 일하고 있습니다. 사실 가족 돌봄을 해 본 적은 없어요. 저는 제가 앞으로 돌봄을 해야 하는, 설득 대상이라고 생각하거든요. 결혼을 안 해서 부모님이랑 셋이 사는데, 두 분 다 연세가 많아서 편찮으시게 되면 가족 돌봄 당사자가 될 수 있습니다. 돌봄은 모든 사람이 해야 할 일이라고 생각하기 때문에 오늘 나오는 이야기가 정책에 잘 반영되면 좋겠습니다.

돌봄 시민 5 가족 돌봄을 20년 했어요. 어머니께서 폐암을 겪으시고 호스피스에서 생애를 마무리하셨는데, 그때까지 간병을 쭉 했습니다. 아버지는 제가 고등학교 때 조울증이 심하셨는데, 그때는 잘 몰랐어요. 어머니 돌아가시고 아버지가 인지 장애와 인지증을 겪게 돼서 돌봄을 하게 됐습니다. 여동생도 돌봄을 하다가 사회적으로 고립돼서 은둔한

치가 1년 정도 됐어요. 특성화 고등학교에서 과학을 가르치고 있습니다. 돌봄 민주주의를 공부하면서 제 삶을 설명해 준다는 느낌은 받는데, 솔직히 이런 삶이 지속 가능하지 않다고 생각해요. 정책 지원을 받는다 해도, 노동하면서 생계를 이어 나가고 남은 시간에 집에서 아버지를 돌보면서 동생이랑 살아가는 게 어려운 것 같아요.

돌봄 시민 6   오랫동안 가족을 돌보는 처지에서 나온 의견이 정책으로 되면 좋겠다고 생각했어요. 인적 자원 부족이라든지 경제나 정치 문제 때문에 정책 결과가 뚜렷하게 나타나지 않고 문제가 고질적이잖아요. 친정엄마가 2010년 말부터 15년째 치매에 뇌출혈까지 1등급이죠. 중증 와상 상태입니다. 집에서 계속 돌보려는데, 저도 올해 2월에 퇴직했습니다. 15년 동안 일과 직장, 가정을 병행하다가 건강이 많이 안 좋아졌어요. 제일 어려운 점은 수요자가 직접 다 찾아다녀야 한다는 거예요. 요양원이나 요양병원, 시설이나 기관에 보내는 게 여러 가지로 안 좋은 건 다 아시잖아요. 숨어 있는 제도가 많고, 통합해 주는 코디네이터가 필요해요.

돌봄, 가족 안에서 사라지는 시간들

돌봄 시민 3   제가 케어하고 있는 중증 장애인 얘기만 해도 오랜 시간이 걸릴 텐데요, 아내가 초로기 치매가 와서 8년째이고 중증 와상 환자로 넘어왔거든요. 아직 50대인데 치매 진단을 딱 받았을 때 엄청 힘들었어요. 그전에 집사람이 암으로 사형 선고를 받을 때보다 더 충격이 심하더라고요. 치매를 어떻게 받아들일까가 중요했어요. 주변에 다 알렸어요. 교회나 텔레비전 다큐멘터리에도 많이 나갔어요. 오픈하니까 힘이 됐어요. 처음에 대화가 되고 그럴 때는 괜찮다가 단계가 넘어가고 계절이 바뀌면 상태가 뚝 떨어져요. 갑자기 집을 못 찾아요. 제가 사회복지사, 요양보호사, 장애인 활동지원사 등 자격증을 많이 준비해서 요양원이나 요양병원을 경험해 봤는데, 집사람을 절대 보낼 수가 없다는 판단을 했어요. 할머니들 속에 젊은 제 아내가 있는 모습을 상상하니까 매일 눈물밖에 안 나요.

바로 치매센터를 찾아가서 초로기 치매 문제를 갖고 있는 가족들을 만나기 시작했어요. 얘기도 나누고, 정보도 나누고, 같이 운동도 하고. 사망하신 분도 있고, 떠나신 분도 있고, 와상 상태인 분도 있는데, 그러는 동안에 많은 과정을 겪고 나름대로 방향을 찾았거든요. 치매는 장애가 안 된다고 알고 있었는데, 아니더라고요. 장애 등급을 받을 수 있었어요. 초로기 치매는 65세 이전에 지적 장애 등급을 받을 수 있다는 사실을 알았고, 거의 최초로 장애 등급을 받았어요. 그때부터 장애인 활동 지원도 받게 됐고, 육십 살에 요양 등급도 받아서 한 달에 거의 380시간 정도 돌봄을 받아요. 아침 일곱 시부터 저녁 여덟 시까지 세 분이 돌봄을 해 주시니까 내 일을 하면서 가족 돌봄을 할 방법을 찾은 거거든요. 그런데 이런 걸 사람들이 너무 몰라요. 작년에는 돌봄을 받는 시간에 사고를 당했어요. 아내가 넘어져서 골반이 골절돼서 법적인 문제를 처리하고 있어요. 그동안 돌봄 노동자를 수십 명 만났어요. 가사도우미 일만 하고 떠나는 사람이 부지기수예요. 돌봄 노동자를 바라보는 인식이 많이 바뀌어야 하고 가족 돌봄 지원도 엄청 늘려야 된다고 생각해요.

돌봄 시민 2 할머니가 지금 치매 중증 2급이세요. 착한 치매라 그나마 돌보고 있는데, 간호사이기 때문에 할아버지, 외할아버지, 외할머니까지 임종을 제가 다 맞이했어요. 아버지랑 어머니 형제들이 많으니까 다 돌아가시면서 돌봄을 하시고, 직장 다닐 때 쉬는 날은 저희가 돌봄을 했어요. 제가 지금 할머니를 돌보고 있지만 어머니랑 아버지도 좀 있으면 돌봐야 하는데, 제가 결혼을 안 한 상태이고 동생은 미국에 있으니까 혼자 다 해야 해요. 그럼 저도 나이가 드는데 나는 누가 돌볼까 하는 생각도 드는 거예요. 오랫동안 경력 단절도 겪었어요. 병원을 그만두고 꿈을 잃고 나니까 한동안 정신적으로 많이 힘들었어요. 친구도 잃고 관계들이 한 번씩 뒤집어지는 경우가 있잖아요. 남은 건 가족밖에 없더라고요. 그때는 불안했는데, 지금은 목표가 생겨서 불안한 마음이 없어요.

돌봄 시민 6 기본적으로 퇴직을 하죠. 그렇게 해서 가족 돌봄을 선택하게 된 거죠. 내가 할 수 있으니까. 일정 시간은 요양보호사가 오더라도 나머지 시간은 제가 케어할 수가 있으니까 이 방법을 선택해서 지금까지 지내고 있습니다. 지금은 치매나 파킨슨 같은 병이 굉장히 정보가 많은데, 15년 전만 해도 제가 병원에서 일하는 사람인데도 알려진 게 없어서 증상을 찾아내기가 쉽지 않았어요.

처음에 발견하고 나서, 지금도 창피한 건데, 치매가 가족 중심인 익숙한 환경에 오래 있어야 하는 질병이라는 걸 잘 모르고 집중하지 못했어요. 초기 치매에서 시간을 좀 놓쳤어요. 등급 받느라고 시설에 자꾸 보냈죠. 그때 일기를 쓰기 시작했습니다. 일기를 쓰고 책을 써서라도 다른 사람들이 제 전철을 밟지 않게 하고 싶어서 오륙 년 정도 쭉 이어오다가 중증으로 넘어가면서 더 하기가 어려워졌습니다. 낙상 등으로 합병증이 더 많아지고 중증으로 가는 코스가 참 안타까웠습니다. 요양원 투어를 해 보니까 돌봄 하는 사람들이 높임말도 아니고 낮춤말도 아니고 '그러셔, 저러셔' 이러면서 애매하게 어르신을 대해요. 존중하는 태도가 있어야 하는데, 이런 시설에 모실 수 없겠다 싶었죠. 1등급 와상 장애인을 받았는데, 한 달에 120시간 정도 받고 있거든요. 사실은 비급여가 굉장히 많습니다. 엄마가 그렇게 되니까 50대가 제 기억에는 없어요. 오로지 집밖에 없어요. 딸도 미국에 있고 동생도 미국에 있는데, 가 보지도 못하는 생활을 15년째 하고 있습니다. 애는 자라나면서 보람이 있는데, 어른은 돌보면서 슬픔이 있는 것 같아요.

돌봄 시민 5 어머님이 11년 정도 폐암을 앓다가 호스피스에서 돌아가신 지 2년 됐어요. 그렇게 사별 가족이기도 하고, 아버지는 치매 전 단계인 인지증이면서 20년간 양극성 장애, 중증 조울증인 상태세요. 요새는 치매를 인지증이라고 얘기하더라고요. 치매에 부정적인 인식이 있으니까. 아버지가 경도 인지 장애인 줄 알았는데, 1년을 계속 지내면서 관찰하니까 아니더라고요. 지금 아버지 혼자 계시거든요. 어머니랑 아버지가 관계가 좋지 않았어요. 아버지가 73세이니까 젊은 분이시잖아요. 정신 질환이 있으니까 치매가 될 수 있다고, 인지 장애가 올 수 있다고 얘기했는데, 진짜 온 거예요. 어머니 돌아가시고 나서 이제 두 살 어린 여동생이랑 저밖에 없잖아요. 저는 정보가 없으니까 그냥 아버지가 방에서 안 나오시네, 부채 때문에 경제적으로 힘드니까 안 나오시네, 언젠가 기운 차리셔서 일하시겠지 생각했는데, 고등학교 때 정신병원에 입소하시고 나서 계속 왔다 갔다 했어요.

제가 돌봄자라는 사실을 10년 만에 알게 됐죠. 20대 때는 청소하거나 아버지 씻기는 게 돌봄일 거라고는 전혀 몰랐어요. 당장 공부해서 대학 가고 직업을 가져야 하는데 가족 상황이 힘들어지니까 미래가 두려워서 돌봄을 하고 싶지 않았어요. 도망쳐 나온 거죠. 어머니는 제가 교사가 되자마자 폐암이 발견됐는데, 그때 제 주위에 아무도 없었어요. 노인 긴급 돌봄이 부천이랑 안산에만 있다고 들었거든요. 아버지가 침대에서 나오지 못하시고 어떻게 해야 할지 모르겠더라고요. 물어보는 데 3주가 걸렸어요. 정신건강복지센터가 있잖아요. 물어봐서 서비스를 안내받았는데, 말하기도 참 어려웠어요. 어릴 때부터 누구나 누군가를 돌볼 수 있다는 교육을 하면 좋겠어요.

저는 아버지한테 좋은 돌봄자가 아닌 것 같거든요. 제가 막 잔소리하다 보니까 어느 순간 학대하고 있나 하는 생각이 드는 거죠. 스트레스를 풀기 시작하는 거예요. 요양보호사님이 휴일이나 주말에는 못 오시고 어떤 날은 연차도 쓰셔야 되니까 그만큼 제 몸을 갈아 넣어야 하는 거죠. 수업하기 전에 밥 드리고 수업하다가 한 시간 만에 택시 타고 갔다 와서 학생들 앞에서 아무렇지 않게 또 수업해야 되는 상황, 학교 일도 많은데 퇴근해서 아버지를 돌보다가 잠만 자고 다시 나와야 되는 상황. 가족 안에서만 이렇게 머무는 것도 문제적이라고 생각은 해요. 어머니께서 암 요양병원에 계셔서 환자를 돈으로 보는 모습을 많이 봤거든요. 그런 문제를 극복할 수 있는 공적 기관이 있을까 하는 생각도 좀 듭니다.

돌봄 시민 1   돌봄이라고 할 것까지는 아니고, 엄마가 암에 걸리셔서 돌봄은 주로 아빠가 하셨어요. 올해 완치 판정을 받으실 예정입니다. 아빠가 24시간 병원에 계셨고, 동시에 동생도 항암 치료는 아니지만 제가 병간호를 했어요. 그렇게 잠깐 가족 돌봄을 한 경험이 있기는 한데, 저도 사회복지사이고 가족 돌봄 청년 사업을 하고 있으면서도 스스로 가족 돌봄 청년이라는 생각은 못 했어요. 가족 돌봄 당사자라는 단어가 주는 힘이 있어요. 우리 사회에 많이 알려지고 인식이 확산되면 좋겠어요.

돌봄 시민 6 돌봄한 지 16년째인데, 통계적으로 한 21년까지 여명 기간이 있다 보니까 엄마가 5년 정도는 더 사실 수 있을 것 같아요. 엄마는 유산이 전혀 없지만 일단 제 급여가 있었고, 시댁에서 아버님이 주신 유산이 좀 있었습니다.

돌봄 시민 4 다 비슷한 것 같아요. 비급여가 세서 한 달에 몇 백만 원씩 8년 정도 나가니까 정말 감당하기 힘들더라고요. 저는 외동이거든요. 돌봄을 하면서 돈을 벌어야 되는데 경력 단절이 없을 수가 없잖아요.

돌봄과 일, 쉼 없는 쳇바퀴

돌봄 시민 2 할머니가 치매이신데, 가족들이 다 일을 나간 틈에 밖에 나가신 거예요. 하루 종일 밤새 찾다가 어디서 쓰러지신 걸 누가 경찰서에 데리고 와서 겨우 찾은 적이 있었거든요. 목에 거는 시시티브이가 있는데 할머니가 자꾸 빼시는 거예요. 할머니를 쉽게 찾을 수 있는 서비스가 있으면 좋겠어요. 정신 장애인이 있는 가정에 시시티브이를 정부가 설치해 주면 좋겠어요.

돌봄 시민 3 파출소 가서 지문 등록을 할 수 있어요. 저도 시시티브이를 설치했는데, 작년에 사고가 났거든요. 요양보호사 선생님도 보호자도 상황 확인이 안 되면 서로 오해가 생길 수 있잖아요. 안 되겠다 싶어서 상의해서 시시티브이를 달았어요. 수시로 봐요. 그런데 인권 문제도 걸려 있어서 설치가 쉽지는 않아요. 요양보호사한테 동의를 충분히 구해야죠. 정부 정책으로 정리되면 좋겠어요.

돌봄 시민 6 방문 간호는 요양이랑 중복되기 때문에 안 돼요. 병원에서 약을 타 드시기 때문에 3개월에 한 번씩 가정 간호 서비스를 받아요. 수액도 놔 주시고 혈압도 재고 다 하는데, 그런 서비스를 연장하려면 주기적으로 병원을 가야 되거든요. 장애인 콜택시를 불러야 하는데, 예약제를 안 해요. 시간을 맞출 수가 없는 거예요. 휠체어 말고 누워서 침대로 가는 게 좋은데, 너무 비싸서 갈 때마다 20만 원 들어요. 1등급인데 예약이 안 되니까 환자도 보호자도 위험할 때가 많아요. 장애인 콜택시 시간제 예약 서비스가 필요해요.

돌봄 시민 5 돌봄 공백을 메울 시민자치센터가 있으면 좋겠어요. 살림의료복지사회적협동조합에서 서로돌봄카페를 한대요. 매주 토요일마다 사람들을 초대해서 노인 분들이랑 돌봄자랑 함께 할 수 있는 활동, 관절 가동 범위를 넓히는 체조도 하고, 서로 편지도 쓰고, 여러 가지 활동을 하는데, 그런 돌봄 그물망이 촘촘하면 좋겠다는 거죠. 주민자치센터 같은 데 사람들이 모여서 돌봄에 관해 논의하고 이런저런 프로그램을 같이하면 서로 관계를 맺을 수 있고, 중간중간 돌봄 공백이 생기면 서로 드나들면서 문턱을 낮추는 일이 많아지면 좋겠거든요. 꼭 가족이 아니더라도 시간과 자원이 있는 사람들이 서로 품앗이처럼 나누는 시스템이 있으면 굳이 감시하지 않아도 사회 구성원으로서 돌봄을 주고받을 수 있잖아요.

돌봄 시민 6 치매는 구마다 치매지원센터나 치매안심센터가 있기는 해요.

돌봄 멘토 1 돌봄을 하는 사람들끼리 커뮤니티를 만들어서 서로 도와

줄 수 있게 하는 지원 조례가 있으면 좋겠어요. 그런 커뮤니티가 개인의 헌신으로 유지되는 것 같은데, 아예 지원 조례를 만들어서 전문 지원 기관도 붙이고 프로그램을 구체화하는 거죠. 사실 개인적 배경이나 환경, 경제력이나 관계망에 따라 할 수 있는 일이 좌우되는 게 현실이잖아요.

돌봄 시민 5 가정 밖에 있는 지역 사회 돌봄 연결망을 제도화할 필요가 있겠어요.

돌봄 시민 2 등급 신청을 하면 30일 안에 장기요양인정서가 나오게 돼 있잖아요. 30일 안에 등급 받는 게 어려운 일은 아닌데, 등급 점수와 스케일이 도달하기가 쉽지 않죠. 90점 이상은 1등급, 75점 이상은 2등급이거든요. 장애 등급도 예전에는 쉬웠어요. 어떤 때는 허리 디스크 수술만 해도 장애 등급을 받았는데, 요즘은 까다로워서 정말 도움을 받아야 하는 사람도 등급이 안 나오는 경우가 있어요. 그러니까 등급 기준을 정비하면 좋겠어요.

돌봄 시민 6 어떻게 하면 통합적으로 돌봄을 할 수 있을까 고민을 한번 해 봤어요. 연탄 주고 도시락 주고 그런 돌봄도 여전히 필요하지만 의료적 서비스가 필요한 경우가 많아졌어요. 처음에 등급 판정을 하려면 공단에서 나와서 수급자 인터뷰를 해요. 그때 좀더 전문적인 의료인이 포함된 팀이 어떤 돌봄이 필요한지 사정하고 관찰한 뒤에 의료 기관이나 복지 기관이랑 어떻게 연계해야 하는지 정리하고 나서 등급 부여를 하는 거죠. 5등급이나 6등급이면 6개월에 한 번, 2등급이나 3등급은 2개월에 한 번, 1등급이면 1개월에 한 번씩 상태 변화를 관찰하는 식으로 모듈화하는 거죠. 해외에서 많이 하는 방식이에요. 돌봄에 필요한 진단을 이런 식으로 하면 공급자가 아니라 수요자 위주로 돌봄 서비스를 마련할 수 있다고 생각해요. 이미 있는 제도에 몇 가지 서비스를 더 얹는 거죠.

돌봄 시민 1 제가 사는 곳에 영구 임대 아파트 단지가 있어요. 거의 독거노인 아니면 장애인 분들이라 복지 사각지대가 다 비슷해요. 그래서 돌봄 전문 상담도 하고 어떻게 해야 된다는 안내도 해요. 지금 말씀하신 내용을 다 들어 주고 해결 방법을 상담해 주고 안내해 주면 얼마나 좋겠습니까? 지난달에 초로기 치매 환자 때문에 정신과 의사한테 갔어요. 안 해 준다는 거예요. 위법이래요. 의사들도 다 달라요. 그러면 보호자는 그냥 포기해요. 그런데 전문가가 상담하고 도와주면 장애 등급을 받을 수 있어요. 그렇다고 무급으로 할 수는 없잖아요.

돌봄 멘토 1 복지 사각지대 관련해서 전문가 상담이나 컨설팅이 필요하다는 거죠. 의료진마다 돌봄 지원 제도에 관련된 정보나 지식 격차가 있는 것도 문제예요.

돌봄 시민 3 돌봄 전문 상담지도사 과정을 만들어서 이 전문가들이 주민센터든 어디든 사회복지사처럼 도움을 주는 거죠, 사회복지사를 활용해도 되고요. 영케어러, 장애인, 의료 복지, 돌봄에 관해서 우리가 몰라서 이용하지 못하는 것도 많아요. 구청에 가면 자료가 이만큼 두꺼워요. 누구든 복지 정책을 다 알 수가 없거든요. 구청이나 주민센터 가면 다 바쁘잖아요? 뭐 신청하라고 그러고 끝나요. 지금은 당사자가 다 찾아다녀야 하니까 사각지대가 생기죠. 경험자, 전문가가 있어야 해요. 돌봄 전문가를 양성해서 상담도 하고 지도도 하는 정책이 꼭 필요하다고 생각합니다.

돌봄 시민 1 지금 보면 돌봄이 필요한 분들이 정말 많은데 특정한 장애로 등급을 받으면 다른 돌봄 서비스를 못 받아요. 중복이 안 되는 거죠. 중복 서비스를 받을 수 있게 제도가 개편돼야 저희도 좀더 다양한 서비스를 연결해 드릴 수 있어요. 지금 제가 느끼기에는 제도가 있고 자원도 없지 않거든요. 막상 당사자에게 연결하려고 보면 이래서 안 되고 저래서 안 되고 하는 경우가 많기 때문에 그런 제약을 좀 유연하게 풀어줘야 하지 않을까 생각해요.

돌봄 시민 5 재가요양센터가 민간 쪽이 많잖아요. 저는 긴급 돌봄을 주민센터에서 받으니까 사회서비스원에 연결됐어요. 어쨌든 공적 기관이잖아요. 민간보다 훨씬 더 많은 정보를 받았어요. 요양보호사님 덕분에 요양 등급 나올 때까지 긴급 돌봄으로 지원을 받고 병원 안내도 받았어요. 개인적 이해관계랑 상관없는 공적 기관이 좀더 많이 연결되고 서비스를 지원해 주면 좋겠어요.

돌봄 시민 5 가족 돌봄 하는 이들에게 기본 소득, 그냥 조건 없이 현금으로 기본 소득을 주면 좋겠어요. 조건 없이, 증빙할 필요도 없이 한 달에 30만 원에서 50만 원이라도 여가 생활을 할 수 있게, 커피라도 한 잔 마실 수 있게 말이에요.

돌봄 시민 2 기초생활수급자나 장애인 분들이 쌀이나 연탄보다 차라리 돈을 달라고 그러세요. 현금 지원이 더 필요하다고 대부분 얘기하세요. 김치 갖다 드리면 필요 없다고 그러세요. 쌓여 있다 버리고 또 받아 오고. 돈이 필요한데 그런 것만 주니까요.

돌봄 시민 3 가족 돌봄을 100퍼센트 인정하면 되는데 안 해 줘요. 지금 우리가 한 시간 반 정도를 가족 돌봄으로 해서 받아요. 다 받으면 월에 한 200만 원 정도는 될 수 있어요. 그럼 그 돈으로 생활하면서 돌봄을 할 수 있는데, 굳이 잘라 가지고 나머지 시간은 요양보호사를 무조건 써야 되는 거예요. 왜 그렇게 만드냐고요. 환자한테 최고의 돌봄을 할 수 있는 사람은 가족인데.

돌봄 시민 6   간호사 퇴직하고 엄마를 모셔야 되니까 가족 요양을 하려고 요양보호사 자격을 땄어요. 공부하면서 배운 게 최대 한 시간 반만 인정한다는 거예요. 예전에는 많이 인정해 줬는데 도덕적 해이 문제가 있고, 가족한테 돌봄 받는 게 더 안 좋은 사람도 있대요. 수급자 처지에서는 가족이 해 주는 게 어떤 경우에는 학대로 발전하거나 효과적이 아닐 수도 있대요. 일로 안 느껴져서.

돌봄 시민 3   가족 중에는 그 돈만 받고 대상자는 방치하는 사람이 있어요. 그래서 정부에서 100퍼센트는 아니라는 거죠.

돌봄 시민 6   그래서 말씀처럼 저희처럼 독박 돌봄을 하는 집은 현금 지원이라든지 세액 공제 같은 게 되면 좋겠어요. 제가 오늘 끝나고 나면 성년 후견인 면담을 할 건데요, 실제로 어느 정도 지출을 하는지 기본적으로 파악할 수 있을 거잖아요.

돌보는 시간을 돌봄 노동으로

돌봄 시민 5   대학교에서 장학금을 지급하면 항상 대상자를 선별하잖아요. 재원이 한정돼 있으니까. 그런데 선별하는 순간 제 위기는 아무 것도 아닌 것처럼 되는 거예요. 예를 들어 가족돌봄수당을 신청해도 저는 직장을 다니니까 건강보험료 보고 '이 정도는 할 수 있잖아' 이런 식으로. 똑같은 돌봄인데 다르게 취급하는 거죠. 완전히 능력 없는 사람이 돼야 돈을 주고 줘도 되게 조금 줄 바에야 차라리 가족 안에서 돌봄을 얼마나 하고 있는지 모니터링을 하면 돼요. 지역 사회를 통해 중간중간 연락도 하고 어려운 건 없는지 파악해서 지원하는 방식으로 계속 모니터링하면 도덕적 해이는 전혀 문제가 안 된다고 생각하거든요. 숨 쉬듯 노동을 하고 있는데, 노동으로 인정을 못 받고 있잖아요.

돌봄 멘토 1 어떤 돌봄 노동이 경제적으로 비가시화되고 돌봄 노동 사이에 차등을 두는 문제를 해결하기 위해 아예 현금 지원 같은 기본 소득 형태를 띤 돌봄 소득을 지급하자는 제안이었습니다.

돌봄 시민 6 저는 거기에 더해서 성년 후견인을 대상으로 세금 지원 제도가 있으면 좋겠습니다.

돌봄 시민 2 감면 말씀하시는 거죠. 저는 다른 이야기를 하고 싶어요. 직장에서 보면 결혼하고 아이가 있는 사람은 어느 정도 혜택을 받아요. 그런데 미혼인 사람은 아무것도 없는 거예요. 가끔 할머니를 돌봐야 할 때 휴가를 낼 수가 없는 거예요. 하루 종일 일한 뒤에 집에 가서 할머니도 봐야 하니까 쉴 틈이 없는 거죠.

돌봄 시민 5 우리나라는 복지 혜택을 받으려면 내가 제도에 맞춰야 해요. 돌봄 휴직은 쉴 수 있는 기간이라고 하지만 실제로 쉬는 것도 아니잖아요. 경력 단절 문제도 있고.

돌봄 시민 6 저는 새로운 제도를 도입하기보다는 지금 있는 제도를 활성화해야 한다고 생각해요. 제가 15년 동안 한 번도 혜택을 받지 못한 제도가 두 가지 있습니다. 방문 목욕이랑 가족돌봄휴가예요. 지금 돌봄이 재가 급여잖아요. 집에서 받는 돌봄인데, 방문 요양, 방문 간호, 방문 목욕 중에 방문 요양은 기본적으로 많이 해요. 방문 간호는 중복이라 안 되고, 방문 목욕은 한 번도 쓴 적이 없어요. 센터에 요청해도 없다고 하거든요. 요양보호사들이 힘들어서 그렇다는데, 급여를 조금 더 올리든 지 해야지 자율에 맡겨서는 안 돼요.

가족돌봄휴가도 돌봄을 하는 가족이 1년에 일주일이라도 휴가를 갈 수 있게 한다는데, 그러려면 요양보호사가 와야 되거든요. 그런데 그렇게 단기로 올 요양보호사가 없어요. 게다가 24시간 근무해야 되잖아요. 장기 입원을 한다든지 시설에 잠깐 들어가야 할 때도 급여를 이중으로 줘야 돼요. 요양보호사가 휴가 간다든지 여행 간다고 하면 추가로 드는 비용은 비급여로 제가 부담해야 돼요. 그런데 일주일 받는 요양 시설은 없어요.

돌봄 멘토 1 이제 정책 제안을 두 가지로 정리해야 하잖아요. 이렇게 작은 것 말고 저는 건강보험이랑 장기요양보험을 하나로 합치자가 어떤가 싶습니다.

돌봄 시민 6 두 가지를 정해야 하지만 저희는 네 가지로 정리하죠. 첫째, 가족 돌봄자 기본 소득과 세금 지원. 돌봄 노동이 경제적으로 비가시화되는 상황이 문제이니까 가족 돌봄자에게 현금으로 기본 소득을 지급하자. 가족 돌봄을 노동 시간으로 폭넓게 인정하고 성년 후견인에게 세제 혜택을 주자. 둘째, 돌봄 공백을 해결하기 위한 공적 안전망이 필요하다. 돌봄 전문 상담지도사를 만들고 돌봄 연결망을 제도화하자. 셋째, 민간 재가요양센터를 공공화하자. 마지막으로 중복 지원 제한을 완화하자.

3장

"걸어서 15분 안에 치매 돌봄 거점을 만들자!"

치매와 인지 장애 돌봄

치매 국가책임제 이후 만들어진 정책들이 아직 당사자들에게 다가가지는 못한다는 것을 절실히 느낄 수 있는 시간이었습니다. 당사자들이 피 끓는 심정으로 스스로 공부하고 스스로 대안을 만드는 생생한 현장을 접한 시간이었습니다. 현장의 목소리를 청취해 정책적 이상과 현실적 실체화를 잇는 가교 구실을 할 수 있게 해야 합니다.

— 김동수 동신대학교 한의학과 교수

서울에서 직장생활을 하면서도 고향에 홀로 계신 경도 인지 장애 어머니 때문에 불안해하지 않을 수 있도록, 치매 진단 이후 더 잘 돌보기 위해 집에서 모시는 결정을 하면서 두려워하지 않을 수 있도록, 언제인가 시설에 모시게 되는 순간에도 죄책감에 짓눌리지 않을 수 있도록, 나아가 무연고 치매 어르신의 후견인이 되는 일이 더는 특별한 일이 아니게 되는 그런 때를 바라며, 서로 위로받고 배우고 꿈꾸는 시간이었습니다.

— 윤주영 서울대학교 간호학과 교수

돌봄 시민 1   처음이라 너무 떨립니다. 안녕하세요. 저는 예전에, 한 벌써 20년도 넘었는데요, 조모가 치매셨어요. 장기요양보험이 시작하기 전에 한 1년 정도 부모님이 좀 몸이 안 좋으셔서 저 혼자서 치매인 조모를 돌본 경험이 있습니다. 그전부터 대학에서 노인 복지를 전공했고요. 공부를 계속 해 왔지만, 사실 이렇게 돌봄을 새로 직접 경험해 보니까 완전 다른 세계더라고요. 그래서 그때 좀 경험하고, 그 이후로 치매 어르신들 돌봄을 연구하고, 노인장기요양보험 제도를 연구하고 있습니다.

돌봄 멘토 1   개인적으로는 친정아버지가 일흔여덟이신데 18년 전쯤에 치매 진단을 받으셨고, 그 뒤에 계속 어머니랑 같이 사세요. 간헐적으로 제가 어머니 다른 일이 있을 때 돌봄을 하면서 가족 돌봄을 같이 하고 있습니다. 그러다 보니까 치매 환자 가족이 돌봄에서 어떤 어려움을 겪는지, 병기가 더 악화되면서 신체 기능상 문제 때문에 가족이 돌봄 측면에서 어떤 부분에서 어려움을 겪는지를 개인적으로 경험하고 있죠. 연구도 하면서 치매 돌봄 문제를 같이 고민하는 사람입니다. 오늘은 정책 멘토로 앉아 있지만 기회가 되고 시간이 되면 같이 경험도 나눌 수 있으면 좋겠습니다.

돌봄 멘토 2   저는 한의대에서 예방 의학을 가르치고 있어요. 예방 의학 하면서 한의사들이 건강 돌봄 방문 진료 나가는 과정을 연구하다가 흘러 흘러 여기 정책 멘토로 왔는데요, 사실 저보다 어떤 부분에서는 더 잘 아는 분들도 많으실 것 같네요. 저도 같이 배우면서 멘토라기보다는 함께 고민하는 사람으로 앉아 있겠습니다.

돌봄 시민 2   저는 어머님이 지금 치매이신데, 어머님 돌봄 전에 치매에 걸린 무연고 노인 몇 분을 돌봄을 했어요. 그런 경험을 갖고 그냥 언론에 한 번 글도 쓰고 해서, 다른 분들 돌봄은 어떤지 좀 얘기도 듣고 제 경험도 나누고 싶어서 왔습니다.

돌봄 시민 3   부산이 고향이고, 대학생 때부터 일하는 30대 초반까지 서울에 살고 있어요. 어머니가 부산에 혼자 살고 계시는데, 작년 초에 경도 인지 장애 진단을 받으셨다고 저한테 연락을 주시더라고요. 제가 지금 다니는 회사가 치매 치료 관련한 회사이고 관련해서 여러 솔루션을 만들고 있어서 치매 가족 분들이나 환자 분들을 직접 만나서 얘기 나누는 기회가 일하면서 많은 편이었거든요. 그런데도 처음 듣고 엄마 혼자 사는데, 나는 지금 서울에서 일을 계속해야 되고 오빠는 대전에 혼자 사는데, 앞으로 어떡하지 하는 생각이 들었어요. 경도 인지 장애에서 치매 이행률이 높다는 걸 저도 알고 있고, 그런저런 고민이 사실은 그냥 정리되지 않은 채로 아직 섞여 있는 것 같아요. 그래서 늘 한편으로는 언제든 필요하면 오빠가 월급이 더 많을 테니까 내 월급을 포기하고 엄마에게 가야겠다는 이런 각오를 좀 하고 있기도 합니다.

돌봄 시민 4   안녕하세요. 부모님이 한 30분 정도 되는 거리에 사시는데, 80대 중반이세요. 제가 원래 오빠랑 둘이었는데, 오빠가 2년쯤 전에 세상을 먼저 떠나게 됐어요. 그 이후에 부모님이 급작스럽게 노쇠해지시면서 신체뿐만 아니라 약간 심리적으로, 인지적으로 되게 어려움을 많이 느끼시더라고요. 죽고 싶다는 말씀도 많이 하시고. 인지 기능이 저하되면 따로 사는 데 어려움이 있을 텐데, 제가 부모님을 모시려면 모실 수도 있겠지만, 부모님들이 그걸 원하지 않으세요. 우리나라는 좀 그렇잖아요. 약간 남한테 폐 끼치기, 그러니까 가족이더라도 폐 끼치기 싫다, 우리 둘이 알아서 하겠다고 하시는데, 둘 중에 한 분 돌아가시거나 편찮으시면 어떻게 되는 거지 걱정되더라고요. 이제는 장 보러 가기도 힘드시고. 며칠 전에 병원에 건강 검진을 모시고 갔는데, 글씨도 거의 안 보이시고 방향 찾기도 되게 어려워하시더라고요. 그래서 지역 사회에서 돌봄 체계가 더 나아지지 않으면 진짜 같이 모시고 살아야 되나, 같이 모시고 산다고 모든 문제가 해결될 것도 아닌데······. 그래서 적극적으로 정책화를 좀더 고민해 봐야겠다는 생각을 가지고 왔습니다.

돌봄 시민 5 저는 아버지가 7년, 올해 7년째 인지 장애로 집이랑 병원을 왔다 갔다 하시는 상태입니다. 아버지는 아주 건강하시다가 뇌수막염으로 갑자기 쓰러지셨어요. 뇌수막염 후유증으로 중증 뇌병변 장애인이 되셨고, 뇌병변 장애인이 되신 뒤에 의사 설명으로는 그 후유증으로 알츠하이머 치매랑 파킨슨병이 두 가지가 함께 와 가지고 지금도 계속 집하고 요양병원을 왔다 갔다 하세요. 저희는 정말 집에서 모시고 싶었는데, 집에 계시다가 요양병원 처음 갈 때는 아버지 망상이 너무 심해서 어머니랑 도저히 같은 공간에 둘 수가 없는 거예요. 그래서 그렇게 1년 반을 있다가 도저히 안 되겠다 하고 다시 병원에 갔고, 망상이 조금 가라앉아서 다시 집으로 모셨어요. 이제는 망상보다 밤에 갑자기 고열이 치솟거나 할 때 의학적 자문이 필요한데 받을 데가 없으니까, 밤이나 휴일 같을 때 이 정도로 응급실 갈 수도 없고 어디 전화해서 물어볼 만한 데라도 있으면 좋겠는데, 아니면 누가 방문 진료를 해 주면 좋겠는데, 그런 게 안 돼서 제가 어머니 집에 출퇴근하는 방식으로 왔다 갔다 하면서 아버지를 같이 봤어요. 그런데 감당이 안 돼 가지고 지금은 다시 요양병원에 가 계신 상태예요. 조력받을 수 있는 여건만 된다면 아버지를 다시 집으로 모시고 싶은데, 이런 갈등 상황에서 어떻게 해야 될지 잘 모르겠다는 심정으로 여기 오게 됐습니다.

돌봄 시민 6   지금 40대인데요, 20대 때부터 간호사로 치매 환자나 노인 분들을 돌보는 일을 쭉 했어요. 30대에 결혼하면서 시아버님이 치매라는 걸 처음 인사드리러 갈 때 알게 됐는데, 알코올성에 알츠하이머 치매로 앓다가 2021년 코로나 때 돌아가셨어요. 뒤늦게 굉장히 정정하시던 외할머니가 노인성 치매가 오고, 되게 존경한 이모부가 초로기 치매가 오는 걸 보면서 직업적으로도 인생에서도 치매가 제 삶이랑 무관하지 않구나 하는 걸 깨닫게 됐어요.

처음에 간호사로 일할 때 병으로 바라본 치매랑, 한 사람, 그러니까 자기랑 가족에게 영향을 미치는 인생을 살아가는 인간에게 찾아오는 치매가 30대랑 40대를 거치면서 의미가 많이 변했거든요. 열심히 일터에 나가서 일한다고 하지만 공적 서비스를 제공하는 처지에서는 제도가 주는 한계 때문에 보호자나 환자들 원망을 많이 듣기도 하고, 그리고 가족 처지에서는 제가 온전히 치매 케어를 전담한 건 아니지만 이런 상황이 되면서 안타까움이나 괴리감 같은 감정을 20년 넘게 해결하지 못한 상황이에요. 자괴감에 빠지지 않아야겠고, 그래도 절망하면 안 되겠다, 한계는 있지만 대안이 있을 것이라고 생각했어요. 그래서 제가 이 일을 하고 있기도 하지만, 일하는 환경이 좀더 나아지기를 바라는 한 사람으로서 또 다른 이야기가 있을까 궁금해서 오늘 왔습니다.

도서관에서 돌봄 찾기

돌봄 시민 5   아버지가 치매 진단을 받고 병원에서 심각한 뇌병변 장애라고 하면서 해 줄 게 없으니 이제 집으로 가라고 할 때, 도대체 인지 장애인 사람을 어떻게 돌봐야 하는지를 아무도 안내해 주지 않을까, 이게 되게 화가 났어요. 막막하니까 남산도서관에 가서 치매 환자 돌봄 책을 다 찾아다가 쌓아 놓고 공부를 했거든요.

공부를 해 보니, 그때는 아버지랑 대화가 될 때니까 예를 들면 치매 환자한테 '여기 어디야'나 '나 누구야' 이런 거 물어보지 말라고 그러더라고요. 물어보면 더 혼란이 가중되니까. 그런데 아주 간단한 기초 사실도 몰라 가지고 인지가 어느 정도 되는지 보려고 '아빠, 나 누구야' 계속 물어보면 아버지가 화를 내시는 거예요. 화를 내시니까 저도 인내심이 고갈되잖아요. 그래서 '아빠, 나한테 왜 그래' 그러고 둘이 같이 화내는 지경에 가죠. 예를 들면 자꾸 집에 있으면서 집에 가자 그래요. 집에 가자 그러면 저는 여기가 집이라고 설득하다 못해서 여기가 집이라고 다 써 붙여 놓고 그랬는데, 책을 읽어 보니까 치매 인지 장애가 오면 귀소 본능 같은 게 약간 발동이 돼서 자꾸 집에 가자고 하는 일이 굉장히 흔하다는 거예요. 굉장히 흔하니까, 그냥 그럴 때는 '집이 어딘지 내가 모르겠으니까 아빠가 알려 주면 같이 가자' 하고 그냥 한 바퀴 돌고 오면 해결되는 거를, 그 간단한 걸 몰라서 계속 싸우게 되고, 아무튼 그런 게 너무 많았어요. 그리고 치매 환자를 계속 아이로 취급하지 말라고 하는데, 아이 취급 하면 굉장히 자존심 상해한대요. 그런데 그것도 모르잖아요. 아버지가 인지가 거의 애들처럼 됐거든요. 자꾸 애들처럼 어르는 거를 굉장히 불쾌해하세요. 병원 있을 때도 작업 치료 하는 사람이 인지 정도에 따라 도구를 좀 다양하게 하면 좋겠는데, 마치 유치원생들이 똑같은 빨간색 별 모으고 파란색 별 모으는 식으로 시키면서 '아이 재미있다, 재미있다 해 봐요' 그러는 거예요. 아버지가 그때는 인지 장애는 있어도 의사 표현을 하니까 '그렇게 재미있으면 너나 실컷 해' 하고 맞받아치면서 치료 자체가 진행이 안 돼요. 그러니까 애 취급하지 말고 성인 취급을 하면서 인지 장애를 치료하면 될 텐데 그런 게 전혀 없죠. 인지 장애가 온 사람은 바닥 색깔이 차이가 나도 절벽처럼 느끼고 안 가려고 버틴다고 하더라고요. 그것도 제가 책을 보고 알았는데, 그럼 바닥을 비슷한 색깔로 좀 하든가 해야 되는데, 작업치료사도 '여기 바닥인데 왜 무서워하세요' 이러면서 아버지 팔을 질질 끌고 가더라고요. 치매 환자가 이렇게 급증했는데, 3차 병원인데도 인지 장애 가진 사람을 대하는 기본적인 태도를 안 갖고 있고 집에 가라고 하면서 집에서 돌봐야 하는 사람들한테 아무 안내도 없는 게 너무 화가 났어요.

    화가 나서 책을 읽고 알게 된 거를, 주변에 부모가 치매 환자인 사람이 한둘씩 늘어나니까 제가 알려 주거든요. 예를 들면 아버지가 식사를 안 하시는데 밥그릇에 뭘 놔 주면 자꾸 젓가락으로 이렇게 밖으로 밀어낸대요. 우리 아버지도 계속 조기를 밀어내길래 조기 좋아하면서 왜 자꾸 그러냐고 저도 막 화를 냈거든요. 저도 책을 보고 알았는데, 그릇 색깔하고 식탁 색깔이 구분이 잘 안 돼 가지고 그냥 다 그릇인 줄 알고 있는 거예요. 그런데 잘 안 집어지니까 밀어내는 거죠. 그런데 그걸 모르는 사람은 화를 내요. 책만 몇 권 읽어도 알 수 있는 이 정도 안내조차 왜 의료 기관에서 해 주지 않는지, 왜 아무도 그런 조언을 제공하지 없는지……. 저희 아버지는 초반에는 장기요양 등급을 받고 치매 등급을 안 받아서 치매안심센터를 가면 대상이 아니라는 거예요. 뇌병변 장애 합병증으로 생긴 치매는 그런 제도에 포괄이 안 되는 거예요.

돌봄 시민 4   단순한 경험이라기보다는 많은 생각을 하게 해 주시네요. 제가 치매랑 인지증 관련 활동을 하다 보니까 일본 후쿠오카에 있는 인지증프렌들리센터를 간 적이 있거든요. 돌봄 가족이나 당사자들이 알고 있는 지혜가 아주 많잖아요. 이런 분들을 다른 분들이랑 동료 상담가처럼 나눌 수 있는, '피어 서포트'를 할 수 있는 경험 전문가라고 부르더라고요. 치매랑 함께 살아가는 데 필요한 서비스나 솔루션을 만드는 데 이분들이 중심이 돼서 하는 활동이 포함되고요. 이런 것들이 활성화되면 좋겠다, 지역에서 같이 연결되고 만날 거점이 있으면 좋겠다고 생각했고. 그리고 소통하는 방법도 말씀해 주셨는데, 그 센터에서 하는 또 다른 주력 사업이 휴머니튜드(Humanitude)라고 치매인들이랑 함께 소통하는 거예요. 돌봄 종사자랑 당사자만이 아니라 소방관, 학생, 경찰관, 슈퍼마켓 주인까지 지역 사회를 전부 다 교육하는 거예요. 이게 단지 인지 저하가 있는 사람들뿐만 아니라 지역 사회 모든 주민까지 소통을 원활하게 해 주는 효과가 있어서 재난을 겪을 때도 휴머니튜드 교육을 받은 지역에서는 사망률이 현저하게 낮다고 그러더라고요.

바닥 말씀도 하셨는데, 제가 가상 현실 안경을 쓰고 치매인들이 주변 환경을 경험하는 방식을 그 센터에서 체험했어요. 인지 건강 디자인, 인지증 친화 디자인이 있어요. 어디 화장실을 가면 제가 보기에도 어디가 남자 화장실이고 어디가 여자 화장실인지 헷갈릴 때가 많아요. 그래서 잘못 들어간 적도 가끔 있는데, 화장실뿐만 아니라 바닥도 인지 저하 치매인들 특성상 절벽 같은 것이나 물결 모양 같은 것들이 특별히 더 불안하고 불편하다고 하더라고요. 서울시에도 노인 친화 디자인 가이드가 있기는 한데, 이런 걸 부모님 집에 해 드리려고 하면 너무 비싸거나 접근성이 떨어지는 거예요. 그래서 노인들이 좀 안전하게 생활할 수 있고 인지가 저하돼도 집에서 좀 편안하게 지낼 수 있게 손잡이를 단다든가 색깔을 바꾼다든가 하는 작업을 공적 서비스랑 연결해서 저렴한 가격에 할 수 있는 시스템이 있으면 좋겠다고 생각했습니다.

돌봄 시민 1 20년 넘게 조모를 모실 때 한 경험인데요. 그때 할머니가 치매인데 망상이 좀 심하셨어요. 환시나 이런 것들이. 워낙 활동적이시고 복지관도 되게 자주 다니시고 지역에서도 다른 분들이랑 교류를 많이 하신 분인데, 치매가 왔어요. 참 안타까운 게, 그때는 아버지가 사회적 인식, 그러니까 당신의 사회적 지위나 이미지 같은 것들 때문에, 뭐 대단한 건 아니었는데, 치매 노모를 밖으로 드러내는 걸 어려워하신 것 같아요. 그래서 그냥 편찮으시다 정도만 이야기하고 치매라는 말을 주변에 안 했고, 그러면서 집 안에 어떻게 보면 할머니가 고립되신 거죠. 저도 일하고 왔다 갔다 하면서 할머니를 모셨지만, 점점 어려워졌어요.

제 경험을 말씀드린 게 그런 모습이 지금도 여전히 있더라고요. 최근에 지인이 어머님이 아흔 살이신데 치매에 걸리셔서 어떻게 돌봐야 하냐고 물어보시는데, 그분도 주변에 알려지는 걸 너무 두려워하시는 거예요. 주변에 어머니가 치매라는 걸 알리고 싶지 않다는 거죠. 말씀하신 것처럼 치매가 우리에게 익숙하고 저도 필생의 사업이 치매이다 보니까 익숙하지만, 아직도 많은 사람한테 치매가 두려움이고, 두려움을 넘어서 알리고 싶지 않은, 정말 부정적인 뭔가가 돼 있다는 게 정말 가슴이 아파요. 치매를 대하는 인식, 관련 정책도 많이 이야기해야겠지만, 치매를 드러내는 것이 예전도 그렇고 지금도 그렇고 어려운 현실이라는 생각이 들었습니다.

돌봄 시민 3   치매 사실을 어떻게 주변에 알려야 되는지 고민하시는 모습에 저도 공감이 많이 갔어요. 아까 상견례 하러 가서 시아버님 치매를 아셨다고 하셨잖아요. 그 얘기 들으면서 문득 고민하게 된 게 사귄 지 일주일이 안 된 남자 친구가 있거든요. 남자 친구에게 우리 엄마가 경도 인지 장애를 진단받은 얘기를 해야 하나 하는 생각이 지금 드는 거예요. 예전에 30대 초중반에 암 경험자들 만나서 얘기를 나눈 적이 있는데, 그때 그분들이 소개팅을 하거나 선을 보거나 연애하다가 결혼 얘기가 진지하게 나올 때쯤 '내가 사실 이런저런 암을 경험하고 수술이나 항암을 한 얘기를 해야 하는 건가 안 해야 하는 건가, 지금은 완치 상태니까 괜찮은 거 아닌가' 같은 고민을 하신 얘기를 들었어요. 결혼할 때 그런 문제를 고려해야 한다면 나도 지금 애인한테 미리 알려 줘야 예의인가 하는 생각도 들기는 해요. 한편으로는 어머니가 부산에서 혼자 일도 하시면서 잘 지내시거든요. 약간 걱정은 어머니가 오토바이를 평생 몰고 다니셨고, 지금도 오토바이 운전해서 치매 어르신들 많은 요양병원에서 요양보호사로 일하고 계세요. 일 시작하신 지가 한 달 됐고, 그전까지는 청소 일을 하셨어요. 요양보호사 일이 워낙 일찍부터 시작하니까 잠에서 깨어나서 바로 오토바이를 운전하시는 거예요. 그런데 지금 경도 인지 장애이시고 2년 전에는 신호 위반 때문에 벌금 대신 봉사 시간을 채우는 교통사고가 있었는데, 앞으로 그런 일이 더 발생하면 오토바이 운전을 그만두시게 해야 되는 건지 걱정이에요. 정말 30년 넘게 오토바이를 운전하시고 생계에도 중요한 요소이자 생활의 기본 요소로 받아들이시는데, 자식 된 처지에서 언제까지 그냥 둬야 할지 좀 고민이 됩니다.

돌봄 시민 2   돌봄을 하면서 가장 어려운 게 사실은 공백 같아요. 요양보호사가 하루에 세 시간씩 해서 월, 화, 수, 목을 오잖아요. 세 시간 하고 가면 나머지 시간은 누가 돌보냐? 제가 그렇다고 해서 일을 다 그만두고 돌봄을 할 수도 없고, 요양보호사가 안 오는 토요일이나 일요일은 저도 좀 쉬어야 되는데, 그때는 주민센터도 쉬고 다 쉬니까 아무도 오는 사람이 없잖아요. 어쩔 수 없이 생기는 공백이 가장 큰 문제 같아요.

돌봄 멘토 2 치매 증상에 따라서 좀 다르겠지만 신체가 건강한 분들이 있잖아요. 그런데 계속 밖으로 나가려고 하니까 사람들이 여기에서 지역 사회 통합 돌봄 얘기를 많이 합니다. 지역 사회 통합 돌봄이 마치 우리 사회에서 최고 가치처럼 받아들여져서 시설로 내 부모를 보낼 때 드는 죄책감에 압력을 더할 수도 있겠다는 생각이 들어요. 그러니까 저는 돌봄 공백이 너무 심하면 시설에 보내야 된다고 생각해요. 시설에 보내는 게 죄도 아니고. 다만 시설에 들어가면 죽어서야 나오니까 문제인 거지, 기능을 다시 회복하는 방식으로 시설을 운영해서 다시 밖으로 나올 수 있게 하는 게 저는 가장 맞지 않을까, 어쨌든 제 생각은 그래요.

돌봄 시민 4 치매 환자들이 아예 누워 계시면 좀더 돌보기가 편해요. 그런데 인지는 못 하시면서 건강하신 분들이 더 문제거든요. 자꾸 배회하고, 건강하시니까 폭력적인 행위도 나오고 그런 분들은 어떻게 돌볼 수 있을까요? 하여튼 저도 한 4년 정도 됐는데, 제가 보기에는 전문적으로 요양보호사 공부를 하신 분들도 버거워하거든요. 그래서 치매 공부를 좀 하고 치매안심센터에서 교육도 받았어요. 그런데도 현실에서는 치매 환자들 옆에 누가 있어야 된다는 거예요. 저희 부모님 같은 경우는 요양원 절대 가고 싶지 않다고 계속 말씀하셔서 마음속으로 어떻게 시스템을 갖춰야 할까, 무슨 일이 생길 때 내가 어떻게 조력을 하고 누구한테 연락할까 생각해요. 사실 지금 제가 부모님 지인들 연락처를 하나도 모르거든요. 동네에 아파트 경비 아저씨나 주민센터, 어떤 네트워크가 있어서 부모님들한테 무슨 일이 생길 때 돌봐 줄 수 있는, 그러니까 꼭 중증 만성 질환이 없더라도 노쇠해지는 단계에서는 명단을 등록해서 서로 돌볼 수 있는 시스템이 있으면 좋겠어요. 치매안심센터나 주민센터, 지역 주치의가 통합적으로 연결돼서 노인들한테 어떤 일이 있을 때 상의할 데가 있으면 좋겠다는 생각을 좀 해 봅니다.

돌봄 시민 1   저는 낮 동안에는 일을 가야 하는데 할머니가 자꾸 나가시는 거예요. 그래서 아파트 경비 아저씨한테 부탁했어요. 나오시면 다시 들어가시게 해 달라고. 그러다가 싸움이 나고 그러면 저한테 전화가 오고, 그때 제가 달려오는 거예요. 말씀하신 것처럼 낮 동안에 배회하는 분들은 지역에서 방지가 안 되면 실종으로 바로 이어지니까 문제인데, 참 변함이 없다는 게 정말 안타까워요.

돌봄 시민 4   요즘에는 시시티브이(CCTV·폐회로 텔레비전)도 되게 잘 돼 있고 치매 노인 등록도 해요. 얼마 전에 길에서 누가 현금 백 몇 십만 원을 실수로 떨어뜨렸는데, 어떤 학생이 주워서 경찰서에 가지고 갔아요. 시시티브이를 뒤져서 떨어뜨린 사람을 찾아 가지고 한 시간 만에 돌려주더라고요. 아이 하나 키우는 데도 온 마을이 필요하다고 하는 것처럼 노인을 돌보는 데도 온 마을이 같이 고민하고 시스템을 촘촘히 갖춰야 한다는 생각이 드네요.

돌봄 시민 5   지역 사회 돌봄을 지나치게 강조하면 시설에 부모를 보낸 사람에게 쓸데없는 죄책감 같은 것도 갖게 한다고 말씀하셨는데, 제가 그래요. 아버지가 요양병원에 계시는데, 지역 사회 돌봄이 되면 집으로 모셔 오고 싶다는 생각을 해요. 그 이면에는 집에서 못 돌보고 아버지를 시설로 보낸 게 불효라는, 인간으로서 좀 할 짓이 아니라는 생각이 계속 있거든요. 그래서 장애인 운동에서 탈시설 얘기할 때마다 기분이 되게 묘해요. 탈시설을 하자는 기본 취지는 공감하지만, 사람이 커뮤니티에서 어울려 살 수 있도록 제반 시설이 마련돼야 하잖아요? 저희 아버지 같은 경우를 보면 만약에 시설이 없었다면, 아버지가 지금 가실 수 있는 요양병원이 없었다면, 저희 집은 정말 지옥이 됐어요. 아버지 망상 때문에 어머니도 거의 미쳐 버릴 정도까지 상태가 심하셨으니까. 가면 못 나오는 게 문제인데, 그래서 임시로 집에 계시다가 증상이 너무 심해지면 어디 가서 치료받다가 또 돌아올 수도 있는, 이런 게 되면 좋겠어요. 이렇게 되려면 지역 사회 돌봄이 기반이 마련돼야 할 것 같아요. 지역 사회가 너무 없으니까 아예 돌아오지도 못하죠. 시설을 지나치게 악마화하는, 시설에 가면 무조건 인권 유린이 된다는 흑백론적인 생각은 좀 적당하지 않다는 생각도 들고요.

　　　　　인권 유린이야 집에서 돌볼 때도 해요. 저는 돌봄이 내 바닥을 드러낸다는 생각을 한 게, 제가 아버지를 휠체어에 앉히다가 어깨가 찢어져 가지고 회전 근개 파열 상태가 됐거든요. 그렇게 아버지랑 실랑이하다가 제가 아버지를 한 번 때린 적이 있어요. 너무 화가 나서 나도 모르게 때렸고, 아버지도 놀라고 저도 놀랐죠. 그러니까 이런 인권 유린도 한다는 말이에요. 언제든지 시설에 갔다가 버거우면 집으로 다시 돌아올 수 있게 돼야 되는데, 우리는 양자택일 상태에 몰리잖아요. 그게 문제라고 생각해요.

돌봄 시민 6　요즘에는 교육을 다닐 일도 있어서 치매 인식 개선을 어떤 식으로 하면 좋을까 생각하다가, 치매 친화적인 사회를 이상적으로 얘기하는 것보다는 저도 치매에 걸릴 준비를 하고 있다는 식으로 말해요. 실제적인 행위가 뭐가 있을까 고민하다가, 원래는 뱃살을 좀 빼고 싶어 가지고 누워서 엉덩이를 드는 연습을 했어요. 그걸 잘하면 좋아요. 나중에 기저귀 케어를 받을 때 엉덩이가 무겁잖아요? 그럴 때 엉덩이를 바짝 들면 요양보호사들이 굉장히 고맙다는 실용적인 감정을 느끼신대요. 그래서 이런 연습을 지금부터 부단히 해서 내가 돌봄을 받는 상황이 될 때 다른 사람 덜 힘들게 하는 그런 사람이 되고 싶다고 이야기하면 다들 좀 이상하게 보시기도 하거든요. 나중에 치매 걸리면 내가 어떤 환자가 돼서 돌봄을 받을 수 있을까를 생각할 때 저는 정말 진지하거든요.

아버지도 할머니도 사람을 되게 좋아하셔서 자주 오라는 얘기를 많이 하셨는데, 일하는 가족들이 자주 가려면 휴가가 보장돼야 하잖아요. 문병이든 요양원 면회든 당연하게 인정돼야 하는데, 쪼개고 쪼개서 가니까 특별한 일처럼 여겨지잖아요. 가족 돌봄 휴가가 있기는 한데 떳떳하게 못 쓰는 분위기니까, 한두 시간 일찍 퇴근해서 가족들을 만나러 갈 수 있는 문화가 되면 좋겠어요. 가족 된 처지로서 그런 생각도 해봤고……. 아버지 돌아가시기 전에 경찰 신고를 많이 했거든요. 지문 등록도 해 드리고 지피에스도 달아 드리고 했지만, 불편하다면서 던져 버리고 아무도 없는 곳에 숨어 계시는 거죠. 아침에 나간 사람을 저녁에 찾고 그러면서 가슴을 쓸어내린 적이 많아요. 가족들은 칩을 심고 싶다는 거예요. 환자가 던져 버릴 수 있는 아이템은 소용이 없는 거죠. 인권이나 개인 정보나 다 소중하지만, 정말 빨리 안전해지고 싶은 순간에는 어떤 걸 차야 되냐는 거죠. 되게 할 게 많다는 생각도 해 봤어요.

돌봄 시민 3   외할머니도 치매 중증으로 고생하시다가, 어머니가 돌보시다가 돌아가셨거든요. 어릴 때부터 어머니가 우리 엄마는 치매로 갔다는 얘기를 저한테 자주 하셨어요. 이렇게 사진 보여 주시면서. 외할머니가 치매면 보통 한 번 건너뛴다는데 내가 치매일 수 있겠다는 생각을 은연중에 어릴 때부터 꽤 많이 했거든요. 그런데 대를 뛰어넘기도 전에 엄마까지 경도 인지 장애이신 걸 보니까, 나도 빼박 치매겠다는 생각을 좀 하고 있어요. 어머니가 저한테 어릴 때부터 내가 치매 걸리거나 나이가 들면 요양원으로 바로 보내 달라고 얘기하셨는데, 아마 외할머니를 돌본 경험 때문에 그러신 건지도 모르겠어요. 어머니가 30대 후반에 저를 낳으셔서 더 노후 이야기를 하신 게 아닐까 싶어요. 최근 한 달 전쯤부터 어머니가 요양병원에서 요양보호사로 일하기 시작하셨어요. 통화하면 할머니들이 다 대부분 치매여서 증상이 다양하기는 한데 그래도 한 명 한 명 정말 귀엽고 사랑스럽다는 얘기를 저한테 하시거든요. 어떤 할머니는 식사 도와드리는데 안 먹겠다고 숟가락 팽개치기도 하고 어떤 할머니는 엄청 맛있게 잘 드시기도 한다는 얘기를 듣는데, 가족들이 와서 우리 엄마 좀 특별히 잘 봐 달라면서 용돈처럼 선물을 주거나 현금을 주시는 일도 있다고 하더라고요. 그러면서 엄마가 여기가 괜찮은 일터 같다고 하시는데, 문득 그런 얘기 듣다가 저는 뭔가 내 미래를 엄마가 미리 얘기해 주는 느낌을 받을 때도 있어요.

걸어서 15분 거리에 있는 돌봄

돌봄 시민 4   지금 얘기도 그렇고, 아까 엉덩이 잘 들면 나중에 돌봄을 받을 때 괜찮은 사람이 될 수도 있겠다는 말에서도 생각이 났는데, 제가 올해 나이가 쉰 살이에요. 그런데 얼마 전에 듣기로 치매가 어느 날 갑자기 찾아오는 것이 아니라 20년 전부터 서서히 진행된다고 하더라고요. 몇 년 전부터 저는 그 사람이랑 만난 기억이 전혀 안 나고 얼굴도 낯선데 그 사람은 저랑 밥도 같이 먹고 여러 가지 일도 했다는 거예요. 얘기를 들어도 기억이 잘 안 나는 거예요. 그래서 이제 나한테 오고 있나 보다 그랬어요. 저도 외할머니가 치매셨거든요. 생각보다 인지 저하나 경도 인지 장애나 초기 치매인 상태로 오랜 시간 삶을 보내는 사람이 많은 것 같아요. 그런 상황이 될 때 자식들 덜 힘들게 하고 내 삶도 조금 더 의미 있게 살려면 미리 준비하고, 근육량을 키우고, 뭔가 포기할 줄 알고, 돌봄을 받을 준비를 하는 그런 사람이 돼야겠다, 돌봄을 서로 주고받는 데 익숙하지 않아서 숨어서 혼자 괴로워하는 분들도 많으니까 용기 있게 돌봄을 받는 사람이 돼야겠다, 이런 생각을 해 봤습니다.

돌봄 시민 3 저는 요즘에 친구들이랑 그런 얘기도 해요. 우리 베트남어 배워야 된다고. 왜냐하면 저희를 나중에 돌볼 분들이 한국인이 아닐 확률이 되게 높을 것 같다는 생각이 들어서. 그런데 제가 돌본다고 생각해도, 예를 들어 제가 영어권 국가에 가서 영어를 쓰면서 할머니를 돌보는데 그 할머니가 갑자기 '안녕하세요. 감사해요' 이렇게 말하면 감동이잖아요. 왠지 나를 더 잘 봐 줄 것 같잖아요. 그래서 다른 나라 언어로, 어느 나라가 될지 모르지만 '고맙습니다'나 '안녕하세요' 정도는 배우자는 거죠.

돌봄 시민 6 지역 사회 안에 있는 공동 생활 가정도 아홉이나 열 명이면 좀 많아 보이는 것 같아요. 네다섯 명 정도가 좋지 않을까. 정말 집 같은 데에서 우리 어머님이 혼자 안 살고 공동 생활 가정에서 원래 살던 지역에 사시면 가족도 덜 불안하고 미안할 것 같은데, 100명이나 200명을 수용하는 요양원에 모시면 조금 더 미안하겠죠. 본의 아니게 그렇게 될 수도 있지만, 네다섯 명 모여 사는 집 같은 공동 생활 가정으로 모시면 찾아가기도 편안하고 좋을 것 같아요. 지금은 그런 공동 생활 가정을 많이들 잘 모르기도 하고 선뜻 연결이 잘 안 되는 것 같더라고요. 그래도 그나마 마음이 놓일 것 같아요.

돌봄 시민 5   요양원도 아버지 때문에 가 봤는데, 코로나 전에는 그럴 수 있었어요. 나라면 이런 데서 살고 싶을까 이렇게 생각하니까 정말 못 보내겠는 거예요. 그래서 기자가 요양보호사를 따서 요양원 실태를 점검한 기획 시리즈를 뒤늦게 찾아보는데 건강보험공단이 직영하는 서울요양원 얘기가 나오더라고요. 하루에 기저귀를 여덟 번 갈아 준다는 거예요. 집에서 아버지 모셔 보니까 여덟 번 가는 게 쉽지 않더라고요. 아무튼 거기에 대기 신청을 했어요, 2020년에. 아버지가 3000번대인데 대기 번호가 아직도 안 왔어요. 100번대 이내로 들어는 갔는데, 대기하다가 돌아가시는 분들이 그렇게 많대요. 그러니까 가족이 도저히 어떻게 할 수가 없어서 시설로 갈 때 갈 만한 시설이 없는 거예요. 주간보호센터도 가 봤는데, 아버지가 지금보다 조금 더 인지가 있어서 애 취급하는 걸 굉장히 싫어하실 때라 반짝반짝 같은 거 시키고 애 취급 하니까 막 화를 내서 가지고 못 갔거든요. 그러니까 시설이 보호가 아니라 수용 개념이에요. 그냥 집어넣어 놓고 죽지만 않게 좀 돌봐 주면 된다고 생각하는 것 같아요. 그래서 사람 상태에 따라서 세심한 돌봄은 기대하는 것 자체가 무리인가 하는 생각도 많이 들더라고요.

제가 병원에서 식사 문제로 간병인한테 되게 화를 낸 적이 있는데, 그분 처지도 이해는 해요. 정해진 시간에 식사를 해야 되는데 아버지가 고분고분하게 안 하시잖아요. 이리 빼고 저리 빼고 그러잖아요. 그러니까 이분이 국에다 밥, 김치, 생선, 멸치를 다 때려 넣어서 개밥처럼 된 거를 떠서 먹이는 거예요. 나 같아도 먹기 싫죠. 시간 안에 먹여야 된다는 압박감이 너무 강하니까 그런 식으로 하는데, 밥을 왜 꼭 11시에 먹어야 되냐고요. 1시나 2시쯤 먹고 싶을 수도 있잖아요. 그런 게 전혀 허용이 안 되는 식으로 시설이 운영되는 거죠.

돌봄 시민 4 정책화된 언어로 바로 얘기해 보면 일본에 있는 이바쇼(居場所)처럼 걸어서 15분 거리에 치매 돌봄 거점이 있으면 좋겠어요. 지금 치매안심센터가 있기는 하지만 문턱이 높게 느껴지는 분들도 계시고 지리적으로 좀 먼 경우도 있어서 치매안심센터랑 연결이 되면 더 좋을 것 같아요. 걸어서 가까이 갈 수 있고, 치매 공부도 하고, 서로 연결되고 이렇게. 선생님처럼 말씀해 주실 수 있는 분한테서 얘기도 듣고 서로 지지할 수 있는, 그래서 당사자나 가족들도 서로 피어 서포트를 할 수 있는 거점이 생기면 좋겠어요. 외국에서는 인지증 카페, 알츠하이머 카페, 메모리 카페처럼 여러 가지 이름을 내거는데, 꼭 카페가 아니어도 민간에서 하는 곳도 있어요. 일본에서는 지자체에서 코디네이터한테 간식비를 지급하거나 이용자가 이용료를 내기도 해요. 공공에서 실비 정도 운영비를 지원하면 공간을 운영하고 싶은 곳들이 연결돼서 검진도 하고 교육도 하는 거죠. 그냥 거기 모인 분들끼리 정보를 나누고 서로 지지할 할 수 있는 곳이 있으면 좋겠어요. 그런데 치매안심센터가 구별로 있잖아요. 한 구당 한 다섯 군데 정도? 민간이랑 협력해서 하는 곳까지 있으면 중학교 단위 거점이 생기는 거더라고요. 중학교도 걸어서 15분 내 거리잖아요. 내가 사는 곳에서 걸어서 15분 안에 치매 돌봄 거점을 만들자는 정책을 제안하고 싶어요.

돌봄 시민 3 저는 한부모 가정이었거든요. 한부모 가정 아이들이랑 부모님들 수십 명이 모여서 워크숍을 한 기억이 나요. 여행도 하고, 다른 가정 아이들이랑 교류도 하고, 밤에 캠프파이어도 하면서 얘기 나누고. 제가 어릴 때 그런 소통을 경험했다면 좋았을 것 같아요. 치매 돌봄 가족이 1박 2일이나 2박 3일로 놀러 가는 게 진짜 어려운 일이잖아요. 강의도 듣고 다른 가정들 돌보는 방법도 배울 수 있는, 한부모 가정 워크숍처럼 치매 돌봄 가족 워크숍을 하면 일단 저한테도 도움이 될 것 같아요.

돌봄 시민 5 정리를 다 하지는 못했지만, 제가 아버지를 보면서 단계별로 생각한 걸 말씀드릴게요.

먼저 중환자실에서 일반 병실로, 중증 위급 상태는 아니지만 병원에 있어야 하는 상태가 돼서 저는 아무 생각 없이 간호간병을 받겠습니다, 간호간병통합 병동에 갈게요 했어요. 그런데 간호사가 혼자 못 걸어 다니고 인지 장애가 있는 사람은 간호간병통합을 이용하지 못한다고 하더라고요. 저는 이런 상태가 더 절실하게 간호간병통합이 필요한데 왜 못 들어가냐고 그러면서 옥신각신했거든요. 그래서 지금은 환자 본인이 걸을 수 있고 간호사를 부를 수 있는 경증 환자만 간호간병통합 서비스를 이용하는데, 대상을 확대해서 중증 환자도 이용할 수 있어야 한다고 생각해요.

다음으로 환자 상태에 맞게 어떤 돌봄을 해야 되는지 아무도 안 알려 주기 때문에 보호자 혼자 알아봐야 돼요. 제가 건강보험심

심평가원 홈페이지 들어가서 보고 1등급 받은 병원에 일일이 전화를 거니까 어떤 병원은 암 전문이라 인지 장애 노인은 안 받아요. 이런 걸 안 밝히고 심평원 명단에 올라가 있어서 일일이 다 보호자가 알아서 해야 하는 게 너무 지치는 일이에요. 우에노 지즈코가 쓴 책을 읽으니까 일본에는 지역에 케어 매니저가 있대요. 상의할 사람이 없는 게 가장 막막하거든요. 돌봄 문제를 상의하고, 나한테 맞는 돌봄 시설도 알아봐 주고, 같이 좀 관찰해 줄 케어 매니저가 있어야 된다고 생각해요.

세 번째는 방문 진료나 방문 간호 서비스가 없어서 시설에 자꾸 가게 돼요. 시설에 한 번 가면 집에 돌아오기 힘들어요. 일본에서는 24시간 간호 스테이션이 운영되더라고요. 위급할 때 거기에 전화를 걸어서 의학적 도움이 필요한 상황인지, 아니면 집에서 뭔가 조치하면 해결될 수 있는지를 알 수 있대요. 우리는 그럴 만한 데가 없잖아요. 의사나 간호사가 일주일에 한 번씩만 집에 와서 상태를 봐 주거나 코디네이터랑 전화 상담만 할 수 있어도 버틸 수 있을 것 같은데, 그게 없어요.

그다음에 미래를 생각하면, 병원에 임종실이 없어요. 제가 병원에 갈 때마다 임종실이 있냐고 물어보는데, 보여 달라고 하면 어떤 데는 안 보여 주고 어떤 데는 데리고 가는 데가 처치실이에요. 의료 용품 쌓아 놓는 방이죠. 그런 데에서 아버지가 돌아가시게 하고 싶지는 않거든요. 품위를 지키고 가족들하고 마지막 인사도 하면서 돌아가실 수 있는 임종실을 병원마다 의무화해야 된다고 생각해요. 장례식장 안 지어도 임종실은 지어야 해요.

그리고 호스피스요. 호스피스 진료가 밀려 있기도 하지만 질환이 제한돼 있잖아요. 폐, 심폐, 암으로 제한돼 있어서, 저희 아버지같이 뇌병변 장애로 가다가 노쇠해서 돌아가시는 분은 못 들어가요. 우리 현실에서 가장 질 좋은 죽음이 저는 호스피스라고 생각하는데, 호스피스 대상을 좀 확대해야 돼요. 호스피스 얘기할 때마다 같이 나오는 게 완화 의료인데, 도대체 호스피스가 아닌 완화 의료를 찾을 수가 없어요. 급성기 병원하고 1차, 2차, 3차 병원으로 나누는 체계에서는 완화 의료를 제공하는 데가 없는데, 이 완화 의료라는 실체를 좀 보고 싶어요. 호스피스 갈 만한 상황은 아니지만 적극적 치료 대상도 아닐 때 완화 의료를 제공하는 시설이 있으면 좋겠다는 생각도 합니다.

돌봄 시민 4 호스피스랑 완화 치료랑 달라요?

돌봄 멘토 2 이 용어들을 중복해서 사용한다고 하더라고요. 우리나라에서는 말씀하신 것처럼 임종에 가까우면 호스피스로 보고, 그전 단계에서 통증 관리처럼 주로 어떤 질환의 완치를 목적으로 하지 않는 치료를 전체적으로 완화 의료라고 보기도 해요.

돌봄 시민 3 어느 책을 보니까 우리나라가 오이시디에서 마약성 진통제를 사용하는 비율이 제일 낮대요. 의사들이 굉장히 꺼린대요. 그런데 마약성 진통제를 포함해서 제공될 수 있는 완화 의료를 아무리 찾으려고 해도 병원에 입원하지 않는 한 불가능하더라고요.

돌봄 멘토 1 정책 용어로 정의할 때 임상 현장에서 완화 의료라고 하는 개념이 좀더 폭넓은 개념인데, 증상을 완화하는, 그러니까 질병 치료보다는 증상을 완화하고 통증을 관리하는 걸 모두 다 완화 의료로 규정하는 영역이 있어요. 사실 항암 치료도 치료 목적이 아니라 통증을 완화하기 위해서 하시는 분들도 있거든요. 생애 말기에 돌아가시기 직전에 품위 있는 죽음을 위해서 호스피스라는 서비스를 제공하는데, 이걸 정책으로 하는 과정에서 어디까지 경계를 칠 거냐가 문제가 돼요. 왜냐하면 건강보험 급여랑 연결되는 거라서 호스피스 완화 의료라는 이름으로 정의한 건데, 지금 말씀하신 완화 의료라는 포괄적 정의 안에서 보면 사실 호스피스 완화 의료에서 제공하는 건 별로 없어요. 그리고 예를 들어 마약성 진통제를 통증 관리 때문에 제공한다는 게 개념적으로는 완화 의료일 수 있지만, 지금 말씀처럼 건강보험 급여에서 제공하는 것 말고도 호스피스 치료를 조금 더 폭넓게 받고 싶을 때 저는 그런 건 없다고 봅니다. 그런 치료를 특정적으로 제공하는 기관은 없고, 암 환자들이 주로 가는 요양병원에서 자기들이 완화 의료를 제공한다고 얘기를 해요. 상업적 의도가 결부돼 있어서 조금 문제가 되기는 하는데, 암 환자 전문 병원 같은 데서 제공하는 어떤 서비스를 완화 의료로 볼 수는 있을 것 같기는 해요. 완화 의료를 개념적으로 정리할 때랑은 조금 다른 측면이 있지만요.

돌봄 시민 4 방문 간호나 왕진 같은 건데, 지금 있지 않나요?

돌봄 멘토 2 지역에 따라 건강보험이 되기는 되는데 본인 부담금이 크고요. 좀 적극적으로 하는 지자체가 12개예요. 복지부에서는 100개라고 하는데, 실제로 재정 지원은 12개 지자체만 하는 것 같고요. 그런데 135개 지자체에 재택의료센터가 있어요. 24시간까지는 아니겠지만 언제든 전화해서 물어볼 만한 곳이 있습니다.

돌봄 멘토 1 그런 곳이 외래로 가는 것보다 비용이 더 들어요. 재택의료센터는 방문 진료를 한 번 받는 데 본인 부담금이 1만 원, 2만 원 정도 될 거예요. 12개 지자체에서는 지원금을 주니까 좀 줄어들 거고요. 어쨌든 방문 진료 자체는 본인 부담금이 외래보다는 조금 높습니다. 의료인이 한 명 나간다는 게 되게 비싼 서비스잖아요. 병원에 있으면 여러 환자를 볼 수 있는데 환자 한 명을 위해서 나가는 거니까요. 지금 왕진 진료료가 규모에 따라 13만 8000원, 12만 8000원 정도 되거든요. 거기에서 본인 부담금을 30퍼센트, 그러니까 지자체 지원도 있기는 하지만 5만 원 정도는 본인이 내야 돼요. 일본에 있는 24시간 방문 간호 스테이션 같은 건 간호계에서도 계속 얘기하는데, 한국은 의료법에 있는 여러 제한 때문에 간호 기관을 개설할 수 없어요. 그래서 지금 유일하게 장기요양 인정자만 이용할 수 있는 방문 간호 기관이 있는데, 수가 많지는 않아요. 장기요양 등급을 못 받은 치매 환자도 있고 다른 수요자도 있지만, 이런 시민들은 사실 방문 서비스가 제한되죠. 양적으로도 부족하고 질적인 면에서도 어려움이 있어요. 케어 매니저가 있어서 나한테 어떤 서비스가 필요한지를 명확하게 알면 좋은데, 되게 애매한 경우가 많아요. 의료적 서비스가 더 필요할 때가 있고, 돌봄 서비스가 더 필요할 때가 있잖아요. 이런 문제를 조정해 줄 사람이 있어야 해요. 어떻게 보면 그런 절차를 지금 다 겪으신 거잖아요?

솔직히 말하면 통합 돌봄 기본법이 시행돼도 일본 같은 형태는 아닐 거라고 봐요. 일본은 제도를 설계할 때부터 케어 매니저가 할 일을 명확하게 설정하고 직종을 만들고 교육 제도를 만드는 순서로 갔는데, 우리는 비용 때문에 직할 체계는 아닐 것 같아요. 지자체 공무원이 돌봄 수요를 접수하고 내비게이터 구실을 하는 방식으로 가게 될 가능성이 크죠. 그런 방향이더라도 지자체가 자원 현황을 잘 파악해서 방문 진료 기관이나 방문 간호 기관을 연계해 주기만 해도 개인이 하는 수고를 조금이라도 덜 수 있죠.

돌봄 멘토 2   비슷한 정책들이 이미 많아요. 대표적으로 치매관리주치의죠. 치매 걸린 사람을 주치의가 등록할 수 있어요. 전국에 180명인가 있는데, 잘 운영되지 않아요. 제도가 생기면 공급이 따라 줘서 바로 운영이 되면 좋은데, 말씀하신 정책들이 일부 있기는 해도 시행이 잘 안 되는 경우가 많아요. 케어 매니저를 많이 말씀하셨는데, 단기적인 문제 해결에는 중요한 방법 같기도 합니다.

사람, 공간, 시간

돌봄 시민 5   제가 사전연명의료의향서를 어머니 모시고 가서 썼어요. 아버지 쓰러지신 다음에 썼는데, 이것도 쓸 데가 없겠다는 생각이 많이 들어요. 그러니까 폐렴에 걸려서 병원에 입원하면 병원은 치료한다고 그냥 호흡기 달잖아요. 어어 하는 사이에 막 진행된다는 말이에요. 나중에, 결정적인 순간에 인공호흡기 삽관 안 하겠다는 결정을 할 수는 있겠죠. 연명의료결정법에는 비위관, 그러니까 콧줄 꽂아서 영양 공급하는 거는 연명 의료가 아니에요. 곧 돌아가실 판인데도 콧줄을 꽂아요. 콧줄 꽂으면 그냥 그 상태로 무의미한 생명만 연장되는 거예요. 너무 황당해 가지고 제가 챗지피티한테 물어봤어요. 콧줄을 연명 의료에 포함한 나라가 꽤 많더라고요. 유럽에서 많은 나라가 수분하고 영양도 공급 안 받겠다는 것까지 결정할 수 있어요. 우리나라는 법 위반이기 때문에 의사들이 일단 다 해요. 요양원에 가면 콧줄 끼고 누워 있는 백 살 가까운 할아버지들 천지예요. 콧줄, 영양 공급과 수분 공급도 연명 의료에 포함시켜야 해요. 사전연명의료의향서를 실행하려고 해도 병원에 윤리위원회가 있어야 되는데, 윤리위원회 있는 병원도 몇 군데 없어요.

돌봄 시민 6   사람, 공간, 시간이 다 공백이잖아요. 공간 문제는 좀 얘기하셨고, 저는 시간 문제를 얘기할게요. 장기요양 서비스든 치매안심센터 서비스든 횟수랑 주기가 정해져 있거든요. 쉼터는 주 2회로 화요일과 목요일 오후만 쓸 수 있다거나 장기요양도 인지 지원 등급은 월 8회만 가능하다는 식으로 획일적이에요. 돌봄 과정에서는 정기성보다는 응급성이 항상 중요해요. 치매 환자 상태에 맞춰서 집중적으로 이용할 수도 있고 안 가고 싶을 때는 안 갈 수도 있어야 하는데, 내 마음대로 이용하면 기관에서 굉장히 난색을 표하고 불편해하죠. 즉시성과 응급성을 인정받을 수 있으면 좋겠어요.

케어 코디네이터를 다 갖출 수 없으면 사회적 기업이나 국가에서 운영하는 사람책 도서관처럼 돌봄 경험을 갖춘 인력 풀이라도 있으면 좋겠어요. 치매 환자 100만 시대면 치매 유형도 다양해서 증상이 정말 다 다르잖아요. 뇌병변 치매 환자를 돌본 사람, 알츠하이머 치매 환자를 돌본 사람, 초로기 치매를 돌본 사람이 다 경험이 다르거든요. 증상이 정말 천차만별인데, 내가 필요한 돌봄 경험은 뇌병변 치매 경험이지 보편적인 치매 경험은 아닐 수 있거든요. 나랑 똑같은, 아주 유사한 경험을 가진 선배 얘기를 듣고 싶은 거지 보편적인 경험과 원리를 알려주는 사람을 만나고 싶지는 않을 것 같거든요. 비슷한 경험을 축적한 사람들의 프로파일을 모으는 거죠. 서로 연결될 수 있으면 초기에 필요한 정보를 얻는 데 도움이 될 것 같아요. 민간에서 이런 서비스를 하는 데가 있다고는 하는데 공공에서 만드는 플랫폼이 더 좋지 않을까요. 그런 플랫폼은 청년들이 만들고 정년 지난 간호사나 사회복지사 같은 분들이 투입되는 거죠. 요새 60대나 70대도 정정하시잖아요. 그럼 돌봄이 필요한 사람은 정말 필요할 때 돌봄 받을 수 있고, 은퇴한 분들은 자식 다 키워서 한밤중에도 우리 지역 치매 환자한테 출동할 수 있거든요. 누가 필요로 하는지를 몰라서 도와주지 못하는 경우도 많으니까 수요와 공급을 잘 연결하는 서비스가 있으면 좋겠어요.

돌봄 시민 1 일본에 치매 당사자 단노 도모후미라는 분이 계세요. 그분이 몇 년 전에 한국에 방문하셨는데, 저도 그분 책을 인상 깊게 읽어서 북 토크에 갔어요. 히로시마 사례를 얘기하시더라고요. 병원에서 치매를 진단받으면 당사자와 가족이 병원에 와서 한 방에는 당사자가 들어가고 다른 한 방에는 가족이 들어간대요. 각각 멘토링을 해 주실 분들이 대기하고 있다가 당사자한테는 당사자 시점에서 이야기를 나누고 돌봄자에게는 어떤 돌봄을 할 수 있고 어떻게 연대할 수 있는지를 이야기한대요. 병원에 그런 시스템이 있다는 게 저는 일단 인상 깊었어요. 병원부터 시작돼야 하는구나! 우리는 경도 인지 장애만 진단받아도 치매 중증처럼 사회생활을 아무것도 할 수 없을 것 같은 인식을 하는데, 사실 당사자들도 인프라만 갖춰지면 지역에서 충분히 사회 활동을 할 수 있거든요. 진단받은 병원에서 치매에 걸려도 사회 활동을 할 수 있다고 당사자에게 이야기해 주고 서로 연대할 수 있는 환경이 갖춰지면 좋겠어요.

돌봄 시민 4 그분이 기업에서 일하시잖아요. 도요타에서 인식 개선 활동가로 일하는데, 일본은 근로자가 치매에 걸리면 고용주나 동료들이 어떤 식으로 업무 지원이나 직무 이동 같은 걸 해야 되는지를 후생성에서 많이 연구해서 가이드나 교육을 제공하더라고요. 우리도 인지 저하를 일찍 겪는 사람들이 사회생활을 몇 년이라도 더 유지할 수 있도록 장애 인식 개선 교육을 매년 하는데, 초로기 치매라든가 인지 저하에 관련된 내용을 더 보강한다든지, 포용적 직장 문화를 만드는 데 인지 저하자들도 같이할 수 있는 가이드라인을 배포한다든지, 고용주와 직원을 함께 교육한다든지 그러면 좋겠어요.

돌봄 시민 3   저도 엄마가 경도 인지 장애 정도이면서 열심히 요양보호사로 일하고 계세요. 좀 있으면 일흔이 되시지만 한 여든다섯까지는 노동 활동을 하시기를 기대하거든요. 경제적 문제를 떠나서, 어머니 세대는 다 그렇잖아요. 일이 취미이면서 사회에 기여해서 받는 보수 자체가 그 사람의 핵심이 되는데, 일이 사라지면 쉽게 무너지실까 봐 걱정하는 마음도 있어요. 그래서 청소든 요양보호사든 어머니가 정말 하고 싶을 때까지는 어떤 형태든 일거리가 있으면 좋겠다는 생각을 많이 해요. 친구들이랑 간식 사 먹을 수 있고 원하는 곳에 갈 수 있는 수준으로. 노인 일자리가 있지만 제약이 많고, 일거리도 낙엽 쓸기처럼 조금 소모적인 일들 위주잖아요. 약국에서 포장 스티커 벗기는 일처럼 사회적으로 기여하고 지구 환경에도 도움 되는, 효능감 있는 일거리가 있으면 좋겠어요.

어머니가 아무래도 혼자 살고 계시다 보니까 주거 환경 안정성이 되게 고민돼요. 부산이 산복도로가 많고 집도 계단을 굉장히 많이 올라가야 되는 곳에 있어요. 집 안에도 화장실 가려면 또 계단이 있거든요. 그래도 엄마는 그 집 소유자니까 나중에 미끄럼 방지를 하든 문턱을 없애든 벽지랑 바닥을 뚜렷하게 구분하든 할 수 있어요. 그런데 공공 임대 사시는 분들은 벽에 구멍도 함부로 못 뚫잖아요. 주거 개선을 한다면서 창문 새시를 바꿨는데, 새시가 엄청 턱이 높고 무거워요. 장애인이랑 노인들한테는 낙상 위험을 높이는 잘못된 시공이거든요. 노인 친화적이고 신체 기능 저하나 인지 저하가 있어도 안전하게 살 수 있다면, 저는 개인 비용을 지불하더라도 맡기고 싶은 마음도 커요.

돌봄 시민 2   아주 가까운 거리에 일상생활 지원 서비스 센터가 있으면 좋겠어요. 벨 하나 누르면 바로 달려와서 병원에 동행해 주고, 같이 외출도 해 주고, 기저귀 못 갈고 있으면 기저귀 갈아 주고, 전화하면 와서 밥 챙겨 주고. 24시간 상주하는 센터가 좀 가까이 있으면 괜찮지 않을까 생각합니다.

돌봄 시민 3   임산부 마크는 요즘 많이들 쓰시잖아요. 꼭 치매가 아니더라도 다리를 다쳐서 깁스하든지 할 때 지하철에서 양보하고 배려할 수 있잖아요. 일본에 헬프 마크가 있던데, 우리도 일시적이든 장기적이든 질병이나 장애가 있는 사람은 지역 사회나 대중교통에서 가방이나 어깨끈에 마크를 차는 거죠. '저는 도움이 필요한 상황이 발생할 수 있어요.' 범죄 대상이 될지도 모르는데 누가 치매 마크를 달고 다니고 싶겠어요. 그냥 아프고 취약한 상태인 사람이면 누구나 쓸 수 있는 마크인 거죠. 편의점에서도 헬프 마크 찬 사람이 오면 먼저 계산해 주고, 어떤 도움 필요하냐고 물어보고 서로 도와줄 수 있는 그런 시스템이 있으면 좋겠다는 생각이 들었습니다.

돌봄 시민 4   걸어서 15분 정도라는 이야기가 많이 나왔는데, 그래서 지자체도 치매안심센터 분소나 카페를 만드는 것 같습니다. 거점이라는 게 물리적인 공간을 마련한다기보다는 일단 사람들이 모일 수 있는 기회를 자주 만든다는 의미 같아요. 카페를 일주일에 한 번씩 빌린다든가 복지관에 방 하나를 빌리고 지자체가 실비를 지원하면 지역 활동가들이 모이는 식이죠. 치매 파트너십, 치매 교육, 치매를 충분히 이해하는 데 도움을 받고 서로 이어 주는 연결망에 초점을 맞추자는 거죠. 일본은 치매안심센터가 없는 대신 코디네이터 같은 분들이 인지증 카페를 열어서 치매 환자를 발굴한다더라고요. 정책 수혜자라는 시선을 벗어나서 당사자가 자기 의지와 욕구와 역량이 있는 사람이라는 걸 우선에 두는 변화가 있으면 좋겠어요. 관리 대상이 아니라 시민으로 인정받는 변화요.

돌봄 시민 3 치매라는 용어도 바꾸려고 계속 무슨 협의회도 했다는데, 의료계 쪽이랑 사회복지 쪽이 생각이 좀 달라서 계속 결렬되고 있다는 기사를 최근에 봤어요.

돌봄 멘토 2 정리를 해 보면 저희가 두 가지 제안을 정한다고 했는데, 지금 너무 많아요. 고르기가 난감하기는 한데, 비슷한 의견도 많이 나와서 포괄적으로 두 가지를 정해야 할 것 같아요.

먼저 전반적인 의료 서비스, 그러니까 진단 시점부터 임종까지 이르는 경로에서 받는 전반적인 돌봄과 의료 서비스를 제목으로 하고 구체적인 서비스 몇 가지를 넣어 보죠. 다음으로 지역 사회 변화에 관련해 말씀해 주신 서비스 몇 가지를 설명하면 좋을 것 같아요. 지금 유엔도 그렇고 치매를 장애로 봐야 한다는 이야기가 많아요. 결국 우리가 인지 장애라고 얘기는 하지만 치매가 장애인 복지 체계 안에 들어오지는 않잖아요. 질병으로 진단되면 그 질병을 중심으로 한 관리 체계에 들어가기 때문에 질병은 늘 관리 체계가 있어요. 치매 진단을 받은 시점부터는 인지 장애라는 관점으로 봐서 장애인 복지 체계 안에 들어가야 한다는 거죠.

4장

"우리 모두 돌봄을 바탕으로
살아가려면"

장애인 돌봄과 발달 장애 자녀 돌봄

장애인 돌봄, 장애 있는 할머니를 홀로 돌봐야 하는 영케어러, 가벼운 지적 장애인 아버지여도 돌보는 손길이 느끼는 부담은 만만치 않았고, 치매 어머니(고령 장애인)를 돌보는 특수 교사 따님의 쉽지 않은 돌봄기 등 돌봄은 집단의 평균값이 아니라 한 사람 한 사람 저마다 필요가 다르다는 점을 새삼 깨닫는 시간이었습니다. 정말 많이 배웠습니다.

— 이정주 단국대학교 행정법무대학원 초빙교수

돌봄 시민 1 엔인분에 소속돼 있어서 참여하게 됐습니다. 지적 장애가 중증인 아버지를 돌봄 중이에요. 아빠랑 저랑 같이 살고 있는 중이고 엄마는 이혼하셨는데, 엄마랑 살았어도 영케어러였을 것 같아요. 왜냐하면 엄마는 알코올 중독으로 요양병원에 입원해 계시고 주량이 16병이거든요. 아주 엄청나신 분이죠. 그래서 아빠랑 살든 엄마랑 살든 영케어러였을 것 같은데, 아빠랑 살면서 고군분투하다가 엔인분을 알게 돼서 계속 활동가로 일하고 있습니다.

돌봄 시민 2 부산에서 왔고, 21년 차 특수 교사이면서 10년 차 돌봄자입니다. 10년 전에 어머니께서 뇌출혈로 쓰러지시면서 제가 1년 반 동안 24시간 간병을 했고, 이후에는 뇌병변 장애를 입으셔서 어머니를 10년째 돌보고 있는 상황입니다. 고립감이라든지 사회적인 한계 같은 걸 느끼면서 가족 돌봄의 굴레 안에서는 결코 해결할 수 없는 문제들이 있다고 느꼈고, 특수 교사이다 보니까 엄마를 단순히 안전하게 보호하는 걸 떠나서 최대한 엄마답게 고유성을 살리면서 일상으로 복귀시킬 수 있도록 하기 위해서 정말 고군분투했거든요. 그런데 이런 좋은 돌봄, 질적 돌봄을 같이 고민할 만한 대상이 없어요. 요양보호사라든지 주간보호센터라든지 이용을 해 봤지만 한계를 많이 느껴서, 제도적 변화가 필요하다는 얘기를 나누고 싶어서 왔습니다.

돌봄 멘토 1 대학에서 가르치고 있고요. 장애인 복지만 32년을 한 것 같아요. 장애인 일자리, 주거 돌봄까지 하고 있습니다. 돌봄과미래에서는 정책위원도 하고 있고, 다양한 장애인에 대해서 안 놓치려고 꽤 노력하는 것 같아요. 그런데 또 놓치는 건 많아요. 그래서 지금 이 자리에서 들으면서 공부도 하고 어떤 부분이 부족한지 확인해 보고 싶어서 왔습니다. 혹시라도 정책이나 서비스나 뭐든지 좀 궁금한 거 물어보시면 제가 여러분들한테 도움이 되도록 노력하겠습니다. 잘 듣겠습니다.

돌봄 시민 3　　이런 자리가 있다는 건 한 사흘 전에 알았어요. 우연히 뉴스 검색하면서 보다가 알게 돼서, 사무국에 전화를 해 가지고 꼭 참여하고 싶은데 어떻게 안 되겠냐 해서 거의 보너스로 들어왔어요. 어쩌다 보니 제가 돌봄에 이렇게 연관이 많게 됐어요. 한 4년 전에 치매에 걸리신 할머니를 돌봄을 했는데, 그때가 딱 코로나 기간이어서 아빠가 온라인으로 원격 수업을 하시면서 서울에 잠깐 일이 있을 때 저랑 동생이 부산가서 대신 돌봄을 했어요. 되게 간단하게, 진짜 영케어러처럼. 24시간 쭉 한 건 아니고 이삼 주 번갈아 가면서 돌봄을 했는데, 짧은 기간인데도 할머니가 치매 중증이시다 보니까 케어하기가 힘들었고, 영케어러 상황을 조금 알게 되기도 했어요. 돌봄의 무게를 알게 돼서 이런 문제를 좀 알리면 좋겠다고 생각을 했는데, 제가 사회복지를 공부하는 학생이다 보니까 더욱 부담을 많이 느끼는 것 같습니다.

돌봄 시민 4　　초등학생 때인가요? 할머니께서 치매에 걸리셔서 그때부터 거의 17년 치매와 중풍을 앓으셨고, 어머니는 소아마비 지체 장애인이셔서 어릴 때부터 자연스럽게 돌봄을 함께했어요. 그런 게 계기가 돼서 장애인 활동지원사랑 사회복지사로 일했는데, 이런 노동 현장이 바뀌지 않고 공적 인프라가 변화하지 않으면 돌봄 문제는 결국 가족이 짊어질 수밖에 없는 상황이라고 생각했어요. 노동조합에서 돌봄 노동자들이 계속 현장에서 잘 일할 수 있게 처우를 개선하는 활동, 그리고 공적 돌봄 인프라를 우리 사회에 구축하자는 운동을 하고 있습니다.

돌봄 시민 5　　발달 장애인 활동지원사로 4년 차 일하고 있어요. 그전에는 작업치료사로 병원에서 일했고요. 한 5년 정도 작업치료사로 일하면서 장애에 관심이 많이 생겼어요. 그런 경험이 계기가 돼서 활동지원사라는 일을 선택하게 됐지만, 저도 할머니가 한 16년 전에 알츠하이머를 진단받으셨거든요. 그리고 올해 돌아가셨어요. 16년 동안 인지증을 가지고 사셨는데, 어머니가 할머니를 14년 동안 직접 돌보시고 마지막 2년은 시설에서 지내셨거든요. 올해 초에 돌아가셨는데, 그때 그런 생각이 드는 거죠. 나는 활동지원사로 일하는데 할머니가 시설에 계실 때 돌보는 일은 직접 못하겠는 거죠. 그런 부채감이 있는데, 아무튼 그래서 참여하게 됐습니다.

돌봄 시민 4   할머니가 저 초등학생 때 치매에 걸리셨는데, 가장 기억에 남는 에피소드가 있어요. 사촌 동생이 집에 놀러 온 거예요. 그런데 할머니가 '너, 참 ○○이 닮았다' 하시는 거예요. 그러면서 조금 편찮으시다는 걸 알게 됐는데, 그 이후에 할머니가 그냥 단순히 사람을 못 알아보는 정도에서 어떨 때는 때리기도 하고 여기가 내 집이 아니라고 하면서 막 나가시거나 하는 과정이 처음에는 되게 막연함으로 다가왔어요. 앞으로 어떻게 살아야 되나……. 어떻게 보면 제가 외할머니한테 돌봄을 받는 사람인데 할머니가 내가 알던 할머니가 아닌 것처럼 변하게 돼서, 처음에는 좀 막연했어요. 그 이후에는 약간 관찰을 많이 하게 됐어요. 외할머니께서 중풍에, 용어가 바뀐 걸로 알고 있는데, 중풍에 걸리시기 전에는 밖을 배회하실 때 막 끌고 올 수가 없기 때문에 충분히 배회하실 수 있게 곁에서 관찰하다가 많이 돌아다니셨다 싶으면 한번 집으로 가 보자고 하면서 모시고 오는 식이었어요. 그 이후에도 직접적으로 돌보는 과정도 중요했지만, 이 사람한테 어떤 돌봄이 필요할까 관찰하는 것도 제가 돌봄을 경험하는 데에서 중요한 과정이었어요.

돌봄 시민 2   첫 번째로 말하고 싶은 게 '없는 존재'예요, 저는. 돌봄 8년 차까지, 1년 6개월 간병한 뒤에 복직을 하고 8년 동안 직장, 돌봄, 직장, 돌봄, 그렇게 생활했거든요. 돌봄이 햇수를 더해 가니까 주변에 사람이 없어지더라고요. 돌봄 상황을 이해해 줄 수 있고 나눌 수 있는 사람이 없으니까 다른 이의 삶과 제 삶이 너무 동떨어져 보여서 스스로 저 자신을 고립시키기도 했어요. 저는 돌봄을 처음에 자처했거든요. 돌봄이 가치 있다고 생각해서 자처했고, 정말 열심히 했는데, 이 가치 있는 돌봄을 내가 이렇게까지 고민하며 열심히 하고 있는데, 왜 내 주변에 사람이 다 사라지고 혼자 고립되고 우울해지나 하는 생각이 들었죠. 이유를 계속 찾다가 찾지를 못해서, 그때부터는 저 자신을 막 의심했어요. 내가 인생을 잘못 살았나 보다. 그런데 8년 차부터 글을 쓰기 시작하면서 돌아보니까, 제가 만약에 이런 돌봄의 속성을 조금 더 이해하고 있었다면 돌봄이 사회 문제이고 자연스러운 과정이지 내 문제가 아니라는 걸 알았을 것 같아요. 그때는 이렇게 혼자서 고군분투하고 힘들어하고 우울증을 겪는데 아무도 나한테 관심도 없고 나에게 필요한 제도도 없으니까, 나는 없는 존재구나, 그렇게 느꼈어요. 어떤 집단이 있다면 거기에 맞는 제도가 있어야 되는데 돌봄자를 위한 제도는 없어 보이니까, 나는 사회적으로 그냥 없는 존재라는 생각이 들어서 많이 힘들었죠. 그래서 돌봄자들을 위한 제도가 필요하다고 생각하고요.

　　　　　두 번째는 '질적 돌봄'이에요. 병원에 계실 때도 그렇고 일상에서도 최대한, 어머니가 지금은 오른쪽이 마비된 상황인데, 그 상태에서도 쓰러지기 전에 하던 생활을 도움을 받더라도 가능한 한 다시

하실 수 있도록 노력을 많이 했는데, 제가 제 일상을 되찾으려면 돌봄을 사회적으로 나눌 수밖에 없잖아요. 그런데 어머니가 특수성이 있어요. 그래서 제가 요양보호사들이랑 그런 걸 최대한 공유하고 협의하고 해도 우리가 다 전문가라는 그런 태도로 귀담아듣지 않으시더라고요. 보호자 말을. 그러다 보면 어머니께서 다쳐서 돌아오시는 일도 있었어요. 어머니께서 의지가 있는 분이시거든요. 왼손으로라도 일상을 영위하고 싶다는 의욕이 있는 분이다 보니까, 반대로 말하면 요양보호사 처지에서는 일이 많은 집인 거예요. 사흘 만에, 일 주 만에, 이 주 만에 사람이 바뀌어요. 그래서 정말 이것 때문에 어머니의 어떤 고유성을 깎고 자르려고 제가 엄청 많이 다퉜는데, 나중에는 그게 아니라는 생각이 들더라고요. 그래서 이제는 서로 어떤 돌봄을 원하는지 먼저 협의하고, 설사 이 집이 조금 다른 집에 비해서 일이 많고 고려할 게 많더라도 일단 매칭이 되면 어느 정도 맞춰 가는 기간이 필요하다는 거예요. 지금은 오셔서 한번 확인해 보고 이 집 일 많다고 판단하면 그냥 안 됩니다 그래요. 그러면 저희는 비상이죠. 어머니가 지금은 혼자 계셔요.

　　　　　세 번째로, 돌봄 노동자들 처우를 개선해야 된다는 얘기를 많이 하시는데 저도 그렇다고 생각하거든요. 돌봄 관련된 책도 보면 돌봄자보다 요양보호사 책이 많아요. 그분들 목소리가 많고 협회도 있잖아요. 그런데 제도를 개선하는 과정에서 돌봄 노동자 목소리만 들어가고 저처럼 돌봄을 잘하고 싶은 보호자들 목소리는 외면받는 느낌이에요. 보호자들이 겪는 어려움이 배제되면 불균형해질 수 있다고 생각하거든요. 요양보호사 분들도 일을 하면서 어려움을 느끼는 게 있지만 가족들도 그렇거든요. 서로 내가 을이고 네가 갑이라고 생각하는 이 문제는, 돌봄 노동자들이랑 가족 돌봄자가 만나서 얘기할 수 있는 자리를 만들어서 이야기하면 좋겠어요. 그런 내용이 정책이나 제도에 반영되면 좋겠어요.

돌봄 시민 3   할머니 사례가 계속 생각나네요. 제가 돌봄을 간헐적으로 했지만, 그 기간을 인정받기가 힘들겠다는 생각이 많이 들어서 '돌봄 경력제'가 떠올랐어요. '돌봄 주류화'가 되면 좋겠다는 생각은 항상 갖고 있었어요. 그런데 말씀을 듣다가 제가 추가한 키워드가 '생의 의지'와 '수명과 건강'이에요. 할머니께서 치매여도 놓치지 않은 거는 자기 스스로 화장실을 가셔야 되는 거였어요. 아무리 성인 기저귀를 차고 있더라도 배변 욕구는 건강한 성인처럼 화장실 가서 자기가 직접 처리하기를 원하셨고, 그러다 보니까 할머니가 화장실을 한 시간에만 한 네 번 가셨거든요. 주무실 때도 그러다 보니까 저나 가족들은 계속 잠을 잘 못 잤어요. 처음에는 거동이 그나마 가능하시니까 걸어서 가시다가 나중에 가면 갈수록 안 좋아지시니까 기어서 가셨는데, 부축하거나 용변을 처리하거나 할 때 손이 많이 가니까 잠을 못 잤거든요. 그런데 그게 어찌 보면 할머니한테 제일 중요한 생의 의지였어요. 나중에 시설에 가 계실 때는 요양병원이다 보니까 제대로 케어를 못 받잖아요. 한 방에 여섯 명이 있고 요양보호사가 여러 방을 돌아다니다 보니까 제대로 케어하지 못한다는 걸 딱 안 게 할머니 기저귀를 잘 안 갈아 준다는 거예요. 그리고 할머니 신체가 딱딱하게 굳어 가잖아요. 점점 안 좋아지니까 할머니 다리가 이렇게 접힌 채로 굳어졌더라고요. 우리나라에서 자기 수명대로 사는 게 힘들다는 생각을 많이 했어요. 시설에 가면은 제 명에 못 산다는 말이 맞겠다는 생각이 들더라고요.

돌봄 시민 5   한국에서는 장애인이 장애가 있어서 장애인이 되는 게 아니라 국가에 장애인이라는 걸 등록해야지 장애인이 될 수 있잖아요. 할머니는 돌아가시기 전까지 장애인이라는 이유로 국가에서 뭔가 지원을 받은 게 하나도 없거든요. 인지증이기 때문에 치매 특별 등급이라고 해서 장기요양 서비스를 지원받기는 했지만, 장애인이어서 받은 게 아니고 노인이어서 받은 거죠. 우리나라에서는 노인이랑 장애인을 엄격하게 분리하고 있다고 생각해요. 노화가 장애를 일으키는 중요한 요인 중 하나인데, 그 문제를 정책에서 빼 버려서 국가가 해야 하는 돌봄을 사실상 가정에 전가하는 상황인 거죠. 2019년 오이시디에서 조사한 자료를 보면 한국은 장애인 복지 지출이 오이시디 전체 평균의 3분의 1 정도밖에 안 돼요. 끝에서 다섯 번째거든요. 장애인을 장애인으로 인정하지 않으면서 돌봄 재정을 축소하고 있는 거죠.

다음으로 활동 지원 관련해서 65세 문제, 혹시 아는 분들 계신가요? 활동 지원은 신청 가능 연령이 65세예요. 예전에는 65세까지 이용할 수 있었거든요. 활동 지원을 받던 분들도 65세가 되면 서비스를 못 받았어요. 65세를 기준으로 장애가 사라지는 것도 아니고, 사실상 노화가 진행될수록 돌봄은 더 많이 필요하잖아요. 저는 이름부터 문제라고 생각하는데, 국가에서 제공하는 대표적인 돌봄 서비스가 이 두 가지잖아요. 요양 보호는 집에서 보호하고 수용하는 것이고 활동 지원은 바깥에서 사는 삶을, 활동을 지원하는 건데, 정책적 목표가 완전히 달라요. 왜 65세 이상은 인간답게 살 수 없을까? 왜 우리 할머니는 활동 지원을 받을 수 없었을까? 그런 생각을 저는 진짜 많이 했고, 지금도 많이 하고 있어요.

세 번째, 돌봄 노동이 천대받는다는 거예요. 아까 돌봄 경력제도 그렇고 고립감도 그렇지만, 사실 저도 되게 가치 있다고 생각해서 이 일을 선택했거든요. 병원에서 작업치료사로 일할 때는 그래도 꽤 벌었어요. 엄청난 돈은 아니지만 나름 사회적인 인정도 받는 직업이었는데, 병원에서 장애인을 치유해야 한다는 게 좀 저랑은 안 맞아서 그만두고 장애인의 삶을 실질적으로 변화시키는 일을 하고 싶었어요. 그래서 이 돌봄 노동판에 뛰어든 거거든요. 그런데 너무 안 좋아요, 노동 조건이. 제가 지금 한 달에 150시간 정도를 일하는데 월급이 200만 원이 안 돼요. 햇수로 5년 차거든요. 아직도 최저 임금을 받아요. 이용자에게 바우처로 지급된 돈을 활동지원사와 활동 지원 기관이 나눠 먹는 구조예요. 그러다 보니까 지원 기관은 활동지원사 돈을 빼앗아 갈수록 돈을 많이 버는 거예요. 장애인이 휴일에 활동 지원을 이용하면 평일보다 1.5배를 지급하게 되거든요. 그런데 기관에서 그 몫을 챙기고 활동지원사들한테는 안 주는 거죠. 법적으로 아무런 강제가 없어요. 왜 이렇게 돌봄 노동은 천대받을까, 그렇게 천대받는데도 우리 노동은 왜 이렇게 불안정할까, 이런 생각을 정말 많이 하고 있습니다.

돌봄과 돌봄 사이

돌봄 시민 1   지적 장애인 아빠를 돌본 지 1년쯤 될 때, 2021년에 할머니가 폐암을 선고받았어요. 돌봄을 하던 중에 또 다른 돌봄이 발생하게 됐죠. 할머니는 병원에 있는 걸 안 좋아하셨어요. 병원에 가는 걸 되게 싫어하셔서 병을 키우신 것 같아요. 계속 피 토하시는 걸 사촌 동생이 보고 병원에 데려갔는데, 두 달밖에 못 산다고 했대요. 프리랜서로 일하고 있어서 할머니한테 온전히 시간을 쏟았죠. 두 달 동안 하고 할머니 간병이 끝났어요. 문제는 할머니 돌아가시고 나서 제가 애도할 시간도 없이 한 15일 후에 소장을 받았어요.

할머니랑 아빠랑 저 초등학생 때부터 서울에 와 채소 장사를 해서 돈을 열심히 벌었어요. 새벽 네다섯 시에 가락시장 가서 채소 떼 와 팔아서 할머니랑 아빠가 반반씩 대고 집을 샀어요. 그런데 그 집을 할머니가 아빠 명의로 바로 못 넘겼어요. 아빠가 조금 부족하다는 걸 할머니도 아시기 때문에 친척들에게 누누이 이 집은 아빠 거니까 건들지 말라고 말씀하셨어요. 시한부 받고 두 달 동안 할머니가 저에게 상속하라 하셔서 진행했는데, 돌아가시자마자 막내 고모가 소장을 보냈죠. 지금까지 5년간 소송이 진행 중이에요. 한 6개월 전쯤, 왜 막내 고모가 이렇게 나를 힘들게 할까 계속 생각하고 욕도 하고 그러다가 어느 날 발달장애인 관련 강의를 들었어요. 거기에서 비장애 형제 내용을 알게 됐죠. 장애가 있는 자녀가 있으면 부모가 아무래도 계속 그 자녀한테 마음이 가잖아요. 아빠가 3남 2녀의 장남이니까 할머니가 더 마음이 좀 쓰였겠죠. 막내 고모는 아빠랑 열두 살 차이 나고 비장애 형제예요. 할아버지가 마흔에 돌아가셔서 할머니 사랑을 받고 싶은데 할머니까지 돌아가시니까 부모의 마지막 사랑을 받을 욕심에 아빠한테 소송을 걸었다는 걸 알게 된 거죠. 너무 마음이 아팠어요. 돈이 목적이 아니라 돈이라도 보상받고 싶은 마음이라는 걸 조금 알게 됐어요. 저는 외동이기 때문에 이걸 도저히 이해할 수 없었거든요. 비장애 형제들이 비장애 형제로서 차별받는 걸 다 싫어하고, 부모님이 사라지면 장애 형제를 책임지지 않는 사례가 많대요. 이런 문제에 저도 엮여 있다는 걸 느꼈어요.

　　　　아빠가 지적 장애인이라서 제가 다 해결하다 보니 소송 비용도 마련해야 됐어요. 700만 원, 천만 원, 제가 감당하기 좀 버거운 말도 안 되는 돈을. 코로나여서 프리랜서니까 수입이 불규칙적이잖아요. 직장에 들어갈 수는 없었어요. 아빠 돌봄을 병행해야 하니까. 그러다 보니까 수입이 오락가락하고, 소송해야 되니까 대출하고, 14시간씩 매일 과로를 몇 년간 했죠. 그러다 쓰러졌어요. 쓰러지면서 내가 아플 때 온전하게 간병을 받을 제도가 없다는 걸 깨달았지만, 그런 과정에서도 늘 내가 아빠를 돌봐야 한다고만 생각했거든요. 그런데 퇴원하고 집에서 쉬는데 아빠가 아주 맛없는 미역국을 매일 끓여 주셨어요. 아빠가 고모랑 매일 통화하면서 미역국을 끓이셨는데, 어떤 날은 짜고 어떤 날은 미역이 딱딱했지만, 나도 돌봄을 받는다는 걸 그때 느꼈어요. 솔직히 조금 부족하고 온전한 돌봄은 아닐 수 있지만, 나도 사랑받을 수 있구나 하면서 감사했죠.

　　　　제가 돌봄을 해서 그런지, 아니면 원래 이런 성향이어서 그런지 모르겠지만, 주의력 결핍 과잉행동 장애(ADHD)인 친구를 만나게 됐어요. 교제를 하게 됐는데, 연애나 부부 심리 상담 하시는 여자 목사님이랑 같이 만났어요. 건강한 연애를 하고 싶은 소망이 있거든요. 연애도 하고 결혼도 하고 자녀도 낳고. 저도 인간의 생애 주기를 온전히 살아 보고 싶고 경험하고 싶었는데, 목사님이 너무 염려하시는 거예요. 연인이 아니라 보호자 같다고 말씀하셨어요. 너무 숨 쉬듯이 돌봄을 하고 있다는 거죠. 아빠가 지적 장애인이니까 저도 장애 있는 친구를 만나도 괜찮다고 생각했는데, 숨 쉬는 듯한 돌봄이 저한테는 건강하지 않은 관계인 거였어요. 그런 관계 속에서도 저를 소모하고 있었다는 걸 깨달아서, 이제 숨 쉬는 듯한 돌봄을 멈추자는 생각이 조금 들었죠.

돌봄 시민 2 사회적 고립감도 마찬가지이지만 가족 안에서도 수면 아래 있던 역동 같은 게 위기 상황에 올라오잖아요. 저는 돌봄이 기폭제였어요. 언니 둘이 저한테 좀 자격지심이 있었는데, 제가 휴직하고 돌봄에 집중하는 순간 주변 어른들이 다 잘한다고 칭찬하니까 성장 과정에서 수면 아래로 내려간 감정들이 올라왔나 봐요. 돌봄에 참여는 하지 않으면서 제가 약간 실수하면 책잡아서 비난하고 그러니까 너무 힘들어서 연을 끊고 살았거든요. 5년, 7년 연을 끊고 살다가 최근에 조금 화해했는데, 아무리 친밀하지 않은 가족이어도 가족 안에서 인정받지 못하는 건 사회적 고립이랑 차원이 다른 문제더라고요. 제가 정말 몹쓸 인간 같았고, 도대체 뭘 그렇게 잘못 살았길래 저러냐는 감정들 때문에 많이 힘들었어요. 지금 돌아보면 엄마가 갑자기 쓰러져서 아기처럼 걷지도 말하지도 못하는 상황은 모든 가족에게 너무 충격적이죠. 6개월이나 1년이면 끝날 줄 알다가 이게 길어졌잖아요. 거기서 오는 압박감이나 충격은 가족 모두 똑같았는데, 이런 문제 풀려고 서로 뫃을 나누는 과정에 누가 개입했다면 어땠을까, 그러면 조금 쉽게 풀리지 않았을까 싶어요. 그래서 돌봄자나 가족에게 심리 상담 지원이 필요할 것 같아요.

요양보호사 제도를 이용했는데, 저는 정말 분노했어요. 어쨌거나 힘든 사람을 돌보겠다고 일을 시작한 분들인데, 그냥 제 감정 그대로 표현하면 정말 쇼핑하듯이 갈 곳을 고른다는 느낌을 받았어요. 저희는 다 오픈하거든요. 어머니께서 마비가 있지만 의욕이 많다, 산책도 하고 싶어하신다, 도움받아서 스스로 요리도 하고 싶어하신다, 그냥 앉아 계시는 분이 아니기 때문에 일은 많다, 자신 없으면 오지 마시라 해요. 저희 집이 위치가 좋아요. 대중교통 이용하기도 좋고. 그럼 할 수 있다고, 나 봉사 활동도 많이 한 사람이라고 그러면서 일단은 와요. 하루 있다 가고, 한 이틀 하다가 가고 그래요. 정말 다양한 이유를 대면서. 어쨌거나 이 제도 자체가 단순한 일자리 창출이 아니라 저희 어머니 같은 분들 삶을 개선하고 잘 돌보기 위한 거라면 안정적으로 매칭할 수 있는 최소 기준이나 제도는 있어야 한다고 생각해요. 계약서 써 놓고 하루 만에 일방적으로 전화로 통보하는 이런 일은 없어야 된다 싶어요.

돌봄자도 돌보는 좋은 돌봄

돌봄 시민 3   저는 일단 노인이랑 장애인이 완전히 칼같이 나뉘는 상황이 제일 문제적이라는 생각이 많이 들었어요. 점점 노화될수록 신체 기능이 하나씩 망가지기 시작하는데, 그게 장애인이 아닐까 하는 생각이 들기도 해요. 차라리 노인이랑 장애인을 칼같이 나누지 말고 좀 뭉뚱그리면 좋을 것 같다는 생각이 매번 들었거든요. 사회복지 공부를 하면서 보니까 결국 사회복지 영역에서는 서비스나 경제적 지원이 퍼지는 차원에서 장애가 있느냐 없느냐를 제일 중요하게 보더라고요. 이 두 집단이라 할까요, 아니면 겹쳐져 있는 집단들이 좀더 융화돼서 노인이어도 장애 쪽 활동 지원을 받을 수 있으면 좋겠어요. 장애인인데 노인이면 치매 지원은 받을 수 있지만 치매가 아닌 경우는 또 못 받잖아요. 좀더 정의적인 측면에서 이렇게 겹치는 부분을 좀더 넓혀야 한다는 생각이 듭니다.

돌봄 시민 6   대표적으로 인지증은 인지증 자체로 장애 등록이 안 돼요. 인지증은 지적 장애 검사를 하면 당연히 지적 장애로 나올 수밖에 없 잖아요. 그런데 인지증은 노화 과정으로 여겨져서 장애 등록이 안 되거든요. 인지증은 장애인 등록이 가능하게끔 정책적 대안이 마련돼야 된다는 것이 제가 하고 싶은 첫 번째 정책 제안이고, 두 번째는 65세 문제예요. 사실 65세 이상을 장애인이 아니라 노인으로 분류하는 이유는 장애인 등록 제도 자체가 노동 중심적이어서 그래요. 노동할 수 있는 연령대에서 노동하지 못하는 사람을 장애인으로 규정하고 그런 사람을 재활 대상으로 바라본 역사적 흐름 속에서 장애인과 노인이 분리된 것 같아요. 활동 지원 제도에서 65세 연령 상한이 있거든요. 이 연령 상한을 폐지하는 게 제가 하고 싶은 구체적인 정책 제안입니다.

돌봄 시민 4 돌봄 문제를 얘기하라고 하면 하루 종일 할 수도 있지만 짧고 굵게 추려서 말씀드리면, 향후에는 결국 돌봄 인력 부족 문제가 예상됩니다. 이미 정부나 연구자들도 다 예상하고 있고요. 그래서 돌봄 인력 확충이 노인이나 장애인 돌봄처럼 국가적 과제가 돼야 하는데, 지금처럼 열악한 바우처 시급제 노동자 상태에서 이 사람들한테 돌봄을 다 책임지라고 하는 거는 솔직히 욕심입니다. 정부와 지자체가 돌봄 노동자 인력 추계에 따른 처우 개선 계획을 포함한 인력 확보 계획을 수립해야 합니다. 그렇게 해서 사회서비스원 같은 공적 돌봄을 제공할 수 있는 공적 돌봄 인프라 속에서 돌봄 노동자 확보와 노동 공급을 책임져야 합니다. 그리고 사회서비스원이 지역 사회 사각지대에서 돌봄을 수행하는 핵심 기관이라는 점을 법을 개정해서 명확히 해야 합니다. 그래서 점진적으로는 일반적인 지역 사회 돌봄까지 책임질 수 있는 발전 전망을 가져야 됩니다. 아직도 사회서비스원법에 필수 사업이 없습니다. 돌봄 제공도 필수 사업으로 돼 있지 않습니다. 사회서비스원이 돌봄을 필수적으로 수행하는 기관이 될 수 있게 법을 개정해야 합니다. 그래서 지금은 없어진 서울시사회서비스원 같은 모델이 전국으로 확대돼야만 가족에게 전가되는 돌봄 문제를 조금이나마 해결할 수 있는 단초를 마련할 수 있습니다. 이런 제도적 기반이 없으면 우리 각자가 가진 돌봄에 관한 고민이 결국 우리 자신에게 돌아올 수밖에 없다는 현실을 우리가 함께 인식하면 좋겠습니다.

돌봄 시민 2 돌봄을 가치 있다고 생각하는 사람도 있지만 대부분은 피하고 싶어하고 웬만하면 안 하려고 하잖아요. 돌봄 자체가 그렇게 힘들고 무가치하고 지저분하고 더러운 일이라서 그렇다기보다는, 우리 사회가 질적 돌봄이나 좋은 돌봄이 뭔지를 논의하지 않은 탓이라고 봐요. 오늘 우리가 돌봄의 어려움을 얘기하고 있지만, 돌봄이 가진 긍정적인 면들이 많이 묻혀서 돌봄을 기피한다고 생각하거든요. 돌봄을 개인과 기관이 함께 병행하는 것, 기관에 돌봄을 의뢰하는 것을 나쁘게 생각하잖아요. 기관에서 하는 돌봄이 질이 좋지 않다고 생각하기 때문인데, 질적 돌봄의 기준이 마련되면 좋겠어요. 제가 어머니께 지금 실행하는 좋은 돌봄들이 있는데, 이런 사례를 정리해서 돌봄 노동자들 교육할 때 활용하면 좋을 것 같아요.

교육 자체도 변화가 필요해요. 제가 최근 돌봄 토론 연극을 본 적이 있거든요. 연극배우로 요양보호사 세 분이 나왔어요. 그중 한 분이 고충을 토로하시는 얘기를 듣고 제가 충격을 받았어요. 그분이 주변에서 따 놓으면 좋다고 해서 자격증을 땄는데, 일을 하려고 센터에 등록하니까 연락이 와서 요리를 좀 하시냐, 살림을 좀 하시냐 물었대요.

그분이 자기는 가사도우미가 아니라고 했대요. 어르신들 인지 공부를 돕는 일로 생각하신다는 거였죠. 저도 이런 시스템을 이용하는데, 매칭 과정 중에 병원 동행이나 산책, 위생 관리 같은 최소한의 욕구는 조사하거든요. 장애 가진 사람이건 몸 아픈 사람이건 도움을 받아서 일상을 영위하려고 이 제도를 활용하는 건데, 우리 일상이 사실 의식주가 기본이잖아요. 그러면 당연히 요리나 살림 같은 게 요구 사항이 될 수도 있는데, 그런 일을 하면 가사도우미라고 생각하시는 거예요. 저도 그런 말을 많이 들었어요. 사회복지사한테 여쭤 보면 교육할 때 딱 빨래도 대상자 빨래만 하고 요리도 딱 대상자 것만 하라는 걸 굉장히 강조한다고 하시더라고요. 이런 기준이나 교육 방향이 현장에서는 보호자와 돌봄을 받는 사람과 요양 노동자들 사이에 분쟁을 만들 수도 있다고 생각해요. 예를 들면 제가 특수 교사로 일하는데, 저는 고학년 여자아이 같은 경우는 생리대 가는 것도 도와주고 아이들 대소변도 직접 들어가서 도와주거든요. 그런데 동료 중에서 이걸 되게 힘들어하는 친구들이 있거든요. 내가 이거 하려고 그렇게 공부했나, 애들 똥 닦아 주려고 그랬나 생각하면 힘들 수 있는데, 아이가 학교에서 대소변을 해결하는 게 통합된 환경에서 생활하는 데 아주 중요한 요소이고 교사가 마땅히 해야 할 일이잖아요. 요양보호사 분들이 그런 관점을 가지도록 교육한다면, 돌봄 받는 사람이 최대한 아프기 전이랑 비슷하게 일상을 영위하도록 지원한다는 개념을 가진다면, 현장에서 분쟁이나 갈등을 피할 수 있지 않을까 생각해요.

돌봄 시민 6   약간 운동 구호 같은 건데, '요양에서 활동으로!'라고 적었어요. 장기요양 서비스 같은 경우에는 장기요양, 그러니까 가정 내에서 하는 요양 보호를 중심으로 교육해요. 요양보호사로 일하는 사람들도 하는 일이 명칭부터 요양 보호이기 때문에 사실 가정 밖에서 활동하는 문제를, 아까 질적 돌봄 말씀하실 때처럼 그렇게 중요하다고 느끼지 못하는 것 같아요. 저도 지역 사회에서 작업치료사로 일도 하거든요. 요양보호사로 일하시는 분들이랑 작업치료사로 일하시는 분들을 만나 보면 진짜 달라요. 작업치료사들은 바깥에 나가서 활동을 지원하려고 하는 그런 분들이 그래도 조금 많은데, 요양보호사들은 이용하시는 분들 자체가 노인이다 보니까 그런 경향성도 있겠지만 활동을 지원한다기보다는 가정 내 요양에 편중돼서 일을 많이 하시기는 해요. 그래서 아까 65세 이상도 활동 지원 서비스를 이용할 수 있게 하자는 이야기가 나왔을 때, 사실 이원화된 활동 지원과 요양 보호 서비스를 일원화해서 활동 지원 서비스로 통합하면 좋겠다는 생각이 저는 개인적으로 들었어요. 노인과 장애인을 분리해 놓는 게 사실 의미 있지도 않고, 노인은 장애인 중에 굉장히 큰 축이잖아요. 가사 노동을 평가 절하하는, 내가 이런 일 하려고 요양보호사를 하냐는 말에 관련해 보면, 저는 작업치료사라서 작업을 되게 중요하게 생각하거든요. 우리 일상을 살아갈 때 의미 있는 활동들을 작업이라고 부르는데, 거기에서 가사 노동, 요리하고 설거지하고 빨래하는 일들은 정말 중요한 작업이에요. 그런데 그런 일을 평가 절하하고 낮잡아 보는 것 자체가 사실 말이 안 되죠. 요양 보호라는 단어가 그런 식으로 여기게 만드나 싶어서 교육 방법도 바꾸어야겠다는 생각도 정말 많이 들어요.

돌봄 시민 3 돌봄자의 사회적 고립이 심하고 가면 갈수록 장기화되다 보니까 요즘 청년 지원이 많아졌어요. 심리 상담 서비스 같은 게 많아져서 저도 할머니 돌아가시고 난 다음에 애도도 하고 도움을 많이 받을 수 있었거든요. 그런데 오히려 청년기가 끝나면 그런 서비스가 없어지는 거 잖아요. 결국에는 문제인 게 세대에 맞춰서 집중적인 지원을 하는 방식을 없애고 필요하면 언제든 서비스를 찾아갈 수 있는 제도로 바뀌면 좋겠어요. 애초에 심리 상담 비용도 한 회당 8만 원에서 10만 원 정도 하니까 개인적인 부담도 크죠. 가족 돌봄자는 돌봄이 필요한 가족들을 계속 맞닥뜨리면서 소진이 될 텐데, 그런 문제를 얘기 나눌 수 있는 자조 모임이나 심리 상담 서비스 바우처 같은 게 있으면 좋겠다는 생각이 듭니다.

돌봄 시민 2 크게 두 가지로 나눌 수 있어요. 심리적 고립과 사회적 고립. 어쨌거나 제가 돌봄에 관한 모든 것을 기획하고 주관하고 이끌어야 하는데, 그럴 때 정말 아무것도 없는 상황에서 저 혼자 좌충우돌하고 치고 나가야 한다는 생각이 컸거든요. 심리적으로는 아까 말씀하신 것처럼 어머니가 딱 쓰러지시고 6개월이 되니까 장애 등록 안내가 와요. 어머니한테 활용할 수 있는 제도 같은 걸 쫙 안내해 주거든요. 그런 것처럼 돌봄자가 활용할 수 있는 제도를 모아서 안내하는 시스템이 있으면 좋겠고, 그 안에 심리 상담, 가족 간 위기 조정 시스템, 케어 매니저나 돌봄 컨트롤 타워 같은 것도 포함되면 좋겠어요. 뇌출혈이랑 뇌병변 장애를 입은 어머니를 10년간 돌보고 나니까 저는 어떤 경로가 보이잖아요. 어느 시기에 뭘 해야 되고, 어디에 집중해야 되고, 어떤 제도가 있는지 흐름이 보여요. 정답은 아닐 수 있겠지만, 이런 사례를 모으면 전문가 눈에는 훨씬 잘 보일 거라는 말이죠. 질환별이나 돌봄 유형별로 정리해 두고 쫙 안내해 주는 곳이 있으면 여기저기 백방으로 뛰어다니면서 알아보고 검색하고 시행착오를 겪지 않아도 빠르게 질 좋은 돌봄으로 가닿을 수 있지 않을까요? 제가 그런 걸 나중에 해 보는 것도 괜찮겠다는 생각도 하거든요.

돌봄 시민 6 말씀하신 게 코디네이터가 하는 일이랑 비슷해 보이네요. 아무래도 사회복지사가 많이 하는 일인데, 보편적인 건 아니라서 대부분 잘 모르고 지원 받는 사람들도 한정적인 상황인 것 같아요. 사실 활동 지원 기관이나 장기요양 기관 같은 중개 기관이 수수료만 떼가는 게 아니라 그런 일을 해야 되거든요. 돌봄자나 대상자한테는 이런 게 필요하고 이런 서비스가 도움이 될 거라고 말해 주고 요양보호사나 활동지원사한테는 대상자들에게 이런 지원이 필요하다고 알리는 걸 중개 기관이 해야 되는데, 사실 그냥 매칭만 시켜 주고 별로 하는 게 없는 상태죠. 중개 기관이 그런 기능을 하면 좋겠다는 생각이 들기는 들어요.

돌봄 시민 4 케어 매니저 같은 일이라면 장애인복지관 같은 경우는 어느 정도 할 수 있어요. 돌봄 서비스를 어떻게 제공해야 되고 돌봄 서비스 외적인 문제들에 어떻게 대응할지를 이용자, 보호자, 기관에 있는 사회복지사, 필요하면 돌봄 노동자까지 같이 모여서 사례 회의를 열어서 논의해요. 거기서 합의된 내용을 바탕으로 설정한 공동 목표에 따라서 서비스나 지원을 제공하는 게 제대로 된 사례 관리인데, 이런 사회 서비스가 지금 여러 돌봄자들 말씀을 들어 보면 지역 사회에서 제대로 기능하지 못하고 있네요. 우리 모두 돌봄을 바탕으로 살아가려면 장애인 복지나 노인 복지의 패러다임이 바뀌어서 돌봄을 제공하는 것뿐만 아니라 돌봄 외적인 여러 상황까지 같이 사례 관리를 할 수 있는 체계가 지역 사회 복지 시스템으로 인식돼야 하는데, 사례 관리가 아직은 서비스 지원 몇 건이라는 식으로 실적 중심이어서 사회복지 현장을 개선할 필요는 있습니다.

서울시에서 없앤 사회서비스원 같은 기관이 되게 중요하고, 부활해야 합니다. 사회서비스원 같은 지원 조직을 전국적으로 깔아서 따로따로 떨어져 진행되는 사례 관리를 전체적으로 묶어야 해요. 건강보험공단 노조가 장애를 비롯해 돌봄이 필요한 다른 범주들도 포괄하는 전국민 장기요양을 주장하고 있어요. 사회서비스원은 그런 사례 관리가 가능했어요. 이런 얘기 처음 들어보셨죠? 맨날 그만두는 요양보호사 말고 근무 명령을 받아서 오는 요양보호사, 처음 들어보셨죠? 민간 영역에서 서비스를 제공하지 않아서 사각지대에 놓인 사람들이 사회서비스원을 이용해서 직접 돌봄을 받았어요. 저 집 가면 힘들다 하는 데가 있는데, 생활임금 주고 소정 근로 시간도 보장하면 이 정도면 나도 해야겠다로 바뀌는 거죠. 사회서비스원 같은 공적 지원 체계, 요양보호사 공급을 책임지면서 서비스 설계도 이용자랑 같이할 수 있는 시스템이 지역 사회에 필요하고, 여기에는 시민들 목소리도 참 중요해요.

개별 돌봄에서 사회 서비스로

돌봄 멘토 1 왜 우리는 이런 돌봄 문제가 생길까요? 가장 중요한 이유가 장애 인구예요. 아까 말씀하신 대로 우리나라는 전세계에서 가장 장애인이 적은 나라예요. 왜냐하면 등록제니까. 우리는 등록을 해야 장애인이 되고, 등록 장애인의 숫자가 적으니까 예산이 적어요. 전체 국민의 5퍼센트라는 장애인 기준이 30년 전에 만들어진 거예요. 265만 명. 지금도 그 기준에 맞추고 있어요. 정책을 만들 때 구조를 잘못 설계했어요. 공급과 수요에서 수요를 제한하고 있잖아요. 등록 장애인 265만 명 중에 고령 장애인이 55퍼센트예요. 5년 전에 49.5퍼센트에서 55퍼센트가 됐어요. 고령자가 많아졌잖아요. 고령 노인도 문제고, 장애도 문제예요. 다중 차별이라고, 고령이면서 장애를 가지고 있는 사각지대도 생겨요.

여하튼 지금까지 여러분들이 말씀하신 대안을 제가 두 가지로 정리해 볼게요. 첫째, 65세 이상 활동 지원 서비스 연령 제한을 폐지하고 요양 서비스와 활동 지원 서비스를 통합하자. 둘째, 지역 사회 통합 돌봄 서비스 기관을 설치하고 통합 사례 관리자를 양성하자. 그 밖에 세부적으로 보면 돌봄 노동자 처우 개선,
사회적 고립에 놓일 수 있는 가족 돌봄자 지원, 심리 상담과 자조 모임 지원, 고령 장애인 대상 맞춤형 통합 복지 등이 있습니다.

5장

"비상 돌봄 훈련이 필요해요"

암 환자, 중증 질환자 돌봄

정책 멘토로 참여했지만, 시민들이 진정한 정책 전문가라는 당연한 사실을 확인한 자리였습니다. 제가 평소에 주치의제 도입, 보건 기관 역량 강화와 확충 등에 기반을 둔 공공 보건 의료 강화라는 정책 제안을 이야기했는데, 제가 어떤 논평을 하지 않은 상황에서도 이런 내용이 시민의 목소리를 통해 온전하게 정리되는 모습을 보고 시민중심성이 지닌 참뜻을 다시 한 번 깨달은 시간이었습니다.

— 임준 인하대학교 의과대학 교수

돌봄 멘토 1 활동가로 일하고 있어요. 돌봄이라는 문제에서 누구도 자유롭지 않다고 생각해요. 저도 막연하게 앞으로 어떻게 살아가야 할까, 지금은 부모님하고 함께 살고 있는데, 어떻게 부모님 노후를 준비해야 할까부터 시작해서 여러 고민을 하고 있습니다.

돌봄 시민 1 마포 주민입니다. 지금 병을 앓고 있는데 완치가 안 돼서, 지나오면서 겪은 이야기들을 하고 싶어요. 시간이 한정돼 있으니까 다 풀어 놓지는 못하겠지만, 꼭 어딘가에 얘기하고 싶었습니다. 소원이 이루어졌어요. 오늘 그런 얘기를 하겠습니다.

돌봄 시민 2 청년이고 직장인입니다. 그리고 영케어러예요. 가족 돌봄 청년이라고 하죠. 저 말고 다양한 연령층에 돌봄 정책이 필요하다고 하는 분들도 계셔서 정말 기쁘고, 다양한 연령대와 다양한 곳에서 오신 분들의 개인 사정을 조합해서 오늘 논의가 잘 진행되면 좋겠습니다.

돌봄 시민 3 김포시에 살고 있습니다. 아버지가 치매를, 엄마가 직장암을 앓고 계세요. 수술은 했지만, 장 쪽이 자꾸 문제가 생겨서 응급실을 자주 오가고 있습니다. 며칠 전까지도요.

돌봄 시민 4 돌봄의 사회화에 관심이 굉장히 많습니다. 아버지가 돌봄 기관에서 요양 중이시고요. 당사자로서 지금 암 환자로 지내고 있기 때문에 자기 돌봄과 동시에 돌봄을 해야 되는데, 이런 문제가 정책에 반영될 수 있을지 궁금해서 참여하게 됐습니다.

돌봄 시민 5 병원에서 일하는 사회복지사이고 '정치하는엄마들'에서 활동합니다. 저희 가족 여러 명이 암 환자이기도 해서 암 환자 돌봄에 아이 돌봄도 같이하고 있어요.

돌봄 멘토 2 의대 교수로 일하고 있습니다. 전공은 예방 의학이고요,

지금은 의료 정책을 주로 다룹니다. 25년, 26년 정도 보건 의료 관련 정책에 참여하고 있는데요, 지역 사회 보건 의료와 공공 의료 정책에 관심이 많아서 정부 정책에 참여한 적도 있습니다. 많이 배워 가야겠습니다. 질병청에서 희귀 질환 정책 연구를 할 때 당사자 분들하고 포커스 그룹 인터뷰를 몇 차례 했는데, 그때 너무 힘들었거든요. 보호자 인터뷰 자체가 진행이 안 되더라고요. 힘들어 가지고. 사실은 정서적으로 문제가 있는 것 같아요. 상당히 힘든 상황이기는 한데, 저를 다시 한 번 생각하는 기회가 되면 좋겠습니다. 정책은 실현 가능성을 많이 따지잖아요. 여러 제안을 듣고 정책 효과 면에서 실현 가능성을 높이도록 최대한 지원하겠습니다.

쳇바퀴 속 암 환자와 암 산업

돌봄 시민 2　2011년, 고등학생이었습니다. 아버지랑 저랑 2인 가구거든요. 아버지가 구토를 하시면서 며칠 동안 변을 못 보셨어요. 동네 병원에 가면은 변비라고 했습니다. 관장을 해도 낫지를 않았어요. 어느 날 새벽, 겨울 방학이었어요, 다행히. 앰뷸런스를 불러서 대학 병원에 가니까 대장암이랍니다. 대장암 3기 판정을 받으셨고, 큰 종양이 막고 있기 때문에 변이 안 나오고 구토를 계속한다고 그래서 수술을 했습니다. 담당의 말로는 2차, 3차 수술을 무조건 각오해야 된다고 했어요. 전이라든지 종양이 안 보이는 곳에 있을 확률이 높다고요. 대장을 일부 잘라 내는 수술을 하시고 지금까지 장루를 차는 생활을 하고 계십니다. 다행히 1차 수술 후에 기적적으로 추가 종양이 없다고 그러데요. 그런 경우가 없대요. 그래서 논문을 썼다고 그러더라고요, 좋아하시면서.

아직도 아버님하고 사니까 그때부터 지금까지 돌봄 청소년부터 돌봄 청년으로 지내고 있어요. 아버님이 활동 자체가 불편하시지는 않습니다. 정신 멀쩡하시고, 화장실도 혼자 가실 수 있고. 다만 경제 활동이 끊겼잖아요. 대학 졸업 후에 모든 경제 상황을 제가 이끌었죠. 지금도 그렇고요. 그때 받지 못한 사회적인 복지 제도가 있잖아요. 차상위 신청이라든가 의료 복지 신청, 아니면 민간에서 하는 지원을 모르고 살았어요. 알 수가 없죠, 고등학생이고. 그때부터 지금까지 틈만 나면은 찾고 지원도 받고 그랬죠. 그런데 지원받은 횟수가 많지는 않고요. 지금도 가족 돌봄 청년 대상 복지가 제대로 돼 있지 않다고 생각해요. 제약 사항도 많고요.

돌봄 시민 3 아빠가 2018년에 뇌경색으로 쓰러지고 이사를 왔어요. 원래 일산에 살다가 김포로 이사를 왔는데, 2020년에 갑자기 치매로 발전되더라고요. 엄마는 이해를 못 했죠. 버스 운전면허나 트럭 운전면허를 따라며 학원을 보냈는데, 자꾸 안 되죠. 그래서 약 봉투를 보니까 알츠하이머라고 적혀 있더라고요. 안 되겠다 해서 계속 얘기를 했죠. 엄마가 의사랑 이야기를 나눴더니, 그제야 받아들이더라고요. 엄마는 직장생활을 하시고 저는 아빠를 데리고 병원을 계속 같이 왔다 갔다 했어요. 혼자서 못 가잖아요. 치매는 이해할 수 없는 행동이 많이 일어나니까. 엄마가 스트레스를 너무 받다 보니까 암에 걸린 거죠. 암 판정 받고 항암치료하는데, 아빠는 또 술을 너무 좋아하거든요. 몰래 방에다가 소주병 숨겨 놓을 정도라 스트레스를 엄청 많이 받잖아요. 크게 싸우고, 전이가 됐죠. 골반 쪽으로 암이 전이되고. 작년 10월이에요. 그래서 수술도 하고. 직장암 3기였거든요. 전이가 생길 수도 있으니까 통합 항암제를 계속 맞았어요. 1월에 복부 수술을 했어요. 하고 나서 계속 장이 탈 나기 시작해서 며칠 전까지 계속 응급실에 왔다 갔다 하는 상황이에요. 보호자는 저밖에 없잖아요. 언제 어떻게 또 이런 일이 생길 줄 알고 일을 하겠어요? 택시 타는 것도 문제인데, 토해요. 장폐색이라고 하거든요. 자꾸 막히니까 토하고 어지럽고 그래서 제가 같이 병원을 가고 뭘 작성을 해야 되잖아요. 쓰는 것도 힘들어해요. 엄마가 앉아 있는 것도 힘들고 서 있는 것도 힘들고 누워 있는 것조차 힘든데, 보호자는 저밖에 없는데, 누가 해 줄 수가 있어요? 병원 동행할 사람, 서류 작성해 줄 사람이 꼭 필요하다는 생각이 들었어요.

돌봄 시민 5   가족력이 있다 보니까 직계 가족 중에 암 환자가 네 명이 있어요. 제가 직장이 병원이다 보니까 의료 기관에서 근무하시는 분들이면 잘 이해해 준다고 생각을 한 건데, 막상 동료들이 더 잘 알다 보니까 더 잘 이해해 주지 않는 게 힘들었어요. 암 환자는 곡선이 있잖아요. 항암 치료를 하면 항암 주사를 맞는 주에는 힘들다가 좀 괜찮아지는 이런 주기가 있잖아요. 저는 돌봄 휴직을 하고 싶은데 동료들은 주기를 아니까 그냥 휴가를 쓰면 되지 않느냐 그래서 휴직을 못 썼어요. 일을 하면서 돌봄을 해야 되니까 힘들었어요. 사람들은 제가 사회복지사니까 능수능란하게 잘 다루겠지 생각하잖아요. 막상 제 문제를 잘 못 다루는 거예요. 저도 가족들 돌봄 교육도 하고 상담도 하지만, 막상 제 가족이 아픈데 아침에 놓고 나와서 다른 환자 상담하고 환자 가족 상담하고 퇴근해서 아픈 내 가족을 돌보는 게 너무 힘들어요. 왜 일하면서 돌보는 게 병행이 안 되고, 제도가 있지만 무용한지. 연차를 항암 주사 맞는 주에

다 소진했어요. 동료들이 사회복지사면 스스로 잘 해결할 수 있어야지 팀에 피해를 주면 전문가답지 못하다고 하니까. 용감하게 휴직해야 했는데, 그러지를 못했어요. 2016년이니까 10년 가까이. 가족 돌봄 휴직이 있는데도 전혀 쓸 수가 없어요. 심지어 의료 기관에 다니는 저도 못 쓰는데 일반 직장에서 아무렇지 않게 쓸 수 있을까요? 선택이 아니라 당연히 써야 되는, 강제적인 제도로 만들지 않는 이상은요.

돌봄 시민 1 2023년 3월에 암 진단을 받고 그해 4월부터 항암 여섯 번 했어요. 수술은 좀 어렵다 해서 방사선 치료까지 마친 상태입니다. 항암을 마쳤다고 하기가 좀 그런데, 없어진 건 아니고 그냥 그 크기로 잡아 놓은 상태 같아요. 계속 추측성으로 말하게 될 것 같은데, 왜냐하면 암이 완치에 기간이 필요한 질병이기도 해서요. 2024년 1월까지 방사선 치료를 마치고는 3개월에 한 번씩 복부랑 가슴 쪽을 봐요. 흔한 암이 아니라서 진단받은 때 가장 어려운 점이 제 병이 도대체 뭔지를 모르겠더라고요. 환자한테 정보를 알려 주지 않고 내가 다 찾아봐야 되고. 저만이 아니라 다른 환자들도 전부 그렇기 때문에 인터넷 카페가 많아요. 거기에 정보가 막 올라오는데 정확하지 않은 정보도 많고. 자연 치유법도 관심을 갖게 됐어요. 초기 환자가 불안감이 엄청나잖아요. 우리가 암을 공부한 사람도 아니고, 암이 종류도 많고 자기 암이 뭔지 알 수도 없는 상황에서 병원에서 하라는 치료가 맞는지 판단할 근거가 별로 없어요.

저는 서울에 거주하고 있고 대형 병원에서 굉장히 가까워요. 항암을 한 달에 한 번씩 하는데, 그때마다 4일 동안 입원해야 해요. 빈곤층에 속하지는 않고, 다행히 친정엄마가 그때마다 오셔서 아이들을 돌봐 주세요. 저는 굉장히 행복한 축에 속하더라고요. 지방에서 매달 올라오시는 분들도 있어서, 그걸 한 달마다 반복하는 게 너무 힘들다고 하세요. 저는 퇴원해서 20분 만에 집으로 가거든요. 병원 시스템이 환자당 한 2분이나 3분 진료하잖아요. 의사 만날 수 있는 기회가 거의 없고. 환자가 많으니까, 의사가 저랑 얘기하기가 싫어서가 아니라 시스템 자체가 그렇잖아요. 우리나라가 의료 시스템은 향상돼 있지만 정서적 지원이 아주 부족해요. 병원에 프로그램은 많아요. 그런데 거기에 접근할 수 있는 환자가 몇이나 될까 궁금하더라고요. 마음의 여유가 없는데. 3일간 항암 약을 하루에 10시간 이상 투입하거든요. 이걸 매달고 있는 상태에서 심리 안정이나 의사랑 얘기를 나누거나 그런 게 전혀 없이 무료하게 보내는 거예요. 밥도 못 먹고, 불안하고, 가족들이랑 얘기도 못 하는 상황에서 치료받는다기보다는 어디에 툭 떨궈신 느낌이 강했어요. 퇴원해서도 회복 기간이 한두 주 걸리는데, 구토도 하고 집안일을 할 수 없는데, 대비가 부족해요. 남편이 돌봄 휴가를 쓸 수 있으면 좋았겠죠. 힘든 상황에서 아이들까지 돌봐야 했어요.

　　　　　주치의 제도가 있으면 좋겠어요. 바삐 돌아가는 병원 속에서 담당 의사가 저한테 상세히 설명해 주기는 좀 어렵더라고요. 그래서 퇴원하면 항상 일주일 후에 자주 가는 가정의학과 선생님한테 궁금한 점을 다 기록해 뒀다가 여쭤봤어요. 계속 다니는 병원이 없는 분들도 많잖아요. 한번은 치과 치료를 받고 싶은데 가정의학과 선생님한테 먼저 갔어요. 치과 치료 받으면 안 되는 기간이라고, 점막이 많이 약한 상태니까 이삼 주 지나고 하라고 말씀하시더라고요. 주치의 제도가 암 환자뿐만 아니라 중증 환자한테 굉장히 필요한 제도라는 생각이 강하게 들었어요. 스트레스를 이겨 내고 정서적으로 안정할 수 있게 도움을 주더라고요. 저는 항암 치료랑 주치의 치료가 힘든 기간을 지나는 데 큰 도움이 됐어요. 암 환자가 돼서 보니까 암이라는 질병은 굉장히 많은 사람이 걸려요. 그런데도 암 환자라고 말하는 데 상당한 벽이 있잖아요. 일단은 죽을병 걸린 사람처럼 보고, 저도 4기로 진단받을 때 당장 다음 날 죽는 줄 알았어요. 주치의께서 항상 이렇게 말씀하세요. 오늘 암 진단받고 내일 죽은 사람 본 적 있냐고, 다 치료 과정 거치고 생존하다가 돌아가신다고, 암만 유독 터부시하고 얘기를 꺼린다고요. 불쌍한 눈으로 바라보는 거는 도움이 안 되더라고요. 보시다시피 제가 암 환자라고 얘기 안 하면 암 환자인지도 모르시잖아요. 사회 전체적으로 암도 만성 질환 중 하나라는 인식이 생기도록 서로 노력하면 좋겠습니다.

돌봄 시민 4 2017년에 암 진단을 받았고, 표준 치료를 하지 않았어요. 우리나라 의료 시스템에 긍정적이지 않기 때문에. 병원 밖 환자들 관련해서 지금 많이 논의하는 게 '케어 앤드 큐어' 시스템이에요. 굉장히 많은 예산이 들어가는 암 관련 지원이 제약 회사만 도와주고 있어요. 제가 환자로서 케어를 선택하든 큐어를 선택하든 사회적 돌봄이라는 관점에서 케어 시스템이 필요합니다. 암 산업은 굉장히 돈이 많습니다. 실손 보험이 있으면 케어 병원을 다닐 수 있거든요. 수액도 맞고 호텔식 대우를 받을 수 있는데, 황제처럼 혜택을 누리는 환자들 때문에 보험료가 올라간다는 얘기를 들을 때 뜨끔하죠. 미안한 생각도 좀 들고. 저 사람이 아프다는 걸 공감하기 전에 나한테 오는 피해를 걱정하니까요. 개인적 문제라기보다는 사회 시스템에 문제가 있는 거잖아요. 돌봄 문제도 보면, 제가 1인 생활자이고 제가 저를 돌봐야 하는 사람인데 고민을 의논할 데가 마땅치가 않아요.

의료 시스템에서 가장 아쉬운 건 보건소예요. 병원 밖 환자들은 바이털 체크를 할 데가 없어요. 혈액 검사나 소변 검사를 정기적으로 해야 하는데 가격이 비싸도 병원에 갈 수밖에 없어요. 큰 병원으로 환자가 몰리는 현실을 막으려면 보건소를 강화해야 돼요. 3분 진료 문제만 해도 질병을 추적 관찰하는 의사가 없고, 처방만 내리고, 환자에게 관심이 없어요. 암이나 당뇨나 정확한 원인을 모릅니다. 암 환자가 너무 많다는 소리만 하고 있을 때가 아니라 사회적 역학 조사를 해서 왜 30대가 이렇게 많이 암에 걸리는지 알아내야 돼요. 치료에만 관심이 있어요. 돈이 되기 때문이라는 사실은 누구나 알고 있고요. 저는 제 몸으로 사실 임상 실험을 하고 있어요. 화학적 요건만 안 갖췄지, 다양한 걸 해 봐요. 이런 걸 전문가랑 접목해서, 저 같은 경우 유방암이니까, 여러 유형의 유방암 환자들 추이를 의논할 수 있으면 좋겠어요.

결론적으로 제가 제 보호자이기도 하니까 말씀드리고 싶은 건, 당사자인 게 낫다는 거예요. 보호자는 정말 못 할 짓이라고 생각하거든요. 당사자는 자기가 힘들면 힘든 대로 다 할 수 있는데 보호자들은 어떻게 해야 될지 알려 주는 매뉴얼이 없어요. 너무 눈치를 본다든지. 저는 실제로 치료를 '하드 캐리' 하는 보호자를 많이 봤습니다. 당사자가 더 하고 싶지 않다고 해도 보호자가 울며불며 난리를 쳐서 항암을 하는 일이 너무 많고, 의사 결정이 쉽지 않죠. 호스피스 서비스는 의료, 간호, 성직자, 보호자까지 다학제 시스템이거든요. 환자가 다학제적 경험을 해서 자기 상태와 어려움을 객관화하는 과정이 필요합니다. 객관화를 할 수 없으니까 자기 사례를 엄청난 사례로 보고 자기 상황만 너무 끔찍해하죠. 객관화 과정만 있어도 암이 나만 겪는 일은 아니라고, 당뇨

병처럼 관리하면 된다고 생각하게 되고, 완치를 바라지도 않을 거예요. 더 나빠지지 않게 잘 케어하면서 일상을 살아가는 거죠. 그리고 영케어러를 말씀하셨는데, 경제적 문제가 상당히 어렵거든요. 저는 다행히 직장인이 아닙니다. 프리랜서 강사이기 때문에 조절해서 일할 수 있어요. 그렇지 않을 경우에 당사자도 돌봄자도 어려움이 많죠. 그래서 법제화를 하면서 사회적 캠페인과 교육을 늘리고 당사자 운동이 확대돼야 해요. 암 환자들이 커밍아웃하고 정책 얘기도 해서 당사자성이 더 많이 반영되면 좋겠어요.

돌봄 시민 2 어떤 부분에서 어려움을 겪고 있는지, 가족이나 본인이 어떤 병이나 장애가 있는지 입증한 다음에 증증과 경증을 나눠서 선별적으로 복지를 제공하면 좋겠어요.

환자 등록도 하고 주치의도 만들고

돌봄 시민 4 '암 환자 보건소 등록 제도'가 필요하다고 생각해요. 이사하면 주민센터에 전입 신고를 하잖아요. 중증 질환자도 이사를 하면 등록이 되는 거죠. 보건소에서 혈당, 심전도, 혈액, 소변 검사 같은 기초적인 바이털 케어를 정기적으로 할 수 있게 하고요. 시민들이 안 좋아하는 이유는 의무화하는 경향이 있기 때문인데, 독려는 하되 선택은 당사자 몫으로 남기는 거죠. 금연 캠페인처럼 하지 말고, 보건소 인프라를 강화해서 등록 환자 기초 케어 서비스를 진행하면 나한테 이득이 된다는 게 알려지고 자동으로 교육이 될 것 같아요. 큰 병원에 가야 되는 사람을 선별하는 지역 의원 연계 시스템도 있으면 좋겠어요. 대형 병원으로 좀 덜 몰릴 테니까요.

돌봄 시민 1   병원에 입원하면 분명히 치료를 받고 있는데 기분이 너무 안 좋아요. 절반 이상이 의사 선생님 때문이에요. 의사 선생님 만나는 시간이 무슨 정보를 얻거나 안심하게 되거나 그러는 게 아니라 오늘은 어떤 말을 듣고 상처를 입을까 두려울 때가 있어요. 처음에 암 진단을 받던 날도 그랬는데, 저는 4기인 걸 모르고 암이라는 사실만도 충격인데 완치는 불가능하다고 야멸차게 말씀하시더라고요. 치료를 하면 생존 가능성은 이 정도 된다는 이야기가 듣고 싶은데. 의사가 또 계속 바뀌잖아요. 저는 그래도 말귀를 잘 알아듣는 편이지만 연세가 많거나 교육 수준이 낮은 분들에게는 암담한 상황이 있겠다는 생각이 매번 들었어요. 의사 선생님들 언어가 너무 냉정해요. 의대 커리큘럼을 잘 모르지만, 사람 상대하는 일인데 공감 능력 같은 게 교육 과정에 없나 의심스러울 때가 많았어요. 우리 몸은 전체적으로 기능하는데 아픈 부위만 치료하는 데 목적이 있는 것 같다는 느낌도 많이 받았죠. 정책적으로 건의하고 싶어요. 교육 과정에 인성 교육도 좀 넣으면 좋겠어요.

돌봄 멘토 2   의대에 교육 프로그램은 지금 말씀하신 방향으로 돼 있기는 해요. 예전에는 지식 전달이 중요했다면, 지금은 의사와 환자 관계가 중요한 프로그램이고 좋은 의사를 양성한다는 게 교육 목표로 설정돼 있어요. 본과 각 학년별 교육 목표에 따른 교육 과정이 다 체계적으로 되어 있기는 해요. 의대 인문학 교육이 제가 대학 다닐 때는 없었거든요. 제 선배들이 오히려 인간적이라는 평가를 많이 받는데, 나이 든 교수들은 요새 애들이 싹수가 없다고 얘기해요. 교육 과정은 굉장히 강화돼 있어요. 세계적 트렌드예요. 아픈 데 하나가 아니라 신체와 정신까지 환자를 전인적으로 평가하라고 교육을 강화하는데도 안 되는 이유가 뭘까요? 교육 프로그램 문제는 아니에요. 로스쿨 교육 과정도 다 그렇게 돼 있다고 하더라고요. 의사나 판사나 변호사나 똑같아요. 교육 구조나 사회 구조가 매우 차별적이잖아요. 갈등이 굉장히 증폭되어 있고, 학생 선발할 때 인지 능력만으로 뽑잖아요. 그래서 수시 제도를 만들었는데, 차별을 구조화시키는 제도가 됐어요. 노동 과정에서 나타나는 차별이 교육 과정으로 왔다는 말도 해요. 임금 격차가 너무 크다 보니까 교육 격차가 발생하는 거죠. 교육 과정만으로 해결될 문제는 아니라는 걸 이번에 의대 정원 사태에서 확인했다고 생각해요.

일단 교육 과정에 인문학적 요소를 더 포함시켜야 해요. 저는 공공 의대를 주장하는 사람인데, 선발부터 다르게 뽑아야 해요. 하버드 의대도 그랬다더라고요. 성적 1등이 떨어졌어요. 헌혈을 한 번도 안 했대요. 출장에서 만난 대학교 학장이 이런 얘기를 하더라고요. 어떻게 고등학교 졸업자가 의사가 되냐고요. 고등학교 졸업자가 환자랑 깊이 있는 내면의 얘기들을 소통할 수 있냐는 근본적인 질문을 던지더라고요. 최소한 대학교 졸업자가 의학전문대학원에 가야 한다는 거죠. 등록금 문제만 아니면 사실은 고등학교 졸업자가 의대 가면 문제가 있는 것 같아요. 성적이 높지는 않아도 봉사도 해 본 친구들이 의사가 되고 변호사가 돼야 맞지 않나 싶습니다.

한 가지만 더 말씀드리면, 사실 교육에서 선발이 중요해요. 지역 공공 의대에서 지역에 남을 인재를 뽑는데 서울 애들을 뽑아요. 지역 인재 전형이면 지역 학생이 뽑힐 거라고들 착각하시잖아요. 그렇지 않아요. 부산, 울산, 경상을 한꺼번에 묶어서 칠팔십 퍼센트를 뽑아요.

지역 출신이니까 지역에 남을 것 같잖아요. 그런데 부산이나 울산에 잘 사는 동네 애들을 뽑기 때문에 지역 인재 전형이 아니에요. 예를 들어 전남 보성군에서 봉사할 친구는 보성군 출신을 뽑아야죠. 스웨덴도 북부에 있는 대학은 북부 출신을 뽑아요. 그 지역에 남을 가능성이 높은 그 지역 학생을 뽑아야 해요. 선발이 중요해요.

돌봄 시민 2 가족 돌봄 청년 한정인데, 돌봄 수당 관련해서는 경제 상황이나 돌봄 기간, 본인이나 가족 돌봄 대상자 가족이 중증이냐 경증이냐 따라서 두 가지가 중요할 것 같아요. 첫째, 지속적인 지원. 대부분 단발성이에요. 예를 들면 적십자나 사랑의열매에서 학습 돌봄 청년 100명을 뽑아서 지원금을 줘요. 그리고 만족도 설문 조사를 해요. 그다음에 지원받은 영케어러들을 모이게 해서 웃고 떠들고 그래요. 힐링 타임이죠. 너무 지쳐 있으니까 못다 한 이야기해라 그러고 끝나요. 둘째, 현금성 복지. 한국형 복지가 대부분 주간보호센터 같은 기관에 연결해 주는 식이거든요. 복지를 현금을 안 주면 지원할 수 있는 폭이 엄청 좁아요. 자기들 나름대로 선별한 것 같지만 돌봄 자체가 아니라 경제적 어려움이 있을 수도 있잖아요. 그런데 무조건 병원 연계, 무조건 기관 연계, 기관에 돈 줄 테니까 그리로 가라 해요. 저도 비슷해요. 아버님은 암 수술 뒤에 장루 차고 있지만 고령, 고혈압 빼면 생활하는 데 문제는 없으세요. 다만 노동 능력이 없죠. 서울시복지재단에 공고가 올라왔는데, 제가 신청을 못 했어요. 6개월 치 지원금을 계좌로 주는 게 아니고 집에 오는 요양보호사나 가사도우미를 6개월 동안 보내 주겠다는 거예요. 아버님이 필요 없대요. 이런 부분이 보완되면 좋겠습니다.

돌봄 시민 3 정책적으로 배려한다면서 규정 속인 얘기를 하고 그래요.

기회가 다 열려 있으니까 요청하라고 해서 하면 다 그래요. 당신은 이만큼이면 된다고.

넓고 탄탄한 인프라, 두텁고 세심한 지원

돌봄 시민 2   복지 정책은 겹치면 안 되는 게 너무 많습니다. 청년수당 다들 아시죠? 6개월 동안 미취업 청년에게 한 달에 50만 원씩 카드를 줘서 쓰게 해요. 조건이 대학생이면 안 되고, 직업이 있어도 안 돼요. 직업이 있으면 안 되는 건 이해되는데 대학생이면 안 된다는 건 불만이 되게 많아요. 그다음에 집에서 복지 급여를 받는 게 없어야 돼요. 겹치면 깎이거나 치환돼요. 우리나라 수급자가 60만 명 좀 넘는다는데 탈수급률이 1년에 5퍼센트도 안 된대요. 어떤 일을 해서 소득이 특정 금액을 넘어가면 바로 잘려요. 상한선 지키면서 수급비 타는 게 훨씬 이익이에요. 탈수급 준비가 안 된 가구는 아직 사회적 약자예요. 수급자 자격을 다시 얻으려고 직장을 관두거나 하던 일을 좀 줄여서 상한선을 맞춰요. 악순환이죠. 기초생활수급 제도는 경제적으로 어려운 사람들에게 최소한의 경제 수준을 보장하는 거잖아요. 어느 정부나 탈수급을 많이 하기를 바라잖아요. 양극화 해소하고 싶어하잖아요. 중산층이 두터운 나라를 만들고 싶어하잖아요. 그러려면 유예 기간을 길게 줘야 돼요. 최소한 이삼 년. 그래야 안전망이 되잖아요.

돌봄 시민 3   수급자에 묶어 두려는 의도가 좀 있다 싶어요.

돌봄 시민 4   우리끼리 하는 우스갯소리가 있어요. 불행 인센티브제라고. 나도 암 환자이고 부모도 암 환자이고 그러면 각자가 누려야 될 권리를 합산해서 보호해 줘야 하는데 겹친다고 빼 준다는 거예요. 그 힘든 걸 결정했다고 축하를 했죠. 그래서 사람들이 행정 기관에 가고 싶어하지 않아요. 부정 수급을 문제 삼고 탈수급 통계를 매기느라 행정력을 낭비하지 말고 얼마나 많이 발굴됐는지를 중시해야 되잖아요. 보편 복지와 선별 복지에 민감한 이유가 자꾸 입증하라고 해서 그래요. 보건소 등록 제도가 있어서 내 이력을 관공서가 알고 있으면 서류 떼고 그럴 필요 없잖아요. 복지는 행정이 뒷받침돼야 해요. 부정 수급자는 나라가 입증해야죠.

돌봄 시민 3   부정 수급이 의심되면 행정이 확인하라! 맞는 말씀이세요. 우리가 할 필요는 없어요. 자기들이 입증해야죠. 증거를 찾아야죠. 아닐 수도 있는 거잖아요. 문제는 '찾아 먹는 복지'잖아요. 선별적 복지든 보편적 복지든 상관없이 한국은 내가 모르면 못 찾아 먹어요. 사각지대에 있는 사람들은 특히요. 두 가지 예를 들어볼게요. 매달 내는 공과금이 깜빡하고 안 온 적 있습니까? 병무청에서 군대 가라고 보내는 영장, 딱딱 옵니다. 민방위, 예비군 딱딱 와요. 그런데 복지는 안 주려고 딱 준비하고 있어요.

제 이야기를 하면 되게 사각지대거든요. 기초수급자도 아니고 차상위 계층도 안 돼요. 그런데 저소득층에 해당되기는 해요. 뭐, 없어요. 혼자서 어떻게 삼인분을 다 해요. 어떻게든 생활비를 줄여야 살 수 있잖아요. 그래서 생각한 게 엘에이치 공공 임대예요. 가산점이 되게 중요해요. 저소득층은 전세 자금 대출에서 이자를 좀더 깎아 주면 좋겠어요. 이번에 처음으로 중증 질환자 공공 주거가 나왔어요. 이런 식으로 목적형 공공 주거를 확대해도 좋고, 지원을 확대해서 이자 문제를 해결해야 돼요. 공공 정책 자금으로 이자 받는 게 말도 안 돼요. 보증금 원금만 돌려받으면 돼요. 최소 금액으로 주거 안정성을 확보해서 주거비를 생활비로 쓸 수 있게 해 줘야 해요. 그리고 공공 주거에는 반드시 퍼실리테이터나 컨설턴트 같은 사람이 있어야 돼요. 지속적인 가이드가 필요해요. 공공 주거에서 가장 큰 불만 사항이 주거 관리니까 유지 보수부터 화재 보험까지 여러 업무를 다 포함해서요. 공동 식당도 의무적으로 해야 돼요. 그러면 주거, 주거 연계 지원 서비스, 공공 식당까지 현금 지원으로 해결해야 되는 많은 일이 서비스로 충족돼요.

암이나 중증 질환은 비의료인이면 어떻게 돌봐야 하는지 모르는 경우가 많잖아요. 그래서 표준화된 돌봄 기초 교육 서비스가 제공되면 좋겠어요. 낮에 일하는 사람도 언제든 볼 수 있게 온라인 교육으로요. 돌봄 휴직 제도도 의무화되면 좋겠고, 돌봄 제공자를 대상으로 하는 전국 단위 조사 연구도 필요해요.

오늘 여기에 아동은 안 온 것 같은데, 암 환자나 중증 질환자가 진단 연령이 점점 낮아지다 보니까 돌봄 제공자 중에 아동도 되게 많거든요. 아동이 부모를 돌보게 되면 학업을 유지하기가 어려워지는 경우도 많아요. 병원 학교가 설치된 병원이면 수업 일수를 인정받을 수 있는데, 아이가 돌봄 제공자면 수업에 참여할 수는 있어도 수업 일수로 인정되지는 않아요. 이런 점이 바뀌면 좋겠어요. 낮에 수업 듣고 부모님 돌보고 그러면 서로 심리적으로 다 안정될 수 있으니까요.

돌봄 시민 5 아까 말씀처럼 요즘 의사들이 환자한테 잘 공감하지 못한다는 느낌을 받기도 하잖아요. 그러니까 전 국민이 돌봄 교육을 받고 돌봄력을 기르는 시스템이 생기면 좋겠어요. 남편이 제가 입원하면서 밥을 처음 해 봤어요. 죽을 만들다가 돌덩이를 만들다가 이렇게 몇 번 하더니 잘하게 됐거든요. 아이들 삼시 세 끼를 처음 걱정해 본 거예요. 아이들도 대가족 단위로 살고 마을이 있으면 자라면서 돌봄을 조금씩 곁눈질로 배울 수 있는데, 요즘 아이들 사과도 못 자르잖아요. 전반적으로 사회가 변화된 탓인데, 굳이 가르치지 않아도 생활에 필요한 돌봄을 배울 수 있으면 좋겠어요.

제 환자 중에 여성들이 반려동물 밥 때문에 빨리 퇴원하고 싶다고 하시는 거예요. 가족들이 제때 못 챙기니까 본인이 가셔야 된다는 거죠. 돌봄이 갑자기 오면 불행이고 재난이잖아요. 심리적 충격도 크고요. 평소에 비상 돌봄 훈련이 필요해요. 그리고 돌봄 크레디트도요. 저는 요양원 실습이나 호스피스 봉사 다니면서 배운 게 굉장히 많거든요. 내 가족이 아프지 않으면 이런 경험을 할 일이 없는데, 짧은 시간 동안 중증 질환자들하고 일상적인 신체적 접촉을 하는 법을 훈련하는 거죠. 의사나 의료계 종사자도 그렇고, 그런 기회가 많이 생기면 돌봄 감수성을 키우는 데 도움이 된다고 생각해요.

6장

"어떤 죽음이든
다 갑작스럽지 않나요?"

생애 말기 돌봄(호스피스 등)

시민들의 생생한 목소리 속에서 우리 사회가 존엄한 죽음을 위해 무엇을 준비해야 하는지 다시금 느낄 수 있었습니다. 함께 고민하고 방향을 모색한 시간이 돌봄 공공성 확대와 제도 개선으로 이어지기를 기대합니다.

― 김대균 인천성모병원 호스피스완화의료센터 센터장·교수

죽음은 생의 끝이 아니라 연속되는 과정이라는 공감대를 형성할 수 있었습니다. 생이 계속되는 동안 돌봄 역시 끝나서는 안 된다는 생각을 다시 한 번 되새겨 봅니다.

― 한지수 한국응용통계연구원 연구원

돌봄 시민 1 어머니가 8년 전에 돌아가시고 나머지 양가 부모님 세 분은 다 살아 계셔서 치매, 그러니까 인지 장애, 돌봄이 곧 다가올 과제예요. 준비하고 싶은 마음이 있기도 하고요. 제가 심리치료사여서 호스피스에 관심도 많은데, 도움을 받아보려고 찾아보니 저 같은 사람이 끼어들 자리가 별로 없어요. 직업적으로 생애 말기에 있는 분들을 접촉할 방법이 없을까 하는 궁금증도 있었어요.

돌봄 시민 2 웰다잉 강의를 합니다. 사별하신 분들 집단 상담도 하고, 웰다잉 그림책도 출간하고요. 처음에 제가 강의하다가 쫓겨났어요. 어르신들이 '재수 없다', '왜 죽는 얘기를 하냐', '신나게 놀다나 가라' 그러세요. 그런 분이 나가시면 강의를 시작하죠. 어르신들이 '내가 죽을 줄 몰랐다', '내가 죽어야 한다고 생각하니까 서글프다', '아들하고 이야기를 해야 되겠다', '이런 강의 처음 들었다' 이러면서 반응이 좋아졌어요. 사전연명의료의향서 얘기하면서 홍보가 좀 됐잖아요. 죽음이라는 게 남 얘기지 내 얘기로는 잘 안 다가오거든요. 너도 죽고 나도 죽는다는 걸 모두 인식시켜 주고 싶은 생각이 많아서 사명감을 가지고 '죽음 교육 전도사'를 하고 있는데, 사실 저도 죽음이 남의 일이었어요.

2014년에 아버지가 치매를 앓으시다가 갑자기 폐렴에 걸려 돌아가셨어요. 입원한 지 19일 만에 돌아가셔서 너무 아쉬웠어요. 준비를 전혀 못 한 상태에서 그냥 죽음을 당했죠. 아버지를 보내 버리니까 형체가 없어져 들을 수도 없고 만질 수도 없고……. 죽음을 받아들일 마음 자세를 당신도 하셔야 됐구나 싶더라고요. 그래서 7년 동안 편찮으신 어머니를 제가 돌봤어요. 병원 스케줄을 함께했어요. 맞은편에 입원하신 할머니가 정말 얘기를 잘하시다가 다음 날 돌아가시고, 당뇨 때문에 입원하신 분이 침대에서 떨어져 돌아가시고. 죽음을 많이 접했거든요. 대학 병원, 2차 병원, 요양병원, 요양원을 뺑뺑이 돌면서. 우리 딸이 왜 엄마만 딸이냐고, 이모들 둘이나 있는데 왜 엄마 혼자 다 하냐고 항의도 하고 그랬어요. 제가 바쁜 게 싫다는 거예요. 왜냐하면 병원 스케줄을 제대로 진행하니까. 장녀이다 보니까 저에게 기대하시는 것도 있고. 그래서 엄마를 7년 동안 돌아가실 때까지 완전히 백 퍼센트 책임졌죠. 몇 번 불러요. 돌아가신다, 와라. 마지막에 강의를 가는데 수간호사가 전화했어요. 진짜 불안하다 그래서 강의를 취소하고 가서 엄마를 두 시간을 지켜봤어요. 엄마가 항상 네 덕에 내가 5년 더 살았다고, 고맙다고 말씀을 많이 하셨어요. 임종을 진행하는 자도 죽음을 인정하고 자기 죽음을 받아들여야 한다는 것도, 평소에 미리 교육이 돼야 된다는 것도, 삶의 끈을 너무 잡고 있으면 삶과 죽음의 질이 엉망이 된다는 것도 많이 느꼈어요. 많은 의사를 만났지만, 직업적인 의사일 뿐이지 생명과 환자를 인격적으로 존중하는 의사를 딱 보지는 못했어요.

돌봄 시민 3   직접 돌봄을 하기보다는 어머니가 돌봄 하시는 과정을 지켜봤습니다. 저희 집이 대가족이었는데, 할머니, 할아버지, 외할머니, 외할아버지까지 모두 돌보셨어요. 병원에도 많이 다녔지만, 그런 과정을 옆에서 보면서 영향을 많이 받고 죽음에 대해 생각하게 됐어요. 그때 아쉽던 것들 때문에 요즘은 예술을 매개로 사회적 죽음과 애도에 대한 문제의식을 품고 활동하면서 생애 마지막 과정을 어떻게 보내면 좋을지 고민하고 있어요. 최근에는 로힝야 난민 캠프에서 생활하는 여성들을 지원하는 심리 회복 공동체를 만드는 단체 프로젝트를 같이하기도 했어요. 그런 과정을 기록하는 일을 주로 하고 있습니다.

돌봄 멘토 1   의사라는 직업 덕분에 말기 돌봄 현장에서 일하고 있습니다. 여러 가지 직업적인 면에서 고민과 더불어서 개인적으로는 저도 가족 돌봄을 받으면서 컸는데, 저를 키워 주신 외할머니께서 중증 치매로 지금 병원에 계세요. 저를 못 알아보세요. 20년 정도 현장을 쭉 보면서 고민했고, 이제 제가 보는 환자들 평균 연령이 저랑 점점 비슷해져요. 겸사겸사 고민하다가 많은 분들 이야기를 듣고 싶어서 참석했습니다.

2005년부터 호스피스 병원에서 일하고 있습니다. 모든 분의 죽음, 또는 죽음 과정이 모두 기억에 남기도 하고 하나도 기억에 안 남기도 해요. 다 비슷했어요. 죽음처럼 인생 과정에서 큰 스트레스를 받을 때 우리가 심리적 방어 기제를 이야기하잖아요. 내가 죽게 된다는 걸 듣게 되거나 사랑하는 사람이 곧 죽게 된다는 걸 받아들이면 처음에는 거부하다가 왜 하필 나일까 하는 생각을 한다고 하잖아요. 나중에는 수용하고 성찰하면서 죽음에 다다르게 되고요. 1년에 150명, 20년 동안이니까 3000명 정도 돌아가시는 과정을 봤는데, 죽음을 잘 수용한 분은 1퍼센트도 안 됐어요. 호스피스 병원에 와서 다 준비됐다고, 내일 죽어도 좋다고 한다고 해서 그 말이 정말 준비가 됐다는 의미는 아니거든요. 매번 계기가 있어요. 현실을 오히려 부정하고 있구나 하고 느끼게 되는 상황요. 3000명 정도 되는 그분들 가족들한테 죽음은 왜 갑자기 당하는 일인 걸까 늘 고민이고. 그동안 사회가 많이 변했죠. 연명의료결정법도 만들어지고 호스피스를 소재로 한 영화도 나오는 시대가 됐지만, 크게 바뀌지는 않은 것 같아요. 여전히 죽음은 나를 피해 가면 좋겠고 나는 절대 연명 치료를 원치 않는다고 생각하지만, 어머니, 누나, 동생이 그런 상황이 되면 절대 연명 치료를 포기하지 못하는 사회에 살고 있잖아요.

그런 얘기를 하고 싶어서 참석했습니다.

돌봄 시민 4   사회복지를 연구하는 그냥 연구자예요. 원래 처음에는 정책 멘토라고 말씀하셨는데, 제가 살짝 잘못 듣고 참여자로 오게 됐습니다. 사실 주변에서 정말 다양한 죽음을 많이 경험하고 같이 애도해야 하는 상황이 되게 많았어요. 최근에는 올해 3월 1일에 아버지께서 파킨슨병으로 돌아가셨어요. 사촌들하고 같이 사시다가 돌아가셨는데, 잘 아시겠지만 중간 입원이 안 돼서 마지막 임종하시는 과정에서 제가 좀 싸워야 했어요. 아버지보다 딱 1년 전에 할머니께서 돌아가셨는데, 표현이 그렇지만 정말 운 좋게 막판에 말기 암을 진단받으셨어요. 요즘에는 그게 행운이라고 하더라고요. 특별한 증상이 없다가 막판에 급격하게 증상이 나타나서 가족들하고 평화롭게 임종하는 경험을 했습니다. 또 하나 굵직한 경험으로 벌써 2년 반 정도 지난 일이 있어요. 여섯 살 아이가 익사 사고가 나면서 뇌사를 판정받았는데, 부모가 도저히 아이를 놓을 수가 없어서 1년 반 정도를 뇌사 상태에서 돌보는 걸 정말 가까운 데서 같이 경험했어요. 아이를 마지막에 떠나보내고 임종 과정을 경험하면서 개인이 죽음을 준비하는 게 다가 아니라는 걸 알았어요. 당사자, 가족, 주변인, 의료진까지 죽음을 준비해야 하는 경험을 나누고 정책을 얘기하고 싶어요. 죽음 얘기만 하면 재수 없다고 하고, 정책을 입안하는 분들도 호스피스에다 꼭 완화 의료를 같이 붙여야 된다고 하고, 죽음 대신에 임종이라고 하면 덜 나쁜 것처럼 피해 가려는 게 안타까워서, 우리 삶에 꼭 필요한 정책을 같이 만드는 데 도움이 되면 좋겠다 생각해서 이 자리에 왔습니다.

죽음을 마주하고 죽음을 공부하고

돌봄 시민 2　2014년에 아버지 돌아가시면서 죽음을 공부하고 싶었어요. 어머니가 7년 동안 편찮으셨는데, 좀 편안하게 보내 드리고 싶었어요. 죽음을 교육하는 곳을 찾아가서 25만 원을 내고 다녔죠. 2019년에 제 주변에서 다섯 분이 돌아가셨어요. 그래서 힘들었는데……. 4월 25일에 오빠가 자기 차에서 심정지로. 아침에 잘 갔다 올게 인사하고 갔는데 못 돌아왔어요. 영안실에서 만난 거예요. 아침에 나가서 저녁에 집에 들어오는 게 기적이라는 생각이 들었어요. 사소한 데 감사해야 되고, 언제 어디서 어떻게 죽을지 모른다는 게 마음이 아팠어요. 5월에 스터디 모임이 있었는데, 공부 끝나고 선생님하고 버스 정류장까지 한 10분 걸었어요. 금요일이었는데, 다음 월요일에 선생님이 강의 가셨다가 교통사고 나서 돌아가셨고, 9월에는 큰시누 남편 돌아가시고, 그다음 10월에 엄마 돌아가시고, 8월에 큰엄마가 돌아가셨어요. 죽음 교육을 하면서 '나도 죽습니다. 나는 미래의 시신입니다' 그래요. 인정하고 수용해야 된다고. 화장터에서 화장장 직원이 하는 말이 있어요. 여기에 누워 있는 시신은 자기가 화장로에 들어간다고 생각한 적이 한 번도 없다고요. 요새는 다 화장하잖아요. 2019년에 일본에서 열린 장례박람회에 갔고, 작년에도 메멘토 모리 카페가 있어서 가 봤어요. 공간은 좁은데 상담사를 마마라고 그러더라고요. 우울증 환자나 자살하고 싶은 사람이 스트레스를 받으면 와서 술 마시면서 얘기하는데, 마마 역을 하는 사람도 70명이 대기 중이고 1인당 2만 엔씩 받는다는 거예요. 그런 시스템을 도입하고 싶어요. 데스 카페, 죽음 카페를 아파트 단지 상가에서 하면 난리가 나겠죠. 국가 차원에서 해야지. 영국에는 정부에 외로움부가 있는데 왜 우리는 없고, 맨날 고독사에 자살률 세계 1위라니 속상하고 그래요. 초고령 시대잖아요. 고독사 늘어나고, 묻지 마 살인도 늘어납니다. 제가 볼 때는, 조금만 얘기해 보면 그런 사람이 너무 많더라고요.

돌봄 시민 1 가족들이 다 생각해서 선택했지만, 요즘은 죄책감이 들어요. 어떤 죽음이든 다 갑작스럽지 않나요? 아버지가 보호자 자격으로 사전연명의료의향서를 쓰고 어머니한테 여쭤 본다고 하시고서 중환자실에 들어가셨어요. 아버지가 의료진한테 돌아가시기 전에 의식 있을 때 좀 불러 달라고 하셨어요. 의료진이 불러서 대기하던 가족들이 들어갔는데, 의식이 없으셨어요. 가족들이 다 동의한 결정이지만 과연 옳은 선택이었을까, 지금도 의문이 늘어요.

돌봄 시민 3 할머니랑 할아버지가 돌아가시는 과정을 유년기부터 20대 초반까지 봤거든요. 특별한 일이라는 생각이 들었어요. 이제는 거의 병원에서 돌아가시잖아요. 살던 집에서 돌아가시는 과정이 저한테는 중요한 경험이라는 생각도 들면서, 동시에 그런 과정을 목격하면서 복잡한 심경보다는 어머니가 돌봄 하시는 모습을 지켜보는 처지에서 눈물이 날 수밖에 없었어요. 행정적 어려움이나 생활고를 상세하게 알지는 못해서 항상 엄마가 떠날까 봐 좀 무서웠거든요. 지쳐서 떠날까 봐. 그래서 어린 시절에는 노인을 혐오하는 마음이 조금 있었어요. 내가 어른이 돼서 노인이 안 되면 좋겠다는 마음, 아픈 할머니를 미워하는 마음이 있었어요. 그런데 돌아가시는 순간 옆에 제가 있을 때 모든 기억을 잃고 정말 순수한 모습으로 저한테 다정한 인사를 남기고 가셨어요. 죽음의 과정에서 보게 된 어른들의 변화가 제 논리랑 안 맞은 거예요. 엄마를 괴롭

힌다고 미워한 친할머니는 치매에 걸려서 다정한 모습으로 돌아가시고, 막상 외할머니는 너무 힘들게 느껴지고. 죽음의 과정에서는 누구나 몸과 마음이 약해지고, 그러다가 돌봄 대상이 된다고 생각해요. 죽음의 순간에 함께하면서 죽음을 이해하는 과정이 다른 사람들의 아픔이나 약한 모습까지 이해하게 되는 과정이라고 느꼈어요.

돌봄 시민 4 만성 질환은 초가 타서 다 녹는 과정 같거든요. 촛불이 꺼질 듯 말 듯 이런 과정이에요. 그런데 사실 그 과정을 지켜보다 보면 무섭다고 느껴지지는 않는대요. 죽음 경험이 너무 협소하면 대부분 필요한 구조를 잘 못 봐요. 요즘처럼 돌아가시기 전날 갑자기 오라고 해서 가게 되면 죽음 경험이 되게 처참하고 트라우마가 될 수도 있어요. 여러 번 임종 과정을 보다 보면 지나치게 걱정하거나 두려워하지 않게 되죠.

어느 날 엄마가 연락하셔서 아버지가 폐렴 기미가 있는 것 같다고 그러시는 거예요. 그전에도 입원하고 퇴원하고 수십 번 반복하셨지만, 사전연명의료의향서도 작성하신 상태이고 의사 표현을 정확하게 못 하시면서 인지에도 문제가 생긴 상태라 제가 가겠다 그랬어요. 그런데 요양원에서 아버지 상태가 심각해서 병원으로 가겠다고 전화가 왔어요. 계속 전화가 와요. 연명 치료 안 할 거냐고 그래서 안 하신다고 했다 이러고 갔어요. 병원에서 사진이랑 수치랑 다 보여 주시는데 회복이 안 될 것 같아요. 응급실 당직 선생님한테 1인실 계시다가 돌아가시게 하고 싶다, 중환자실에 가시면 10분 면회밖에 못 할 텐데 연명 치료 안 한다고 하셨으니까 상관없지 않냐, 그렇게 말씀을 드렸어요. 그런데 담당 의사 선생님이 중환자실로 가야 한다고, 나는 도저히 그렇게 못 한다면서 불같이 화를 냈고, 당직 선생님은 사이에 끼어서 고민을 많이 하셨어요. 다행히 주치의 선생님이 다른 분들하고 얘기를 좀 하겠다면서 한참 통화를 하시더라고요. 얼핏 들으니까 따님이 의지가 강하시다는 거죠. 그러고는 모든 걸 다 제가 책임진다는 전제로 허락하신 거예요. 그렇게 1인실을 배정받았어요. 오락가락하시는 상태이기는 해도 다행히 가장 사랑하시는 아들이랑 동생들 다 보셨고, 응급실에 1시 정도에 들어가시고 10시에 사망 선고를 받으셨어요. 중환자실 들어가셨으면 임종도 못 했을 거예요. 시끄럽고 밝고 부산스럽고 혼란스러운 상황에서 돌아가셨을 거예요. 그런데 1인실에서 돌아가시는 과정에 허들이 많이 있죠. 결정하기까지 저도 쉽지는 않았어요. 혹시 중환자실로 가서서 회복하실 수도 있잖아요. 이런 결정을 할 때 누가 저를 지지해 주면 좋겠더라고요.

돌봄 멘토 1   연명 치료를 받지 않겠다고 하셨잖아요. 첫 번째, 가족들이 개입할 여지가 없어야 돼요. 따님이 개입을 한 거예요. 현행 법률상 담당 의사가 임종기 판단을 내리게 돼 있어요. 서식으로 쓰게 돼 있어요. 가족들이 아무리 요구한다고 해도 상황에 따라서 돈이 없어서 그런지 간병 문제 때문인지 현장에서는 구분하기가 어려워요. 독일 같은 나라들은 사전연명의료의향서가 없어요. 모든 결정은 담당 주치의가 하죠. 대신 주치의가 혼자 전권을 행사하지는 않는 의학적 의사 결정 문화가 공고하게 자리 잡고 있어요. 그런데 우리나라 의사는 설명도 제대로 안 해 주고 혼자서 결정하잖아요. 교수님 중에 80퍼센트는 지금 말씀하시는 거랑 똑같은 결정을 해요. 의사들을 비난만 하기에는 그렇게 훈련받은 측면이 커요. 악의가 아니라 살려야 된다고. 그리고 사람이 죽는 걸 의료 실패로 받아들여요. 미국은 '모탈리티 케이스'라고 해서 병원에서 사망 환자가 생기면 둘러앉아서 담당 주치의가 사망 이유를 설명하는 과정이 있는데, 우리는 그게 안 돼요. 거의 없어요. 이런 걸 보완하기 위해서 대리인 제도를 저는 주장해요. 그러니까 후견인 제도를.

외래에서 만난 위암 환자인데, 항암 치료를 하면은 삼사 년은 충분히 사실 것 같다고 말하는데도 무조건 안 하겠다는 거예요. 집으로 방문하기 시작했죠. 당시에는 사전연명의료의향서를 집에서 쓸 수 없는데도 그냥 썼어요. 아버님 의향을 확인하기 위해서 법적 가치는 없지만 말미에 아버님을 제일 잘 이해하는 사람이 누구이고 누구랑 얘기하면 좋겠냐 물으니까 따님이라고 하시더라고요. 그 따님이 나중에 글을 쓰셨어요. 책임감이 느껴지기도 하지만 정말 고마웠다고. 그런 제도가 좀 있으면 좋겠어요. 정말 이분이 바랄지 애매한 게 콧줄이거든요. 다른 데는 괜찮은데 장폐색이 와서 먹으면 아래로 못 내려갈 때 콧줄은 고통을 줄이는 데 가장 효과적이거든요. 그런데 콧줄을 연명 치료라고 생각하는 거예요. 의사소통 능력이 없는 분 가족들하고 대화하기가 참 힘들어요. 삶의 길이가 아니라 질이 중요하다고 이미 합의를 본 상태에서 고통 없게 해 드리려면, 콧줄을 넣지 않으면 약물 치료에 한계가 있거든요. 말기 돌봄을 할 때 요양원이나 요양병원에 가는 것부터 집과 시설을 왔다 갔다 하면서 요양보호사나 방문 간병원이 오는 것까지 여러 가지를 할 수 있겠죠. 그런데 환자는 시설 바깥으로 나와야 되고 시설 바깥으로 나온 사람은 가족만 돌보라고 한다면, 그러면 안 되는 거 같아요.

좋은 죽음으로 이어지는 좋은 돌봄

돌봄 시민 1   돌봄 관련 책을 읽으면 돌봄을 받는 자세가 굉장히 중요하다는 말이 계속 나와요. 자립적이고 독립적인 인간이 좋은 인간이라는 인식이 사회에 있는 것 같아요. 그런 인식 속에서 계속 사는 사람들에게 갑작스럽게 당신은 돌봄이 필요한 존재라고 하면 둘 사이의 간극이 너무 커서 거부하는 것 같거든요. 누구나 스스로 자기를 통제하지 못하는 상황이 될 수 있는데, 우리는 그런 자기를 너무나도 하찮게 여기고 혐오하는 것 같아요.

돌봄 시민 4   돌봄이라는 게 결국 죽음으로 끝나잖아요. 그러다 보니까 돌봄의 실패라는 생각도 하고요. 돌봄이 별것 아닌 거라는 감정, 딸이니까 아들이니까 당연하다는 감정. 대단한 성취를 가져다주지 않죠. 그다음에 해방감이나 자유를 느낄 때 오는 죄책감을 꺼리는 태도가 돌봄의 가치를 평가 절하하는 이유가 된다고 생각해요. 아이를 하나 낳으면 다시는 안 낳는다 그래 놓고는 둘도 낳고 셋도 낳고 하듯이, 어렵고 고통스러운 시간을 죽을 것처럼 보내 놓고도 고통을 잊거나 미화해요. 딱 벗어나는 순간 갑자기 내 문제가 남의 문제가 되죠. 생애 말기 돌봄은 얘기를 덜 하게 되죠.

　　　　　　부모님이 강화에 사시고 아버지가 서울에 있는 대형 병원 다니셨거든요. 병원에서 집에 돌아올 때쯤 되면 손이 덜덜 떨려요. 1년에도 이렇게 몇 번씩 하면, 자잘한 건 빼도 입원이라도 하시면 일과 가정을 같이 돌봐야 하니까 산산이 부서질 것 같은 느낌을 경험했어요. 돌봄에 대한 이미지도 바꿔야 하지 않을까 싶어요. 돌봄은 사랑이고 희생이 아니라 전쟁이고 추할 때도 있다는 식으로 인식을 개선했으면 좋겠어요.

돌봄 시민 2   미국은 초등학교에서 죽음 교육을 하거든요. 일본에서 살 때 보니까 장애인 신청 제도가 정말 잘돼 있고, 이동 목욕차도 있고,

동네에 치매 앓는 사람 얼굴이 다 붙어 있어요. 네덜란드에는 치매 마을도 있잖아요. 치매 친화 도시, 우리는 실패했거든요. 사람들이 결사반대하는 거죠.

돌봄 시민 4 이동 지원 정책이 마련되면 좋겠어요. 독박 돌봄을 하시는 분들한테 한 달에 두 번은 꼭 누가 와서 돌봄에서 벗어나게 해 주는 거죠. 집에서 가족 돌봄을 하는 분들한테 정기적인 휴식 시간을 보장하도록 법제화해야지 싶어요. 또한 아이들한테 죽음 교육을 해야 해요. 인천에서 교육청이랑 시청을 설득했어요. 학생 교육에 필요하다고 공감했죠. 공문을 보내니까 일주일 사이에 고등학교 여덟 곳이 죽음 교육을 해 달라는 거예요. 자살 예방 교육이고, 고령화 시대의 삶과 죽음을 이야기해 보고 싶다는 거죠. 가정통신문이 나가니까 보호자들이 난리가 났어요. 수업 시간에도 문제집 풀고 있는 애들한테 삶과 죽음을 얘기하면 교육 효과도 없다는 거죠. 부모들 걱정도 당연해요. 결국 입시 제도가 문제인 거예요.

돌봄 멘토 1 24시간 집에서 노부모를 모시는 사람이 10퍼센트도 안 돼요. 10년 후에는 내가 원하는 곳에서 생애 마지막 시기를 보내는 사람이 30퍼센트 정도는 되게 하려고요. 요양원 들어간 부모를 집으로 모셔 올 수 있게 보험료 2퍼센트만 올리자고 해야 되는데, 참 어렵대요. 정책만으로는 사실 거의 바뀌지 않아요. 경쟁과 효율을 중시하는 문화가 바뀌지 않으면 어떤 일도 안 될 것 같아요. 호스피스 병원도 비용 줄일 고민만 해요. 지옥과 현실의 중간에 있는 '연옥'이라고 표현할 정도로 중요한 공간인데도요. 정책도 중요하지만, 연민 가득한 사회를 만드는 게 근본적인 목표가 돼야 해요.

돌봄 시민 1　제가 참여하는 독서 동아리 모임에 지자체에서 100만 원인가를 지원해 줬어요. 삶과 죽음에 관련된 책 읽기 모임은 어떨까 해요. 독서 동아리 지원금도 받아서 다른 활동도 했거든요. 이런 경험을 하면 아무 관심 없던 분들도 저절로 달라지더라고요.

돌봄 시민 2　우리 딸이 김포로 이사 갔는데, 아기를 낳게 돼서 저도 김포로 이사 갔어요. 옆에서 아기를 돌봐 주면서, 목욕시키면서 알아듣든 못 알아듣든 그랬죠. 할머니가 너를 이렇게 목욕시켜 주고 먹여 주고 기저귀 갈아 주는데, 나중에 할머니 늙어서 힘 없어서 아무것도 못 할 때 넌 어떻게 해 줄 거야? 할머니 병원 같이 가 주고 목욕도 시켜 줘. 어릴 때부터 그냥 세뇌를 시켜 버렸어요. 법정 의무 교육에 성폭력이나 직장 내 괴롭힘이 들어가면서 내용은 정확히 몰라도 그 단어에 익숙해지잖아요. 우리가 독서 모임만 해도 어떤 지향을 가지고 배워 보겠다는 분들이 모이니까 책 한두 권만 읽어도 사고가 달라질 수 있거든요. 뭐든 익숙해져야 해요. 법정 의무 교육, 진짜 괜찮을 것 같아요. 젖어 들게, 스며들게 하면.

돌봄 멘토 1　사적 영역에서 하는 간병을 공적으로 끌어들이려고 노력하잖아요. 호스피스 말기 돌봄의 특수성이라는 게 가족 돌봄이 부득이하게 필요한 상황이 항상 있잖아요. 법정 가족 돌봄 휴가가 10일 정도 있는데, 다 무급이죠. 호스피스로 들어오면 직계 가족이 법정 유급 휴가 기간이 이삼일 늘어날 수 있게 하면 좀 도움이 될 것 같다는 이야기가 있었어요. 호스피스에 갈 유인이 될 수 있으니까 제안해 보는 거죠. 호스피스 비용이 한 달에 많으면 400만 원이잖아요. 한 달에 400만 원씩 낼 수 있는 사람이 얼마나 되겠어요? 병원은 한 달에 내는 돈이 60만 원이 안 넘어요. 그런데 간병비가 400만 원이에요. 호스피스 병원은 들어가고 싶어도 자리가 없어요. 호스피스가 비용 대비 가장 효과적이기도 하고 돌봄의 질도 가장 좋다 보니까 보통 이삼 주씩 대기해요. 기다리다 돌아가시는 분도 많죠. 질병 대상 질환 확장도 종합계획 안에 들어가 있어요. 암이 아닌 질환은 중환자실로 가서 적극적으로 치료하면 회복 가능성이 있는 건지, 아니면 돌아가실 건지를 판단하기가 참 어려워요. 전 세계 어디에도 호스피스 기관에 암 아닌 환자들이 장기 입원하는 나라는 없어요. 5년 전부터 저희 기관에서 매년 '지역사회 중심의 생애말기돌봄 심포지엄'을 하는데, 지역 사회에서 재택 의료를 하는 사람들이 생애 말기를 돌볼 수 있는 의료적 역량만이 아니라 공감이나 상담, 애도 역량을 익혀서 보편적 돌봄으로 들어가게 하자고 주장하고 있어요. 장기요양보험에서 시범 사업을 준비 중입니다.

아무튼 생애 말기 돌봄이 따로 한 주제가 된 이유를 저는 생각해 봤어요. 임종에 가까워지면 아프지 않은 상태에서 주무시다가 돌아가시는 분이 몇 없고, 신체적으로 힘들고 손이 많이 가잖아요. 돌봄 정책을 만든다고 하면 정책 효용성이 아주 높은 시기가 생애 말기예요. 같은 비용을 들여서 가장 효용성 높은 정책을 만드는 게 좋은데, 그런 면에서 생애 말기가 적당하다고 생각해요.

돌봄 시민 4 돌봄 제공자 상담이 필요해요. 스트레스가 너무 쌓이면 환자한테 막 하게 되잖아요. 고령사회대응센터에서 하는 장기요양요원지원센터 역량 강화 교육인데요, 치매 환자 돌보는 방법, 근골격계 질환 스트레칭, 하루 종일 웃음과 노래를 하고 가는 힐링 캠프 등이 있어요. 그런데 두 가지 문제가 있어요. 첫째는 직접적인 상담이 없다는 것이고,

둘째는 일을 빼고 가면 계산을 해 줘야 하는데 근무 인정이 안 되기 때문에 오시는 분들만 오세요.

돌봄 멘토 1   커뮤니티케어센터를 만들어서 재택 의료 하는 보호자가 언제든지 와서 상담받고, 음악 치료나 미술 치료 프로그램 하고, 지역 환자들이 이동을 원하면 차량을 제공하고, 독서 모임이나 교육을 할 수 있는 공간이나 동아리 모임 비용을 제공하는 거죠. 돌봄통합지원법이 2026년 3월에 시행인데 준비된 지자체가 5퍼센트도 안 됩니다. 아무도 관심이 없어요. 정부에서 돈을 안 주니까. 재정 자립도가 낮은 데가 많아서 어렵죠. 커뮤니티케어센터가 필요한 또 다른 이유는 독거노인이에요. 앞으로 1인 가구의 50퍼센트가 65세 이상일 거거든요. 그런 분들은 다 시설로 가야지 방법이 없잖아요. 커뮤니디케어센터는 그런 분들을 의학적, 심리적, 사회적으로 지원하는 허브가 될 수 있어요. 장애인 탈시설 문제나 생애 말기 환자의 탈가정 문제나, 혼자 사는 데 집이 좋다고 얘기하면 무슨 의미가 있겠어요? 어느 순간이 되면 집에서 도저히 있을 수 없죠. 집에서 임종을 맞이하는 게 반드시 바람직한 정책 같지는 않아요.

7장

"보편적 돌봄이 있는 공동체 주택을 상상해요"

집에서 돌봄, 요양 시설 대체 돌봄

정책에서 소외되기 쉬운 당사자 목소리를 듣고 함께 정책 방향을 고민할 수 있는 뜻깊은 시간이었습니다. 함께 고민한 내용을 바탕으로 집에서 돌봄을 주고받을 수 있도록 제도가 개선되기를 진심으로 바랍니다.

— **이혜진** 분당서울대학교병원 가정의학과 교수

돌봄 문제는 지역 사회에서 사람과 사람이 연대를 통해 풀어야 한다는 원칙을 상기시키고 돌봄 경험을 통해 돌봄 생태계 구축과 실천 방안을 구체적으로 제시하는 100인 돌봄 시민이 진정한 정책 멘토였습니다. 현장에서 답을 찾아가는 여정을 계속 이어 가야겠습니다.

— **이원필** 국민건강보험노동조합 정책연구원 연구원

돌봄 멘토 1   돌봄 관련 활동을 쭉 해 왔습니다. 개인적으로는 10년 정도 치매 아버지를 모셨고, 지금은 장모님이 파킨슨병을 앓고 계셔서 같이 돌봄을 하고 있습니다. 우리 집안 전체가 돌봄 관련된 일을 하고 있습니다. 건강돌봄시민행동이라고 돌봄 관련 시민단체 활동도 자원봉사로 재능 기부하면서 하고 있습니다. 지금은 간병비 관련해서 헌법 소원을 낸 상태고요. 그전에는 지역 사회 간호를 위한 간호법 개정 투쟁을 해서 어느 정도 성과도 냈습니다.

돌봄 멘토 2   가정의학과 의사입니다. 관심 있는 영역은 재택 의료 쪽입니다. 돌봄이 필요하신 분들이 병원에 오기가 쉽지 않으니까 집으로 찾아가서 편하게 의료 서비스를 제공하는 방안을 고민했고, 재택의료센터라고 의원들이 장기요양 대상자들 집으로 찾아가는 서비스를 초창기부터 같이 연구했고요. 저랑 재활의학과 선생님들이랑 같이 퇴원 환자들 집에 한 번씩 찾아가서 주거 개선 상황도 점검하고 있습니다. 아직 돌봄 경험은 없어요. 육아가 제일 컸고요. 얼마 전에 시아버님이 파킨슨병 진단을 받아서 약 드시고 조절하시는데 제 부모님도 연세가 들어가시니까 고민이 시작됩니다. 시할머님이 원래 정정하신 분인데 기력이 떨어지셔서 요양원 입소도 고민하는 상황이고. 저도 그렇게 돌봄을 체감하고 있습니다.

다 다른 노년, 똑같은 돌봄

돌봄 시민 1   돌봄 제공 기관에서 활동하고 있어요. 20대 때 아주 짧게 영케어러 경험을 했어요. 부모님이 사고를 당해서 두 달 정도 돌봄을 했는데, 그 두 달 동안 세상이 나를 버렸다는 느낌을 많이 받았어요. 돌봄을 어떻게 해야 할지 고민한 첫 계기였어요. 시어머니께서 난치병을 판정받으셔서 지금 거동이 불편하신데, 가족들은 매주 만나서 집에 계셔야 하는지 시설을 가야 하는지 고민하고 있는 상황입니다. 이런 고민을 어떻게 해결해야 할지 답도 얻으면 좋겠다는 마음으로 참여했습니다.

돌봄 시민 2 사회복지사 2급 자격증은 있는데, 제가 직접 돌봄을 하는 건 아니고요. 어머니가 2016년부터 파킨슨병을 앓으셨는데, 4등급으로 시작해서 지금 1등급이에요. 두 달 전에 요양원으로 가셨어요. 1937년 생이신데 1941년생 아버님이 주로 케어를 하셨거든요. 아버님이 엄청나게 꼼꼼해서 의사보다도 잘 아세요. 돈이 쪼들리는 형편도 아닌데, 2년 전에는 간병 파산을 얘기할 만큼 28일씩 네 번을 병원에 입원해 봤어요. 파킨슨병 잘 보는 병원, 물리치료사가 일주일에 한 번씩 집에 오는 치료, 코로나 때는 근처에 받아 주는 데가 없어서 아는 사람 건너 인천, 서울까지. 그때 어머니가 만 83세였죠. 점점 나빠지다가 감염도 생기고 그래서 요양병원 왔다 갔다 하고. 아빠가 어느 날 새벽에 엄마랑 같이 넘어지신 거예요. 엄마는 요양원 가면 죽으러 간다 생각하셨는데, 요양병원에 있어 보니까 문제없는 거예요. 작년 11월 말, 다른 분은 다 콧줄 끼고 누워 계시는데 저희 엄마만 집에 가는 게 좋지 않겠냐 해서 집으로 모셔 왔어요. 집에 네 시간씩 요양보호사가 오셨어요. 추가로 여덟 시간이나 열 시간을 하고 싶다고 그래서 2월 중순까지 세 달 동안 열 명 넘게 바뀌었죠. 아빠가 힘들어하셔서 다시 요양병원으로 갈까 생각했는데, 대기가 길어서 결국은 파주에 있는 요양원으로 멀리 가셨어요. 아빠가 우울은 아닌데 배우자를 사별한 느낌을 받으시는 것 같아요. 아빠도 심장병 말고 다른 문제는 없어요. 거기서 고민이, 마음에 부담이 되는 거예요. 합가가 숙제예요. 네 번 병원에 입원하고 요양병원 두 번 가니까 1년 동안 1억 넘게 썼더라고요. 입주 간병 28일, 30일 하면 500만 원 넘게 되잖아요. 네 번 썼죠.

돌봄 시민 3 집에서 돌봄을 한 경험은 없습니다. 같이 지낸 시어머니가 재작년에 돌아가셨거든요. 간암으로 돌아가셨어요. 간암이 발병하고 말기가 돼서 계속 쓰러지셨어요. 잘 챙겨 드셔야 했는데, 저도 일하고 시누이도 먼 곳에 살아서 돌봄을 받을 곳이 없었어요. 암 환자는 대상이 아니다 보니까 한 번 더 신청해서 요양보호사가 오기는 했거든요. 그러고 얼마 안 돼 돌아가셨어요. 경험을 나눈다기보다는 재택 돌봄에 진입도 못한 저희 같은 상황이 어떻게 해결될 수 있을까 의견을 듣고 싶어요. 친정 부모님도 연세가 많아서 아빠가 팔십을 막 넘으셨거든요.

돌봄 시민 4 형제들은 다 서울에 사는데 부모님은 완도에 사세요. 열 시간 넘게 운전해야 해서 자주 갈 수 없는데. 아버지는 여든넷이고 어머니는 여든인데, 어머니가 3년 전쯤에 경도 인지 장애 진단을 받고 우울증도 심해서 밤에 잠을 못 주무세요. 정신과 약을 먹어서 괜찮아지셨는데, 근 감소가 빨라져서 단백질 음료도 사 드렸어요. 현재는 아버지가 어머니 병원 다니시는 거 보조하시는데, 아버지도 연세가 있으니까 돌봄을 받아야 되는 상황이죠. 아버지를 어떻게 지원할 수 있을까요? 당장은 완도에 사시는 걸 편하게 생각하세요. 자식들 있는 서울로 모시고 와야 하는데, 막연해요. 그리고 완도에 있는 치매지원센터랑 정신건강센터에 연락해서 어머니를 등록하니까 한 달에 한 번씩 가정 방문을 해서 상태를 체크하더라고요. 어머니가 계속 기다리세요. 얘기해 주고, 위로도 되고, 심리 상담사도 연결해 주고. 조금 아쉬운 게 치매지원센터 프로그램이 8회 차인데 끝나고 나니까 더는 불러 주지 않는다는 거예요. 예방 프로그램이 하나도 없어요. 한 번 등록한 환자는 한 달에 한두 번 불러서 체조도 하고 사교도 하고 상태가 이상하면 보호자한테 연락도 해 주는 관리 서비스가 있으면 좋겠어요. 치매지원센터가 실질적으로 치매예방지원센터가 될 수 있게 하면 좋겠어요.

돌봄 시민 2 시어머니가 2년 전에 경도 인지 장애 판정을 받으셨어요. 1936년생이시니까 연세가 많잖아요. 저보다 더 걸음걸이가 빠르고 건강하신데, 같은 말을 반복하시고, 프라이팬에 뭐 올려놨다가 태우시고 그래요. 어느 날 당신이 쓰는 카드랑 똑같은 카드를 주우셨어요. 찾아 줘야지 하다가 그 카드를 쓴 거예요. 신고가 된 거죠. 마트 빵집에서 문자가 가니까 오후에 강력계로 오라고 하더라고요. 남편이랑 셋이서 갔어요. 합의하고 싶다고 해도 그 사람이 절대로 안 하는 거예요. 치매 약 드시고 있었거든요. 경찰서에서 장기요양 검사를 받으라고 하더라고요. 충격을 많이 받으신 거예요. 맨날 수사 상황이라면서 경찰서 강력계에서 문자가 와요. 집을 정리하고 합가를 했어요. 어머님은 서울이니까 데이케어센터가 좋더라고요. 좋은 프로그램이 많더라고요. 저희 엄마는 시설로 들어가셨잖아요. 파주거든요. 그런 시설이 엄청 많더라고요. 노령화 사회에 장기요양이 굉장히 많아질 거잖아요. 350만 원, 400만 원 해야 될 거를 93만 원 내고 있거든요. 생각보다 덜 나와서 놀랐어요. 우리 딸 어떡하지, 그런 걱정도 되고.

돌봄 시민 4 얼마 전에 어머니를 만나고 왔는데, 걷는 속도도 느려지고 앉아서 일어나지 못하시는 거예요. 화장실 손잡이가 없는 데에서 앉아 있다가 일어나는 게 너무 힘들거든요. 공중화장실 손잡이 만드는 거 그렇게 어렵지 않잖아요. 일본은 에스컬레이터가 느리게 움직이거든요. 고령자들한테 속도를 맞춘 거예요. 공공시설 같은 시설물을 고령자 친화적으로 바꿔야 하지 않나 싶어요.

돌봄 시민 2 여러 병원에 입원해 봤잖아요. 레지던트를 만나서 얘기하려면 한 시간 정도 걸리는 거예요. 퇴원 때면 약, 운동, 요양보호사까지 환자 개인이 다 알아서 해야 하죠. 돌봄 관련된 것도요. 목욕 서비스도 있다는데, 개인이 다 신청해야 되고 연계해야 되고. 환자에게 필요한 사항을 맞춤형으로 한꺼번에 알려 주면 좋겠어요. 먹을 것도 다 챙겨 주는 요양보호사도 있다는데, 시판 제품으로 다 바꾸시더라고요. 할 수 없이 병원에 입원하니까 멀쩡히 혼자 다니던 사람도 완전히 바뀌더라고요. 간병인이 물리적으로 돌보는 것뿐만 아니라 생각해야 할 일들이 많은데 당장 눈에 보이지 않는다고 안 챙겨 주시잖아요. 노인이 노인을 돌보는 '노노 케어'인데 말이죠.

돌봄 시민 1 시어머니가 2022년에 난치병 판정을 받으셨어요. 파킨슨이랑 좀 비슷한데, 마비가 생기는 거예요. 진행 속도가 생각보다 빨라지고 이제 3년 차 되시는데, 처음에는 모든 활동이 혼자 가능하다가 지금은 이동이 힘든 상황이에요. 발병하고 나서 관련 제도를 좀 알아보고 장기요양 등급도 신청하고 장애 등급도 신청해서 지원받고 있는데, 결국은 아버님이 어머님을 주로 집에서 케어하세요. 요양보호사가 하루 세 시간 오시기는 하는데 주 3회 재활을 받으셔야 돼요. 다행히 자택 가까운 거리에 재활병원이 있는데 혼자서 이동은 불가능한 상황이죠. 요양보호사 선생님이 휠체어를 태워서 병원에 가서 재활 치료를 한 시간 반

동안 받으면, 세 시간 중에 한 시간 반 병원을 갔다 오시면 나머지는 오롯이 아버님이 하셔야 되는 상황인 거예요. 화장실 이동도 어려운 상황에서 재활치료사가 집에 와서 해 주시면 어떨까 했는데, 마침 요즘 그런 움직임이 있어서 다행이지만 언제쯤 현장에 적용이 될까 하는 아쉬움이 가장 컸고요. 아무래도 요양보호사 분들도 나이가 있다 보니까 몸무게를 감당하기 힘들어하는 경우도 있는 거예요. 남자 요양보호사가 귀한데, 그렇지 않더라도 힘센 분이 오시면 좋겠어요, 맞춤형으로. 쉽게 이동할 수 있게 돕는 일이니까요.

어머님이 시설에 안 가시면 좋겠어요. 아직 젊으세요. 50년대생이시니까 자기 존엄을 지키면서 생활하시면 좋겠어요. 인지가 뚜렷하시기 때문에 시설을 최대한 안 보내고 싶은데도 현실에서 해 드릴 수 있는 게 더 없다는 생각이 들더라고요. 재활 치료는 주 3회를 다니시지만 석 달에 한 번 대형 병원을 방문해야 돼요. 요양보호사는 하루 세 시간이 다잖아요. 그때는 요양보호사 선생님을 활용할 수 없으니까 자녀들이 나서고는 있는데, 휠체어에 앉아서 네 시간, 다섯 시간을 계속 기다려야 돼요. 병원에서 대기하는 시간이 너무 곤욕인 거예요. 대리 처방이 가능해져서 약만 받을 때는 저희가 가지만, 앉아 계시기 힘드니까 병원에서 좀 누워 있을 수는 없을까요? 주치의가 자택에 와서 진료를 보는 시스템이 갖춰지면 정말 좋겠죠.

돌봄의 시간을 기획할 권리

돌봄 멘토 2 환자들이 거의 다 연세가 많으시니까 비슷한 얘기 자주

하시거든요. 80대 부부가 계신데, 할머님이 경도 인지 장애세요. 저랑 4개월에 한 번쯤 보는데, 할아버님이 살이 쏙 빠져서 오신 거예요. 할머니가 최근에 좀 나빠지시면서 집에서 위험한 일들이 있었더라고요. 할머니한테서 눈을 못 떼서 산책도 안 하시고 하루 종일 붙어 있고, 밥도 대충 드신 거죠. 할아버님은 돌봄 대상이 안 되니까 아무도 못 챙기는 거예요. 병원 대기 문제도 어쩔 수 없는 사정이 있으니까 피 검사 하고 대기하고, 검사 결과 대기하고 이럴 수밖에 없는데, 휠체어에서 한 네 시간 기다리고 들어오시면 정말 죄송하죠. 병원에 쉬면서 대기할 수 있는 공간 하나가 제대로 없다는 게 참 아쉬워요. 집에 가서 봐 드리기도 하는데, 희귀 질환이나 난치 질환은 집에서 할 수 없는 검사가 많아요. 병원에서 그런 환경을 마련하는 고민을 안 한 것 같아요. 피 검사도 한 2시간 이상 대기해야 되거든요. 세팅된 것에 익숙한 거죠. 거동이 불편해서 하루에 몰아서 해야 되는 분들에 대한 고민이 좀 적지 않나 하는 생각이 드네요.

돌봄 시민 1   서비스 시간이 요양 등급에 따라서 딱 세 시간이나 네 시간 정해져 있잖아요. 현장에서 느끼는 세 시간은 너무 짧을 때가 있는데, 이렇게 시간이 결정된 기준이 있을까요?

돌봄 멘토 1   요양보호사 선생님들이 재가 활동에 집중한 시간을 실제 계산해 보니까 세 시간 안에 다 끝났다고 해요. 최근에 집에서 케어할 수 있는 시간이 부족하다는 얘기가 많이 나와서 1등급과 2등급은 월 8회 8시간, 3등급과 4등급은 월 4회 정도로 늘리는 추세고요. 재가 돌봄과 시설 돌봄에서 국가 비용 부담이 차등되는 부분을 일치시키려고 해요. 재가 지원을 많이 확보하자는 사회적 공감대가 형성되고 있지 않나 생각합니다.

돌봄 시민 2   요양보호사가 반찬도 안 하시고 말동무를 주로 하세요. 빨래는 아빠가 돌리고. 나라에서는 네 시간 하라지만, 개인 비용으로 같은 분이 여덟 시간이나 열 시간을 했어요. 결국은 그분도 힘들다고 그만두셨어요. 식사 준비도 없고 배변이랑 간식만 맡으셨거든요. 24시간 돌봄 서비스 제도가 필요하지 않을까 하는 생각도 들었어요.

돌봄 시민 4   일본에서 실시하는 케어 매니저 제도를 한국도 도입하려는 계획이 있다는 뉴스를 보기는 했어요. 실질적으로 집에서 어떻게 해야 되는지, 언제 병원에 가야 되는지, 어느 병원으로 가야 되는지 다 보호자가 결정해야 하잖아요. 인터넷에 있는 환우회 카페에 들어가서 잘못된 정보를 보고 의사를 괴롭히는 경우도 많거든요. 그런데 환자나 가족이 모든 걸 결정해야 되기 때문에 어쩔 수 없거든요.

돌봄 멘토 1   개인별 계획을 작성하고 서비스를 제공할지 말지 결정하는 제도가 우리나라는 현재까지 없어요. 일본도 있고 독일도 있는데. 최근에는 장기요양 기관에서 어르신 상태에 따라서 서비스를 제공할 수 있게 하는 법령이 만들어졌어요. 실행할 지자체 전담 조직이 있고, 건강보험공단에서도 바뀌고 있어요. 어르신 상태에 따라서 적절하게 서비스를 제공할 수 있는 체계가 만들어질 것 같아요. 제도화하려는 거죠. 돌봄통합지원법이 실시되면 컨트롤타워가 지자체는 될 것 같아요.

돌봄 멘토 2   법에 지자체가 전체 돌봄을 책임질 전담 조직을 두라고 돼 있어요. 전담 조직이 케어 매니저 구실을 해야 하는 거죠.

돌봄 시민 2   1차 의료같이 가정의학과는 간호사 방문 시범 사업도 할 수 있잖아요. 재택에서 가장 많이 도와줄 부분 같아요.

재택 돌봄, 시민 돌봄, 공동체 주택

돌봄 시민 3 말기 암 환자가 재가에서 받을 수 있는 지원이 없어요. 그게 가장 고민이에요. 영양제를 먹어야 될지 말아야 될지 알 수가 없고. 다 알아보기는 해도 효과를 알 수 없고, 의사 선생님도 얘기해 주시는 게 없고, 의논할 데가 없어요. 정보를 전해 줄 수 있는 분이 재가에 오시는, 병원에 가지 않아도 괜찮은 제도가 있으면 좋겠어요.

돌봄 멘토 2 말기 암 환자는 모든 정책에서 사각지대 같아요. 아예 연세가 많으면 일부 장기요양에서 감당할 수 있는데 50대 같은 젊은 분들은 해당이 안 되거든요. 병원에서는 급성기 감면 혜택 쪽에 집중돼 있고 지원책 자체가 미비한 게 사실입니다. 그래서 재가 서비스 대상자를 확대하는 쪽으로 가져가면 어떨까 생각은 듭니다.

돌봄 시민 3 말기 암 환자도 정말 다양해서 노인성 질환하고 연결돼야 하잖아요. 예산이 한정적이니까요.

돌봄 멘토 2 65세 이상 노인성 질환에 국한된 장기요양, 장애인, 소아, 이렇게 별도로 나뉘어 있거든요. 분절된 서비스를 더 큰 하나의 돌봄 체계로 통합하는 정책을 제안할 수 있어요.

돌봄 시민 1 집에서 돌봄을 받고 생을 마감할 수 있는 시스템을 갖춰야 해요. 도움 받는 건 요양보호사 세 시간이 다인데 턱없이 부족하기 때문에 그 밖의 다른 도움을 받을 수 있어야 해요. 지역에 자원이 많잖아요. 능력 있는 이웃도 있고요. 제도로 끌어들여서 활용할 수 있는 정책이 있으면 좋겠어요.

돌봄 시민 2 제도권 서비스 자원과 비제도권 서비스 자원을 연계할 체계가 만들어지면 좋겠습니다. 집에서 지내면 투입할 자원이 가족밖에 없으니.

돌봄 멘토 1   재택 돌봄은 수급자 당사자가 결정할 수 있고, 보호자나 가족이나 이해관계자들이 합의하는 과정이 필요해요. 어르신은 가기 싫은데 보호자는 가야 한다면서 충돌할 수 있잖아요. 그럴 때 어떻게 합리적으로 결정할 수 있을까 묻는 말씀일까요?

돌봄 시민 2   만약 집에서 돌봄을 한다고 가정할 때 식사 문제도 해결할 필요가 있어요. 요양보호사들이 짧게 있다 가시니까 거의 식사를 안 하셔서 식사 지원 서비스가 있으면 좋겠어요. 저희 엄마는 당뇨병이 있고 아빠는 심장병에 혈압도 있는데, 이런 걸 묶어서 집에서 생활할 수 있게 통합적으로 다양한 서비스를 하면 좋겠어요. 일본은 여러 가지가 있다더라고요. 누구는 쓰레기 담당, 누구는 음식 담당, 누구는 빨래 담당 같은 서비스가 개발되면 좋겠어요.

돌봄 시민 3   코로나 이후에는 요양원도 들어가지 못하잖아요. 병실도 못 가 보고 면회도 어렵고. 요양원도 공동육아협동조합처럼 만들면 어떨까요. 공동육아협동조합도 터전을 마련하는 게 제일 어렵거든요. 출자금도 그렇고. 가족들이 몇 명 정도 모여서 요양원을 만들고 되는 시간에 돌아가면서 돌봄 시간을 채우고 그러면 부담도 덜고 좀더 알차게 운영할 수 있지 않을까요. 돈을 많이 받으면 가난한 어르신들이랑 격차가 생길 수 있으니까 규격을 딱 정해서 운영하는 거죠. 집과 시설의 중간 정도 되는.

돌봄 시민 4   영양, 운동, 이동. 세 가지가 필수 서비스라고 얘기하셨는데, 원거리에 사는 자식들이 부모님들 생활을 지원해 줄 수 있는지 상담

하거나 물어볼 데도 없어요. 지원이 안 된다고 그러면 수도권으로 불러들여야 하는 거잖아요. 수도권으로 인구가 몰리는 거고. 지역에서 계속 사실 수 있도록 통합된 상담 창구가 있으면 좋겠어요. 지역 소식에 밝은 분들이 알려 주시는 지역 돌봄 서비스. 화장실을 낙상 위험이 없도록 개조하고 싶을 때, 집수리 서비스가 있기는 한데 돌봄 지원 안에 들어 있지는 않아서 상담해 볼 때도 마땅치 않아요. 서울은 업체 부르면 되지만 군 단위로 내려가면 부를 사람이 없어요.

돌봄 멘토 2 결국 공식적인 돌봄 상담 창구가 지역마다 있으면 좋겠네요. 돌봄을 전반적으로 조정하거나 필요한 돌봄 서비스를 구체적으로 설계하는 케어 커뮤니티 서비스.

돌봄 시민 4 나는 누가 돌봐 주나 하는 문제도 중요해요. 당장은 공동 주택에 살자 정도죠. 제 또래들도 어차피 나중에 요양원 가게 되겠지 생각은 하는데, 요양원 가는 삶이 사실 상상이 안 되잖아요. 시설이냐 집이냐 하는 이분법 말고 정책 범위 안에 다양한 선택지를 주는 게 중요해요. 보편적 돌봄이 있는 공동체 주택을 상상하면, 50대나 60대부터 법적으로 땅도 좀 지원해 주고 시설도 지원해 주고 서비스 지원도 가능하다고 하면 해 볼 사람 많거든요. 지금은 세제 혜택도 없고 지원 조건도 까다롭잖아요. 나중에 국가가 책임져 달라고 안 할 테니까 장기적 안목에서 지원해 주면 좋겠어요. 그렇게 모여 살면서 새로운 대안이 나올 수도 있으니까요.

돌봄 멘토 1 우리 세대가 시설을 바라보는 시각은 병원식 모델이에요. 사실은 생활실이어야 되거든요. 공동생활을 해야 하는 문제가 있는데, 프라이버시를 지켜 줄 공간이 필요해요. 시장화가 문제니까 경제적으로 부담되지 않아야 하고, 요양과 주거를 연결할 수 있는 제도적 완충 요건도 갖춰야 해요.. 공동 돌봄과 지원 체계. 자격이 아니라 필요에 따른 돌봄을 제공하는 거죠.

돌봄 멘토 2 지금은 민간에서 하기가 어렵잖아요. 돌봄 지원 주택을 개설하고 운영할 때 세제 혜택을 부여하고 민간이나 개인이 공동 출자해 진행할 수 있도록 지원한다는 정도면 어떨까요?

돌봄 멘토 1 지역에서 거주하는 게 목적이면 집에서 모실 수 있는 하는 제도, 공동 육아 같은 형태, 지원 주택 커뮤니티 등이 가능하겠습니다. 통합적인 지원 센터가 있고 규모가 큰 지원 주택이 있으면 공동생활이 가능한 지역 사회를 만들 수 있을 것 같은데요.

돌봄 시민 4 가장 빈 데가 중산층 대상 지원이거든요. 취약 계층은 나름 지원도 많고 돈으로 뭔가 해결할 수 있는데, 중산층은 지원에서 완전히 빠져 있어요. 연령을 봐도 청년 돌봄이 있지만, 사실 돌봄은 대부분 중년이 하거든요. 내 미래도 걱정인데, 중년 돌봄자는 아예 말도 없어요. 당연한 거니까. 그냥 시민 돌봄이라고 해도 될 것 같은데 말이에요. 부모도 돌보고 아이도 돌보는 이중 돌봄이잖아요. 구분을 없애자는 생각도 해 봤어요.

8장

"동료 지원이
많이 필요해요"

정신 질환, 정신 장애 돌봄

적지 않은 시간 동안 보건 의료 정책 분야에 몸담아 오면서 내가 배우고 고민하고 개발한 정책이 실제로 어떻게 가닿을 수 있을까 궁금했는데, 돌봄 시민들 이야기를 직접 들으면서 조금은 깨달은 귀한 시간이었습니다. 앞으로도 돌봄 시민의 생생한 목소리를 들을 수 있도록 이런 행사가 자주 마련되면 좋겠습니다.

— 지남주 서울시 공공보건의료지원단 연구원

돌봄 시민 1   21년째 조울증으로 투병 중인 당사자입니다. 돌봄이 총체적 난관이라고 생각했지만, 시민들의 지혜를 모으면 대안이 나올 것이라고 기대합니다. 제 돌봄 사례를 말씀드리겠습니다. 2남 1녀의 막내이고 두 오빠는 분가해서 엄마랑 둘이 살았습니다. 2016년 3월 엄마는 폐암 3기 진단을 받으셨고, 큰오빠는 같은 해 급성 심부전으로 돌아가셨습니다. 충격을 받은데다 연로하시고 돈이 없던 엄마는 수술을 안 하시고 집에 계시면서 항암 치료만 받으셨습니다. 저는 직업상담사 자격증을 취득해 경기도에 있는 한 주민센터에서 근무했습니다. 감정 노동자인 저는 직장에서 받는 스트레스와 감정 기복이 심한 엄마를 감당해야 했습니다. 작은오빠는 격주 교대로 일해서 시간이 되는 대로 들렀습니다. 정신건강복지센터 사회복지사가 직장에 오셔서 제 고충을 들어 주셔서 도움이 됐습니다. 2년 4개월 투병하신 엄마는 말기 암 환자가 돼 호스피스에 모셨습니다. 일반 병원에도 며칠간 입원하셨습니다. 호스피스에는 상주 보호자 1인이 있어야 합니다. 호스피스에서 일하는 직원인 요양보호사가 퇴근한 뒤가 문제입니다. 조울증을 앓는 저는 잠을 못 자면 병이 악화됩니다. 그리고 요양보호사나 간병인 교육을 받은 적이 없어서 기저귀 케어가 어렵습니다. 2022년 기준 65세 이상 암 발병자는 전체 암 발병자의 약 50.3퍼센트입니다.

저한테는 이런 돌봄이 필요했습니다. 첫째, 정신 장애인의 특성에 맞는 맞춤 야간 요양보호사나 간병인이 필요합니다. 둘째, 엄마를 모시고 병원에 다니려면 절차도 복잡하고 서류가 많고 대기 시간이 길어 정신 장애인인 저는 힘겨웠습니다. 정신 장애인만의 문제는 아닙니다. 그래도 정신 장애인 보호자를 위한 맞춤 돌봄 제도가 필요합니다. 대안으로는 장애인 활동지원사를 들 수 있습니다. 현재 제도에서 정신 장애인은 등록돼 있어도 신체 사용에 어려움이 크지 않다고 판단하면 활동지원사를 매칭하기 어렵습니다. 정신 장애인은 오랜 투병과 입원, 약물 부작용 때문에 인지력이 떨어지고 판단이 어렵고 행동이 느린 문제가 있습니다. 활동지원사 제도가 신체적 어려움에 국한돼 실시되지 않기를 바랍니다. 셋째, 암 환자 가족을 둔 정신 장애인을 위한 집중적인 심리 치료와 정서적 안정을 위한 전화 상담이 필요합니다. 현재는 암 환자가 돌아가신 뒤에도 유가족은 호스피스에 가서 심리 치료나 상담을 받아야 합니다. 그때 저는 김포에 살고 호스피스는 파주였습니다. 호스피스에서 어머니가 돌아가신 뒤 두 번 전화가 왔습니다. 지금 서울에 있는 정신건강복지센터도 한 달에 한 번 당사자가 가서 1시간 상담을 받는 방식이 서비스 체계입니다. 안부 전화나 가정 방문 서비스가 어렵습니까? 지금은 문자나 카톡으로 서비스를 다 할 수 있습니다.

정신 장애인뿐 아니라 1인 가구가 추세인 지금 하루에 한 번도 전화가 오지 않아 대화 없이 사는 분들도 계십니다. 사람이 그리운 정신 장애인을 위해 세심한 돌봄이 있기를 바랍니다. 인력 부족이라는데, 대안으로 '정신장애인 동료지원가' 제도가 있습니다. 정신장애인 동료지원가 양성 관련 법안이 통과됐고, 2026년부터 시행될 예정입니다. 동료지원가는 정신 장애인 동료 지원이나 은행 동행, 장보기 동행이나 산책 등을 도와줄 수 있습니다. 저는 21년 동안 투병하고 있는데도 미등록 정신 질환자입니다. 미등록 정신 질환자도 이용할 수 있는 동료지원가가 확충된다면 제가 말씀드린 둘째 대안과 셋째 대안이 실현될 수 있을 겁니다. 암 환자나 고령 보호자를 돌봐야 하는 정신 장애인과 정신 질환자에게 큰 힘이 될 겁니다. 서로 돌볼 수 있는 사회가 되기를 희망해 봅니다.

돌봄 시민 2   지원받는 데 한계가 있더라고요. 조현병인 어머니를 돌보고 있는데, 병식이 아예 없는 상태세요. 병원에서는 정상적인 사람인데 아픈 사람이라고 하느냐고 되물어요. 외출할 때면 혼잣말을 많이 하시거든요. 다른 데 보고 욕도 하시니까 불안하더라고요. 괜히 누가 시비를 걸면 어떡하지, 폭행하면 어떡하지. 안 좋은 기사도 많이 올라오고 그래서 부정적 인식이 개선되면 좋겠다고 생각해요. 그리고 환자가 병식을 인식하는 단계가 너무 어렵더라고요. 이런 사례를 모은 사례집을 국가나 복지 단체에서 만들면 저도 어머니가 병식을 인식할 수 있게 노력해 볼 수 있을 것 같습니다.

경직된 제도, 부적응의 굴레

돌봄 시민 3   어느 질병이든 시간과 돈이 케어하고 치료하는 데 영향을 많이 미쳐요. 우리는 아프면 병원에 바로 가든지 즉각 조치 하는 데 익숙한데, 특히 정신 질환은 참을 때까지 참는 게 강한 듯해요. 청년은 취업 준비라든지 스트레스가 많은데 정신 질환에 시간과 돈을 투입할 여력이 없는 상태죠. 취업한 친구들도 힘든 것 같고, 20대 여성을 기준으로 볼 때 제 주변만 해도 열에 서너 명은 정신과를 다니거든요. 특이한 점은 제 또래 애들은 정신과 가는 걸 나쁘다고 생각 안 해요. 그렇지만 일회성으로 그치는 경우가 많고 주기적으로 질병 케어하듯이 다니지는 않는 것 같아요. 정신 질환을 가진 분을 케어하는 가족들이 상당히 힘들잖아요. 가족에게 심리적인 부분이 많이 전이되는 것 같아요.

저는 아빠가 암에 걸리셔서 돌봄 경험이 있는데 다행히 완치되셨어요. 아빠가 암 치료를 받으시고 엄마가 전적으로 돌봄에 들어가고, 제가 장녀이기 때문에 가계를 갑자기 맡게 된 거예요. 스물세 살이었거든요. 저도 대학을 다니고 동생은 대학에 입학해야 되는 시기라서 돈이 많이 필요한데, 고민을 하게 됐죠. 다행히 아버지가 회복되고 일에 복귀하셔서 가정이 완전히 망가지지 않았는데, 만약 안 좋았다면 제가 계속 가장 구실을 해야 됐겠죠. 아이러니하게도 그 시기를 버틸 수 있던 요인 중 하나가 보편적이라고 여기는 선택을 하지 않은 거거든요. 일반 대학을 안 다니고 방통대를 다녔어요. 보편적인 선택이 아니라서 불안했지만, 학비가 저렴하고, 학자금 대출이 없고, 풀타임 아르바이트를 해 돈을 벌 수 있는 상황이어서 저희 가정이 무너지지 않았다고 생각해요. 그러면서 사람마다 다 다양한 상황이 있는데 보편적인 선택을 강요하는 게 한 사람을 얼마나 취약하게 만드는지 다시 한 번 깨달았어요.

지역에 큰 병원이 없는 게 굉장히 문제라는 생각도 되게 많이 했거든요. 경상북도 영주에 부모님이 계셨는데, 큰 병원이 없기 때문에 암 치료를 받으려면 다른 지역으로 가야 해요. 강원도 원주가 그나마 가까운데 갈 때마다 운전할 수 없어서 기차를 탔거든요. 이동 문제가 되게 힘들었고, 아빠는 한 번 입원하면 한 달이든 두 달이든 병실 침대에 누워 있고 엄마는 간이침대에서 지내면서 씻을 곳도 마땅치 않았어요. 아빠를 케어하느라 엄마 건강도 많이 나빠졌고, 아빠가 아프시니까 엄마는 힘들다는 얘기도 할 수 없었어요. 가족 돌봄자 지원도 필요하다는 걸 많이 느꼈어요.

돌봄 시민 4   요양센터를 운영하고 있어요. 65세가 넘어서 장기요양으로 등급을 받으시면 저희가 요양보호사를 보내서 돌봄을 해요. 하루에 딱 세 시간만 저희가 돌볼 수 있지만, 그 세 시간 동안 거의 하루를 다 책임져 준다고 생각하셔야 돼요. 한 부부가 있는데, 남편은 치매 등급을 받았고 아내는 정신 질환자예요. 신체는 두 분 다 정말 건강하세요. 아내 분은 식사를 하거나 화장실을 이용하는 일상생활이 다 안 되는데 65세가 안 돼서 혜택을 못 받았어요. 남편이 하루 종일 굶어도 밥을 줄 줄을 모르세요. 나이가 차지 않으면 장기요양도 안 되고 장애인 활동보조인도 오지 못해요. 완전히 사각지대가 돼서 결국 가족들이 개인적으로 돈을 많이 지불해야 돼요. 한 1년 기다리다가 65세가 돼서 신청하니까 신체적 문제 없고 응답하는 데 문제 없다고 등급을 안 주더라고요. 또 기다렸어요. 한 6개월 기다리다가 요청했죠. 생활하는 거 봐라, 화장실 가서 양치하는 것도 전혀 안 된다고요. 변기 물을 뜨기도 하고. 결국은 등급을 받아서 지금 케어하고 있어요. 가장 의뢰가 많이 들어오는 건 암 환자인데, 부모님도 노부부예요. 자녀들은 직장 생활을 해야 하고 부모님도 케어를 할 수 없어요. 암 환자는 일정 시기만 해 주면 돌봄이 쉬워지는데 장기요양에서는 또 받아들여지지 않아요. 결국 개인적으로 돈을 내는데 비용이 너무 크니까 잘 안 하게 돼요.

　　　　　　　　돈이 있는 자들은 돌봄을 충분히 받아요. 경제적으로 형편이 안 되는 사람들은 돌봄도 못 받고 온 가족이 무너지는 거예요. 양극화가 정말 심하더라고요. 제가 생각할 때 기초수급자는 중복적으로 많은 혜택을 봐요. 장기요양 혜택도 보고, 구청에서도 보고, 다른 단체에서도 보고 그러는데, 그런 사람들은 지원을 받아도 별로 고마워하지 않아요. 그런데도 지원하는 이유는 지역사회보장협의체에 들어가서 선정하는 과정을 보면 관리하고 사업하고 내세우기 좋아서 그래요. 정말 받아야 하는 사람들은 전혀 못 받는 거예요. 장기요양 기관이 되게 많고 요양보호사는 전문가거든요. 보건복지부나 건강보험공단이나 저희 같은 민간을 등에 업고 여태껏 요양 서비스 산업이 이렇게 컸잖아요. 그런 대기업 자본이 들어와서 저희를 몰아내는 중이에요. 프랜차이즈 편의점하고 똑같아요. 지역 기반 돌봄, 사각지대 돌봄을 국가의 자본과 개인의 자본을 섞어서 해 주면 참 좋을 텐데, 안타깝습니다.

돌봄 시민 5 저는 당사자이면서 동료지원인으로 일하고 있거든요. 우리나라에 200명도 안 되지 싶습니다. 동료지원인이라는 직업 자체가 운이 좋다고 생각해요. 질환과 장애가 혼용돼서 쓰이고 있어요. 법적으로는 장애랑 질환이 구분돼요. 장애인으로 등록되지 않으면 혜택을 받을 수 없다는 점에서 제도의 경직성을 얘기하고 싶습니다. 병식이 없는 사람은 진단을 안 받은 상태니까 지원을 못 받고, 우울증이나 에이디에이치디, 불안 장애는 법적으로 아예 지원받을 수가 없어요. 아무리 정도가 심해도요. 그리고 결국 회복을 하려면 사회에 나와서 일을 해야 하고 독립적으로 주거를 유지해야 하는데, 이런 게 너무 힘든 상황이잖아요. 정신 질환이나 정신 장애 있는 분들이 일자리와 주거 문제를 어떻게 해결할 수 있을까 얘기하고 싶습니다. 저는 우울증이랑 불안 장애를 앓은 지 5년 정도 됐어요. 동시에 동료지원인으로 일하고 있기도 합니다.

돌봄 시민 6 개인적인 이야기를 이렇게 많은 분께 얘기하는 게 처음이라서 두서가 없을 것 같아요. 열한 살 어린 동생이 중증 우울증이어서 제가 스물아홉에 퇴사를 하고 한 3년 정도 같이 있었어요. 오늘도 올 수 있을까 했는데, 다행히 동생 상태가 괜찮아서 왔어요. 지금은 제가 일을 하지만, 그전에는 24시간 거의 같이 있다 보니까 정책으로 제안하고 싶은 것들이 많아서 여기에 오게 됐습니다. 가장 크게 느끼는 게 무너지지 않게 받쳐 주는 안전 시스템이에요. 젊은 우울증 환자는 학업이든 일자리든 주거든 생애 주기상 필요한 과제들을 해결하지 못할 때 오는 절망감이나 우울감도 커요. 예를 들면 제 동생은 18살부터 증상이 심해져서 학업을 유지할 수가 없어서 검정고시를 봤죠. 대학을 가야 되는데 개강하는 딱 첫날에 갈 수가 없는 거예요. 이미 너무 많은 사람이 있는 상황에서. 그래서 바로 자퇴하고 방통대를 갔어요. 그것도 쉽지가 않아서 학적만 유지하다가 자퇴하고 올해 또다시 대학을 갔어요. 스물세 살에 신입생인 거죠. 회복됐다고 판단했는데, 쉽지가 않은 거예요. 아르바이트도 학업도 사회에서 요구하는 책임을 다하기가 굉장히 힘든데, 이걸 4분의 1 정도 줄여서 출근을 주 1회나 2회만 하거나 너무 힘들 때는 안 와도 되게 해 주거나 그러면 좋겠어요. 학업도 병결로 인정되거나 하면 10년이 걸려도 할 텐데, 계속 거절당하니까 '나는 사회 부적응자야' 하면서 불안을 겪는 모습을 지켜보고 있습니다.

돌봄 시민 7 저도 비슷하게 엄마가 뇌종양이셨어요. 2년 정도 보호자로 돌봄을 했죠. 인류학을 전공했는데, 서른 살 좀 넘은 때 어머니가 편찮으셨거든요. 어머니 돌아가시고 너무 힘든 거예요. 아픈 사람 한 명 있으면 가족이 망해야 되나 봐, 망해야지 도와주나 봐, 이건 좀 뭔가 불합리한데, 이렇게 생각해서 전공을 사회복지로 바꿔서 박사 논문을 쓰고 있어요. 여러분들 말씀이 다 공감돼요.

돌봄 시민 4 저는 이렇게 젊은 분들이 우울증을 갖고 계셔서 많이 놀랐어요. 저희 요양보호사 선생님 중에 우울증이 심한 따님을 둔 분이 있어요. 따님이 직장 생활을 하다가 멈추다가 하는데, 너무 심해지면 아무 일도 안 하고 24시간 먹기만 해서 다른 일을 할 수가 없대요. 병원에 가서 치료받고 같이 이야기하고 같이 밥 먹는 데 온 시간을 써서 엄마가 아무것도 못 하는데, 나중에는 이 청년이 65세가 되지 않으면 지원해 줄 수가 없잖아요. 눈에 보이는 돌봄 정책만 하려고 하지 않으면 좋겠다는 생각이 들었어요.

돌봄 시민 7 저도 가족 경험이 있고 돌봄 가족으로 산 적이 있지만, 사실은 경험한 것만 알지 전체적 맥락은 찾아야 하잖아요. 한도 끝도 없이 찾아야 하는데, 부족할 때가 또 많아요. 그 요양보호사 선생님이 느끼는 거랑 접점이 어느 정도 있는 것 같아요.

돌봄 시민 4 맞아요. 저희가 찾아보다가 이것도 안 돼 저것도 안 돼 이러는데, 나중에 가족들도 돌보다가 지치면 관두게 돼요. 경제적으로 여유 있는 사람들은 그렇지 않아요. 사람들이 뇌졸중이 온다든지 암 환자가 된다든지 이러면 하루 세 시간이라도 도움받고 싶잖아요. 그런데 나라에서는 이것밖에 안 된다고 그러고, 지금은 문턱이 더 높아졌어요. 초고령화 사회가 되다 보니까, 저희가 느낄 정도로 너무 많아지니까 옛날같으면 당연히 등급 줘서 우리가 서비스를 갈 수 있는 정도지만 지금은 그냥 가족들이 돌봐야 해요.

먼저 경험한 사람, 동료지원인

돌봄 시민 5 동료지원인은 요약하면 정신 질환을 먼저 경험한 사람이

할 수 있는 직업이에요. 보건복지부에서 일정한 교육을 받으면 내가 정신 질환을 회복한 과정을 기반으로 동료로서 서비스를 제공하는 겁니다. 동료 지원 상담을 진행하거나, 동행을 하거나, 그 밖의 다양한 서비스를 제공하는 게 동료 지원 서비스라고 보시면 됩니다. 2026년에 법 안으로 들어오게 되거든요. 지역에도 동료 지원 쉼터라는 게 생기고 있고요. 거기에서 일하는 사람들이 다 정신 질환을 경험한 동료지원인이라고 생각하시면 됩니다.

정신 질환을 가지고 있으면서 평범한 직장을 다녔죠. 좀 심한 때가 오면서 퇴사를 해야겠다고 생각했고, 공황이 오니까 출근을 못 하겠더라고요. 인천에서 강남으로 출퇴근을 했는데, 9호선에서 막 땀이 나고 죽을 것 같아서 두 시간씩 회사를 일찍 갔어요. 그래도 내리면 온몸이 땀으로 젖어 있는 거죠. 아무것도 못하겠는 거예요. 딱 일만 하고 일상이 끝인 거죠. 집에서 폭력적인 일들이 있어서 벗어날 수가 없는 거예요. 돈을 못 버니까 주거를 유지할 수 있는 방법이 없잖아요. 그래서 방법이 없다고 생각했어요. 이 모순을 해결할 수 있는 방법이 없다고 생각하던 찰나에 동료 지원인이라는 제도를 알게 된 거죠. 교육이 진행되는 걸 알고 일단 받았어요. 일자리는 없지만 교육을 받았는데, 또 우연히 동료 지원 쉼터를 보건복지부에서 공모한 거죠. 제가 자조 모임이나 프로그램을 진행하는 당사자 단체를 조그맣게 하고 있었어요. 제안서를 내고 공모에 선정돼서 활동을 시작하게 됐어요. 정신 질환을 경험한다는 것이 사실 없어진 시간을 의미하거든요. 청년이든 중장년이든 해야 할 과업을 하지 못하게 되는데, 사회적 쓸모를 만들고 경제적 성과로 이어지면 좋겠다는 생각을 한 계기가 동료지원인이었습니다.

돌봄 시민 6   집에 동생을 혼자 두면 안 된다고 생각해서 3교대로 부모님하고 움직이는데, 아버지는 암 환자이시니까 응급실이나 병원에 길게 입원해야 할 때는 제가 투입돼야 했어요. 동생을 사랑하는 마음에 제가 퇴사를 하고 모아 둔 돈으로 지내다가 중간중간 아르바이트를 했어요. 동료지원인은 주 5일 근무하나요?

돌봄 시민 5   근무 시간이 정해져 있지는 않아요. 쉼터에서 일하는 분도 있고 지원 주택 같은 데서 일하는 분도 있는데, 상황에 맞춰서 채용하니까 시간은 다 달라요. 만약 내가 오늘 조금 증상이 있거나 컨디션이 안 좋으면 그냥 이번 주에 어느 정도 근무를 하겠다는 식으로 조율하는 경우도 있다고 알고 있어요.

돌봄 시민 6   상식이 되면 좋겠다고 생각하던 제도네요.

돌봄 시민 1   동생 분을 저희 용어로 급성기라고 하는데, 응급 상황이 와서 입원하게 되면 트라우마가 많이 생기거든요. 동료 지원 쉼터에서 최대 2주까지 있다가 회복한 다음에 안정을 취하고 집으로 귀가하는 경우가 있거든요. 꼭 입원이 최선은 아니라는 거죠.

돌봄 시민 6   선택지가 너무 없더라고요. 약물 과다 복용, 자해, 이런 게 젊은 20대에 많잖아요. 집이랑 분리돼야 하는데 안전히 있을 공간이 없어서 입원하는 경우도 많아서 아쉬웠어요. 중간 지점이 있으면 좋겠다고 생각했는데, 쉼터가 그럴 수 있을 거 같아요.

돌봄 시민 1   홍보가 많이 안 돼 있는데, 서울에 한국정신장애인자립생활센터가 있고, 송파정신장애동료지원센터, 마포정신장애인자립센터가 있어요. 쉼터는 송파구에도 있고 관악구에도 있어요.

돌봄 시민 5   관악이랑 송파는 비용이 없어요. 동료지원인들이 거의

24시간 대기하고 있거든요.

돌봄 시민 7 다행이네요. 먼저 경험한 사람으로서 힘들어하는 친구들을 상담해 주고 동반자를 해 주면 효과가 좋던가요?

돌봄 시민 5 초반에 장벽이 많이 낮아요. 전문가나 복지센터 가서 내 이야기를 하는 데 조금 시간이 걸리잖아요. 여기서는 그냥 '저도 우울증을 경험하고 있습니다'라고 하면 그 많은 설명을 넘어갈 수 있어요. 바로 이야기할 수 있으니까 그런 점에서 편합니다.

돌봄 시민 7 교육은 얼마 정도 받아요.

돌봄 시민 5 지금은 100시간으로 돼 있어요.

돌봄 시민 1 보수 교육도 받아야 돼요. 이 교육은 정신 장애 정신 질환자 당사자만 받을 수 있어요.

돌봄 시민 7 그렇죠. 당사자 지원이니까, 맞습니다. 제가 영케어러 관련 논문을 쓰는데, 정신 질환자인 가족을 돌보는 사례가 생각보다 비율이 높아요. 25명을 인터뷰하는데 반 이상이에요. 이렇게 많은 환자가 있고 이렇게 많은 가족이 있는데 그냥 놔둔 상태더라고요. 40대인 저보다 어린 친구들인데, 너무 가슴이 아파요.

돌봄 시민 1 내년에 정신 장애인 동료 지원이 시행되는데, 200명 정도밖에 되지 않고 홍보도 안 돼 있어요. 시행 규칙을 국가인권위원회랑 저희 센터장님들이 만드는 걸로 알아요. 동료 지원이 더 확충될 수 있으면 좋겠어요. 저도 동료지원가 양성 교육을 받았는데, 충청북도광역정신건강복지센터에서 80시간 받았거든요. 서울은 100시간이어서 교육을 20시간 더 받아야 해요.

돌봄 시민 5 표준 교육이 있어요. 100시간이고 80퍼센트 이상을 이수

해야 하는데, 권고 수준인 규정일 뿐이에요. 내년에 시행 규칙을 만들면 명확해지겠죠. 정신 장애인 동료 지원 사업이 전국에 7개밖에 없거든요. 쉼터가 7개인데 대부분 서울과 경기에 있고, 부산에 하나 있고, 광주에 올해 하나 생겼거든요. 내년이 된다고 확 늘어날 것 같지는 않고, 시간이 좀 걸리기는 할 것 같습니다.

돌봄 시민 1　　부모님 돌아가시고 가족이 없거든요. 동료 지원이 많이 필요해요. 소울메이트처럼 공원도 같이 가고, 연극이나 영화도 보고, 밥 먹고, 차 마실 수 있는 동료 지원이 필요해요.

돌봄 시민 5　　노동 시간을 다양화해야 한다고 생각해요. 주 5일에 40시간 노동이 아니면 선택지가 너무 없어서 취업을 포기해야 되는 상황인데, 배제되는 사람이 너무 많겠다 싶어요. 구체적인 제안이 떠오르지 않아서 고민하고 있었어요. 동료 지원을 하는 정신 질환자도 자기한테 맞는 노동 시간을 선택할 수 있고 서비스가 필요한 사람도 그렇고요. 유연하게 노동 시간이나 급여나 가치를 만들 수 있을 것 같습니다. 지금 일자리가 없고 경제 성장이 멈춘 상태라고 생각하는데, 이 상황에서 특정 집단만 뭐 해 달라고 하면 사회적 논의를 끌어내기 힘들어요. 모든 사람이 효과를 얻을 수 있는 방식이어야 더 빠르게 변화할 수 있을 것 같아요.

일, 학업, 사람

돌봄 시민 6　　세 가지 정도 가장 시급한 욕구가 생각났습니다. 첫째, 일자리, 둘째, 학업, 셋째, 어디든 동행해 줄 수 있는 사회적 관계나 친구. 정신 질환자든 누구든 시민이라면 국가에서 혜택을 받아야 되는데, 내

일배움카드도 세 번 탈락하면 참여하지 못해요. 정신 질환자나 정신 장애인은 탈락 없는 재참여가 허용되면 좋겠어요. 500만 원 지원해 주는데, 틈을 만들어 주는 거죠. 학업도 방송통신대학교에서 틈을 만든다면 좀더 쉽게 사회에 돌아오게 할 수 있어요. 동료 지원 사업도 일자리에 해당될 수 있을 것 같아요. 제가 노인복지관에서 일하고 있는데, 노인 일자리 사업 중에 어르신들이 어르신을 돌보는 '노노 케어'라는 게 있거든요. 정신 질환자도 서로 돌봄의 대상자이자 제공자가 될 수 있는 제도를 마련하는 게 맞고, 거기에서 경제적 이익이 창출될 수도 있죠.

돌봄 시민 2 어머니를 데리고 병원에 가려 해도 제가 어머니한테 맞을 수도 있어서 혼자 데리고 가지 못해요. 힘으로 지기 때문에 의사가 방문 진료를 하거나 비대면으로 환자 상태가 심각하다고 판단될 때 약물을 처방해 주면 좋겠어요. 어머니가 위생적으로 약간 불결하고 씻는 것도 완전 거부하시거든요. 일단은 평일에는 회사에 있어야 되고 주말에는 어머니를 돌보지만, 개인적 업무도 있어서 계속 연차를 낼 수 없는 상황이다 보니까 병원에 직접 가지 않아도 병식을 받을 수 있는 인프라가 있으면 좋겠어요. 어머니는 제가 병원 가는 것도 엄청 싫어하세요. 건강 검진을 왜 받냐고, 나쁜 사람들이라고. 발만 동동 구르고 있는 거죠. 어머니는 점점 아프고 치아도 안 좋으시거든요. 다 안 간다고 하시니까 겁이 나기는 해요. 의사가 간 뒤에 저한테 오는 후폭풍이 있잖아요. 학대하거나……. 옛날에도 맞았거든요. 어머니가 56세인데, 완전히 거부하세요. 저랑만 소통하시고, 강제 입원까지는 마음이 안 내키는 거죠.

돌봄 시민 7 제가 인터뷰하면서 만난 분 중에 보면 차라리 조울증은 스스로 아시더라고요. 병식이 막 없지는 않더라고요. 그런데 조현병은 병식 없는 분이 너무 많아서 나라에 등록이 돼야 뭔가가 나오잖아요. 정신 장애 등급을 받는 것까지가 거의 전쟁이에요.

돌봄 시민 2   과정이 너무 힘드니까 제가 포기해 버리는 것도 있어요.

돌봄 시민 7   이야기가 다 비슷비슷한 게, 돌봄 아니면 회사처럼 양자택일이에요. 사실 비슷한 얘기 같기는 해요. 그러니까 두 가지를 양립할 수 있게 하는 뭔가가 필요한 상황이거든요.

돌봄 시민 6   병식을 거부하는 경우가 많대요. 병식이 없더라도 건강권을 지켜야 하잖아요. 약을 드셔야 하고 치과 치료도 받아야죠. 형이 조현병 환자라 공부해서 학자가 된 어떤 분이 병식은 없어도 본인이 굉장히 불편하던 부분을 통해서 결국에 약을 드실 수 있게 했다더라고요.

돌봄 시민 2   말을 안 하시고 약도 자기 먹고 싶은 약만 찾아서 제가 사다 드려도 안 드세요. 어떻게 해야 할지 모르겠어요.

돌봄 시민 5   외래 치료 명령 제도가 있거든요. 치료가 필요하니까 병원에 가서 외래 진료를 받으라고 지자체장이 명령할 수 있어요. 비율이 0.01퍼센트인가 그래요. 사실 제도가 없는 게 아니라 의지가 없다고 판단하는데, 절차적 문제가 좀 어렵기는 해요.

돌봄 시민 4   치료가 필요한 분들이 지원을 못 받은 적이 있어요. 시가 센터에 예산을 주고 의사는 치료가 꼭 필요하다고 시장에게 얘기하죠. 그러면 시장이 조례에 따라 그 돈을 마련해서 치료하는 건데, 동의도 동의지만 조건이 까다로워요. 누구를 때리는 수준이 아니라 칼을 들고 생명을 위협하는 정도가 돼야 하는 거죠. 몇몇 지자체는 여러모로 그런 역량이 안 되기도 하고요. 실질적인 도움을 줘야 하거든요. 정신건강복지센터 쪽이랑 이야기해 보면, 당장 도움이 될 만한 지원이나 서비스를 바라고 오셔도 현재 제도에서는 상담 정도만 해줄 수 있대요. 치료 명령제는 앞으로 많이 개선돼야 해요.

　　　　　　　　노인장기요양에 재택 의료 서비스는 있어요. 요즘은 보건복지부에서 병원이나 시설보다는 재가에서 전부 다 해결하기를 바라는 거예요. 그래야 사회적 비용이 많이 줄어들거든요. 그런데 대상자가 한정돼서 어르신도 모두 받을 수는 없고요. 중증도가 높아야 한다는 건데, 그래도 저희가 의뢰를 해요. 그전부터 사설로 운영하는 데가 있어요. 정말 진료를 하면 좋겠는데 절대 집 밖을 나오지 않는 치매 환자들이 우리도 많아요. 골절되거나 찢어진 경우에도 병원에 안 가셔서 재택 의료 서비스를 신청하거든요. 등급이 없으면 100퍼센트 보호자 부담이에요. 왕진비가 세요. 그렇게 운영하는 데가 많지도 않아요. 재택 의료 서비스는 확대돼야 해요. 지금도 진료과가 한정돼 있어요. 정신 질환 쪽은 없죠. 진료과도 다양해지고 대상자도 넓어지면 좋겠어요. 보편적 서비스로 가면 좋겠어요.

돌봄 시민 7　　어설프게 집이 하나 있으면 안 돼, 아무것도 안 돼요. 진짜 아무것도.

돌봄 시민 3　　분명 도움이 필요한데 사례가 없어서 도움을 받지 못한다는 게 문제예요. 그럴 때 신청받아서 전문가랑 함께 진단하고 판단하면 예산 범위 안에서 직권으로 도움을 주는 거죠. 한 사례가 발굴되면 제도화될 수 있지 않을까 싶어요.

돌봄 시민 4　　절대 기관에서 사례 발굴을 안 해요. 계속 같은 사람한테만 혜택이 돌아가고, 발굴 업무를 민간한테 넘기면 되지만 사업이 넘어가는 건 싫은 거죠.

돌봄 시민 3　다치거나 암이 있거나 장애가 있다면 확실히 진단이 가능하잖아요. 정신 질환은 알아내기 힘드니까, 정신적 문제 때문에 산재를 신청하면 잘 안 받아들여지거든요.

돌봄 시민 7　돌봄이 스펙트럼이 너무 넓어요. 직접 돌봄은 안 하는데 돈은 내가 버는 것도 돌봄이잖아요. 따로 살지만 생활을 관리하는 것도 돌봄이잖아요.

돌봄 시민 4　지역사회보장협의체에서도 매년 사업을 선정하는데, 정신 질환은 한 번도 나온 적이 없어요. 청년을 위한 뭔가를 해 보자는 이야기는 해요. 결국 시간에 쫓기고 예산도 들여야 되니까 다시 예전 지원 대상에 줘요. 공무원들은 절대 안 바뀌시더라고요. 재택 의료 서비스도 대상자가 딱 정해져 있잖아요. 우리나라 사람은 화는 많은데 풀지를 못하니까 쌓여요. 10명 중 3명, 젊은 사람들이 이렇게 힘들어하는 줄은 몰랐어요. 사회가 너무 병들었어요. 장기요양도 우리는 엄청 싸요. 세 시간이 8200원. 일본은 본인 부담률이 15퍼센트인데 고령자가 많아서 재정이 없잖아요. 그래서 본인 부담금을 50퍼센트까지 올렸어요. 대상자도 더 확대하고. 본인 부담률을 높이되 대상자를 확대할 필요는 있지 않을까 생각해요.

돌봄 시민 7　집에 환자가 있으면 가족들도 정신 질환에 빠지겠더라고요. 절대적으로 사회적 지지가 필요하기는 한 것 같아요. 지금까지 나온 얘기를 정리하면, 정신 장애인 동료 사업 확충, 노동 시간 다양화, 정신 질환자 사회 복귀 지원, 정신 질환 병식이 없는 환자 대상 방문 진료 지원, 재택 의료 서비스 확대, 융통성 있는 전문가 직권 행사를 통한 사각지대 축소입니다. 정신 질환자가 일이나 노동이나 학업에 지속적으로 재

참여할 수 있게 지원해야 하고, 좀더 융통성 있는 제도가 필요하다는 지적도 빠트릴 수 없습니다.

돌봄 멘토 1 먼저 관련된 정보를 어디서 얻으시나요? 젊은 분들은 요즘 인터넷 잘하시잖아요. 다음으로 가족이나 친구를 빼면 어디에서 어떻게 사회적 지지 체계를 얻고 계시나요? 아예 없을까요? 정신 질환자 사회 참여 사업을 지자체에서 다 하고 있어요. 정신 질환자 재취업을 지원하는 센터도 서울에 열 몇 개 있고 돈도 엄청 들어가요. 진행하다 보면 진짜 필요한 사람에게는 지원이 잘 못 가는 거예요. 영국 같은 나라는 그런 정보를 모아 놓은 사이트가 있거든요. 상황에 따라 받을 수 있는 지원을 쭉 찾을 수 있어요. 나이, 현재 상황, 희망 직업 등을 맞춤형으로 적어요. 관련 정책과 담당 부서까지 나와 있거든요. 우리도 '복지로' 같은 사이트가 있어요.

돌봄 시민 4 챗지피티처럼 나한테 맞는 정책을 알려 달라고 하면 이런 게 있다면서 쫙 올라와요?

돌봄 시민 6 전화로 확인만 하면 돼요. 그런데 좀 업데이트가 안 되죠.

돌봄 시민 7 20대 초반 친구들인데, 뭔가 지원받고 싶어서 주민센터에 가니까 공무원들이 자기보다 더 모르더래요. 한 서른 살만 넘어도 우기기라도 하는데, 이 친구들이 아직 어리잖아요. 못 간대요. 영케어러가 얘기할 창구를 만들어야 해요.

돌봄 시민 1 기초생활수급자거든요. 기초생활수급자는 근로 능력이 없다는 판정을 받아서 내일배움카드가 안 돼요. 취업을 위한 공부는 자비로 해야 되거든요. 그런데 정신 질환자는 기초생활수급자 비율이 다른 장애보다 높거든요. 의욕이 생겨도 내일배움카드가 안 돼요. 정신 질환자도 공부할 수 있도록 지원이 필요해요.

돌봄 시민 6 재참여 부분이 건강권에 해당되더라고요. 재택 의료도 건강권인데, 사회적 참여를 할 기회가 없으면 우울증이 심해지고 질병이 깊어지기 때문에 건강권 보장 정책이 필요해요.

돌봄 시민 5 정당한 편의 제공이라고 하는데, 예를 들면 외국은 에이디에이치디라고 말하면 시험 시간을 더 주거든요. 우리나라는 에이디에이치디가 애초에 장애가 아니니까 해당 안 돼요. 정당한 편의 제공이 제도로 들어가면 좋겠어요. 기업이나 공공 기관에서 사업 평가를 할 때 수혜자의 삶의 질이 기준으로 들어가면 좋겠어요. 정신 건강이 돈이랑 직결되지 않다 보니까 투자를 안 하거든요.

돌봄 시민 6 가사 노동이 빠져 있잖아요. 생산성 위주다 보니까. 요양 보호사 월급이 적은 것도 돌봄을 가족이 다 책임져야 한다는 맥락 때문이라고 생각하는데, 패러다임은 안 바뀐 채 정책만 손대는 듯해 아쉬워요. 학교 휴업을 하려면 한 달 이상 입원 확인서가 필요하거든요. 긴급 입원할 때가 많은데 증명하기가 어렵더라고요.

돌봄 시민 1 '정당한 편의 제공'을 말씀하셨는데, 진단이 아니라 상황에 따라야 해요. 동료지원인이 일하다 증상이 나올 때가 많아요. 삼사 개월 쉬는 분들이 있고. 업무뿐 아니라 감정적으로 파악하고 안정을 취하게 하는 지원이 필요해요. 저는 졸음이 쏟아지거든요. 체력이나 정신력이 달리기 때문에 쉴 공간이 필요해요.

돌봄 멘토 1 정신 문제에 관련한 돌봄 노동자인 거잖아요. 돌봄 노동자 처우라든가 특정한 상황을 배려할 수 있는 제도가 많으면 좋겠어요. 전문성을 인정해 줘야 되거든요.

9장

"간병비는 의료 급여화하면 좋지 않나요?"

의료-간병 통합 시스템

개인 경험을 근간으로 정책을 도출한다는 점에서 커다란 의의가 있는 자리였습니다. 가족 중 환자가 있을 때 가장 연봉이 낮은 사람이 돌봄을 하게 되는 상황, 간병 문제가 가족 간 갈등과 불화를 불러와 피폐한 생활이 계속되는 상황, 젊은 시절 30년을 간병하며 지낸 탓에 다시 태어나고 싶지 않다는 안타까운 상황을 들었습니다.

'100인 돌봄시민회의'는 현장 목소리를 듣는 의미 있는 자리였습니다. 간호간병 통합 서비스를 확대하고 돌봄이 희생이 아닌 나라가 되려면 국가 차원 돌봄 체계가 확립돼야 합니다. 그러나 현재 간호간병 통합 서비스 제도는 걸을 수 있는 경증 환자 중심으로 설계돼 있어 간병이 절실한 중증 환자에게는 도움이 되지 않습니다. 제도를 보완하고 지속적으로 모니터링해야 합니다.

— **김현숙** 신한대학교 간호학과 교수

돌봄 시민 1　　인천에서 왔어요. 얼마 전 인천에 노인인권센터를 출범시켰어요. 돌봄 당사자이면서 앞으로 돌봄을 받아야 하는 사람이다 보니, 엄마를 돌보고 있지만 미래가 불안해서 주변 몇몇 분들하고 함께하게 됐습니다. 호응은 좋지만 앞으로 우리가 무슨 일을 해야 할지 고민하던 차에 이런 행사가 있다는 소식을 알게 돼서 왔습니다.

돌봄 시민 2　　사회복지사이고 요양보호사이기도 합니다. 부모님도 모셔 봤고, 아이도 둘 키웠고, 현재는 돌봄서비스노동조합 일을 하고 있습니다.

돌봄 시민 3　　지역에 있는 공동체 지원 센터에서 일하는데, 마을이나 공동체 안에서도 굉장히 돌봄 관련 이슈가 많아요. 그런 이슈를 주제로 많은 분이 어려움도 토로하시고 그래서 활동도 좀 변하고 있고요. 저는 돌봄 경험이 거의 없기는 합니다.

돌봄 시민 4　　아버지를 어릴 때부터 계속 돌봤어요. 어머니 아플 때는 저희가 삼 남매인데, 한 명은 가게를 보면서 경제 활동을 하고 한 명은 돌봄을 하고 한 명은 자기 생활을 하는 식으로 계속 생활했어요. 어느 날 집에 불이 나서 아버지가 되게 심하게 다치셔서 병원에 입원하셨죠. 간호간병통합 서비스가 안 되는 병원이었어요. 간병비를 대느라 온 가족이 고생한 게 생각나요. 통합 서비스를 이용한 분들 경험을 좀 듣고 서비스를 확산시키는 데 필요한 게 뭘까 하는 고민을 같이 나누고 싶어요.

돌봄 시민 5　　초등학교 2학년 때 엄마가 조현병을 판정받아서 지금까지 돌봄하고 있고, 재산 때문에 가족이 해체됐어요. 제가 독박으로 돌봄을 하고 있는 상태입니다. 엄마 치매 얘기가 나오고 있어서 걱정돼요.

돌봄 시민 6　　시골에 살면서 생활협동조합, 생협에서 활동하고 있어요. 생산자 조합원들이 나이가 많으신데, 문제를 함께 해결하는 협동조합 방식으로 돌봄도 해결할 수 있지 않을까 생각해요. 반찬을 만들어서 생산자들 찾아뵙고 안부도 확인하는 활동을 하다가 올해부터는 그분들을 어느 공간에 모시고 오자고 생각해서 일주일에 한 번 저희끼리 임의로 주간보호센터처럼 해 보기로 했거든요. 다른 데에서 주는 사업도 받고 생산자 조직이랑 소비자생협이 같이 예산을 모아서 시범적으로요. 나중에 혹시라도 제도권 돌봄을 하더라도 그냥 사람을 고용하는 게 아니라 사람을 키워서 우리다운 돌봄을 인큐베이팅해 가자고 하고 있어요. 시골 마을에 찾아뵙다 보니까 갑자기 다쳐도 병원에 가기가 굉장히 어렵고 요양 등급을 제때 못 받는 분들이 많거든요. 어떤 생산자가 허리 수술을 하셨는데, 90세 가까이 되셨어요. 귀도 하나도 안 들리는데 혼자 재활병원에 버스 타고 다니시더라고요. 지역에 의료 통합, 간호간병통합 서비스가 뭐가 있는지 저도 잘 몰라요. 시골 마을에는 정말 필요한데.

존엄한 돌봄을 가로막는 걸림돌들

돌봄 시민 1 어떤 어르신 병문안을 갔어요. 간호간병통합 서비스를 받고 계시더라고요. 그런데 거기에 계신 분들이 저한테 막 속상하다고 하시는 거예요. 호칭이 어린아이 대하듯 한다는 거예요. 너무 기분 나쁘다고. 존중할 줄을 모르고 환자를 너무 방치한다고. 와상 환자여서 기저귀 케어를 받아야 하는데 너무 불쾌하다는 거죠. 친숙함을 표현한다고 할 수도 있겠지만 존엄한 돌봄을 받고 싶다는 거죠. 그리고 병원 간병인 시스템이랑 비교하는 건 제가 체험해 보지 않아서 모르겠는데, 일단 수술을 받거나 어디가 아파서 병원에 오래 계시지 못하잖아요. 돌봄도 존엄한 돌봄이 필요해요.

어느 정도 회복되면 집으로 보내거나, 집에서 케어가 안 되면 요양원이나 요양병원으로 보내잖아요. 주변에 너무 많아요. 이런 어르신들은 집에 가고 싶어해요. 인지 능력이 있는 분들은 자식들한테 피해를 주기 싫어서 어거지로 요양원에 가시는데, 슬쩍 진심이 뭔지 물어보면 집으로 가고 싶다고 하시죠. 회복 센터가 있으면 참 좋겠어요. 집에서 돌봄을 할 수 없거나 가족이랑 같이 살지 못하는 어르신은 혼자서는 도저히 생활을 못 하시잖아요. 병원을 나온 때 집에서 돌보듯 식사도 제대로 하고 건강 되찾으신 뒤에 다시 집으로 돌아갈 수 있는 중간 단계가 생기면 좋겠어요.

또 하나 제가 어머니를 24시간 7년째 돌보고 있어요. 치매 중증 1급이고요. 재가 요양 시간이 4시간 허용돼요. 요양원 가기 싫어하시기 때문에 벌어진 일이기도 한데, 지금은 요양원이든 요양병원이든 모신다고 하면 콧줄 차야 되는 상황이에요. 씹지 못하고 삼키기만 하시는데 언제 그만두게 될지 모르는 상황이에요. 노인들이 병원이랑 연계되려면 무조건 119로 응급실 들어가야 하고, 방문 진료가 가능하면 좋겠는데 도시도 그렇고 지역도 그렇고 어렵잖아요. 수가 문제가 너무 크더라고요. 수가가 보장되면 환자들 받고 충분히 병원을 운영할 수 있는데 방문 진료하러 나갈 이유가 없죠. 제가 장애인이다 보니까 형제들이 일주일에 한 번씩 번갈아서 돌봄을 해 주지만 평일에는 혼자 다 해야 하니까 어려움이 많죠. 비혼이라서.

돌봄 시민 2 아들이 둘인데 엄마 요양원 보낼 거라고 당당히 얘기하고 있어요. 지금은 요양원이 당연하고, 싫지 않아요. 조합원들이 요양원에 계시지만 존엄 케어를 위한 제도를 보장해 달라고 요구해요. 요즘 외국인 도입하자, 불법 체류자 쓰게 해 달라, 이런 얘기 나오잖아요. 의료 요양 통합 시스템은 내년부터 시행돼요. 아직 구체적인 내용은 없고요.

돌봄 멘토 1　　병원마다 가정간호팀이나 방문간호팀이 있는데, 구체화해서 활성화하는 제도를 2026년부터 얘기하고 있어요.

돌봄 시민 2　　방문 요양보호사라도 쓰고 싶으면 최소한 3개월 이상이 지나야 등급 심사 들어가요. 등급 심사 들어가서 승인까지 최대 반 년 이상 걸리기도 해요. 못해도 집에서 1년 가까이 보호자들이 케어해야 하는데, 이 시간을 단축시키겠다는 게 정부 발표지만 구체적인 대안은 아직은 없어요.

돌봄 멘토 1　　존엄 케어 이야기를 해 주셨는데, 구체적으로 어떤 부분을 강화해야 한다고 생각하세요?

돌봄 시민 6　　저도 연결해서, 언니가 수술받고 가족들이 전부 돌봤는데, 부산에 살거든요. 항암 받을 때 일을 안 하니까 제가 언니를 맡아서 서울을 왔다 갔다 했어요. 그게 당연하다고 생각했어요. 남동생이 휴학하고 아빠를 돌봤는데, 둘째 언니는 제가 하게 됐어요. 암 환자랑 중증 질환은 가족만 꼭 돌봐야 할까 하는 생각이 들더라고요. 모든 집에 그런 일들이 참 많을 텐데 사회적 공공 서비스로 이용하면 좋겠다는 생각이 들어요. 생산자님들 시골집에 방문하니까 농민으로 산다는 게 참 힘겹더라고요. 노동을 굉장히 많이 하셔서 어깨 수술, 다리 수술, 고관절 수술을 자주 하시는데, 재활을 못 받으셔서 더 굳어지는 경우가 흔하더라고요. 자녀들이 같이 모시고 다닐 수 있는 분들은 재활이 잘 되지만 아예 못 쓰게 되는 분들이 많아요. 아프니까 이 병원 저 병원에 가시더라고요. 여기저기 병원에서 같은 증상으로 많이 받아 가지고 약을 이만큼 먹고 나면 막 어지러워하세요. 자녀가 등급 신청을 하면 잘하시는 분도 있지만 그렇지 않은 분들이 많더라고요. 장애인 자녀랑 같이 지내시는 분들은 의료 전문가가 조금만 봐 주면 될 텐데 하는 생각이 들어요. 우리가 의료협동조합을 만들어야 할까? 보건소가 조금만 더 제구실하면 좋지 않을까?

돌봄 멘토 1 보건소에 방문보건은 신청해 보셨어요? 지자체별로 있기 때문에 신청하면 세 가지 클래스로 나눠요. 집중 지원을 해야 된다면 한 달에 몇 번 오는 식으로 나누거든요.

돌봄 시민 1 인천 같은 경우는 신청하면 심사를 해요. 대상이 돼야 보건소에서 방문 재활 서비스를 받을 수 있어요. 심사에서 떨어지면 못 받아요. 그나마 예산이 줄어서 재활 선생님들이 작년에 여섯 명이다가 지금은 세 명밖에 안 돼요. 지자체마다 다 달라요. 엄마가 올해 방문 재활 치료를 받는데, 네 번 받고는 끝이래요.

돌봄 시민 2 엄마가 교통사고를 당해 뇌출혈이셨어요. 제가 20대 중반에 회사 다닐 때 쓰러지셨는데, 그때는 간병인도 별로 없고 그래서 회사를 그만두고 간병하러 들어갔어요. 두 달 간병하고 몸이 다 망가져서 온갖 염증 생기고 그랬죠. 동생들만 있는데, 다들 직장 생활하고 학교 다니고 군대 가 있고 이러니까 제가 24시간 붙어서 간병할 수밖에 없잖아요. 요양보호사 자격증은 한참 뒤에 땄는데, 그때는 자격증 따는 게 쉬웠어요. 최근에는 간호간병통합 시스템도 있어서 그나마 수월한데, 간병인이 필요하면 저한테 엄청 연락이 많이 오거든요. 병원비가 너무 비싸다는 거예요. 간호간병 시스템은 기본 병원비의 거의 두 배 가까이 간병비를 따로 내는 거나 마찬가지인 거예요. 일반인들이 쓰기에는 어렵죠. 경제적으로 부담되고 개인 간병 쓰기가 어려우니까 공동 간병 개념인데, 쓰기가 어려운 거죠. 가족 중에 암 환자가 있어서 암 수술하고 나면 당분간은 못 움직이니까 간병인을 구하려고 했는데, 큰 병원인데도 간병인을 쓰려니까 진짜 어려운 거예요.

간병인이랑 우리 요양보호사는 달라요. 간병인은 요양보호사가 아니잖아요. 말 그대로 돌봄만 하시는 분들이다 보니 자격이 필요 없어서 우리말 못 하는 외국인도 많아요. 금액 자체가 저희 같은 사람들한테 되게 부담이에요. 하루에 못해도 기본 10만 원에서 14만 원이고, 3일이나 5일 입원하면 간병비가 한 100만 원 가까이 되니까 아프면 죽어야 하나 같은 생각이 들 수밖에 없는 상황이에요. 이게 생긴다고 해서 별로 국민들에게 도움이 안 돼요. 저희 엄마도 그랬지만, 요양병원은 요양보호사가 들어가는 게 아니라 간병인이 들어가거든요. 외국인이 오셨는데, 우리말을 하나도 못 하는 분이었어요. 엄마가 욕창이 생겨서 썩어 가는데 아프다는 얘기를 못 알아듣는 거예요. 노동조합을 막 만들고 요양보호사 일을 할 때였는데, 저한테 갈라는 거예요. 어르신들은 아프니까 어쩔 수 없이 요양병원에 보내야 되는 상황인데 서로 소통조차 안 되는 간병인이 맞는지……. 거기 다니면서 정책 이야기도 많이 하고 문제 제기도 많이 하기는 했어요. 요양병원에서는 외국인 간병인을 많이 쓰니까 통역할 수 있는 간병인을 또 따로 두는 거예요. 숫자는 필요한 만큼 있는데, 한 분이 통역하면서 같이 일하는 거죠. 비효율적이고, 안심하고 맡기기 어려운 문제가 있어요.

저도 어릴 때부터 부모님을 간병해야 되는 상황이어서 진짜 힘들었어요. 부모님이 빨리 돌아가시면 좋겠는데, 생활비부터 병원비까지 해서 30년을 간병했거든요. 영케어러 얘기들이 많이 나와서 반갑고, 사회적으로 생각해 주니까 정말 좋아요. 사 남매인데 밑으로 동생 둘은 귀가 안 들려요. 부모님 돌보고 가족들이랑 같이 문제를 해결하느라 스트레스 때문에 결혼도 안 했는데, 몸에 병이 나서 둘 다 귀 한쪽이 안 들리는 상황이 온 거예요. 원인도 찾지를 못해요. 결국 어릴 적부터 부모를 버릴 수는 없으니까 돌봐야 되는 거죠. 나중에 요양병원 생긴 뒤에는 돈이 문제였지만, 돈 잘 버는 동생 하나 덕분에 해결됐죠. 그래도 시간이 길어지니까 가족 간에 불화도 생겼죠. 집에서 다 해결해야 하니 진짜 힘들고, 정말 피폐한 삶을 살게 되니까 결국 사회적 문제가 될 수밖에 없죠. 엄마가 돌아가신 게 50대 초반이니까 10대 때 아버지부터 시작해서 30년 가까이 돌봄을 했는데, 젊음을, 청춘을 자유롭게 즐기고 경험하지 못했어요. 저는 다시 태어나고 싶지 않아요. 다시 태어나서 이런 삶을 살고 싶지 않아요. 사는 게 되게 힘들고 피폐해지더라고요. 사회적으로 돌봄 문제는 한번 다 같이 고민할 필요가 있어요.

돌봄 시민 5 엄마가 정신병원에 입원을 몇 차례 했어요. 간병이라기보다 간호를 받아야 하는 상황인데, 폐쇄 병동이 보호자가 정보 접근을 할 수 없다는 게 특징이거든요. 특히 코로나 때인데, 어느 날 병원에서 전화가 왔어요. 엄마가 큰 병원으로 갔다고 해서 급하게 쫓아갔어요. 그때는 응급실도 겨우 들어가는 때였잖아요. 팔이 골절되고 요로 감염이 됐대요. 낙상 사고 같았어요. 병원에 얘기하니까 증거가 없다고 자기들은 해줄 게 아무것도 없다는 거예요. 퇴원해서 굉장히 막막했어요. 골절이 된 사람은 정신병원에 들어갈 수가 없어서 집에서 케어를 시작했고, 다행히 적응을 잘하서서 다시 입원했어요. 보호자는 간병인이 있거나 없거나 을일 수밖에 없고, 정보를 다 알 수 없는 상황이 생겨요.

    제가 답답한 마음에 석사 과정을 사회복지 정책을 전공하고 영케어러 관련한 논문을 써서 졸업했어요. 복지 분야를 공부하고 나서야 엄마 질병이 장애로 인정된다는 사실을 알게 됐어요. 병원을 그렇게 많이 다녔는데, 한 번도 안내받은 적이 없어요. 정신 장애는 특성상 신청하지 않아도 장애로 관리돼야 하는데, 이걸 당사자와 가족에게 넘겨요. 당사자인 엄마는 장애라는 단어만 봐도 엄청 경기를 일으키는 사람이라 인정을 절대 못 하시거든요. 가족은 당사자가 아니기 때문에 신청할 수가 없다고 그래요. 은행이나 보험도 당사자가 아니라서 서비스를 받지 못한 적도 많아요.

    마지막으로 장기요양 신청을 먼저 하면 장애인 활동지원사 신청을 못 한대요. 이게 받을 수 있는 시간이 훨씬 많거든요. 정신 장애인은 다른 장애랑 다르게 약을 매번 타 먹어야 하니까 병원하고 더 가까이 지내는데도, 한 번도 뭘 안내받거나 팸플릿을 본 적이 없어요. 그래서 손해 본 가족 당사자도 굉장히 많다고 해요.

돌봄 시민 4 저도 비슷한 얘기를 들은 적 있는데, 병원에 있는 의료사회복지사 아니면 주민센터나 구청 직원이 먼저 얘기하지 않으면 모르고 넘어가는 식 것 같아요. 아버지가 응급실에서 나오시면서 간병인이 필요한 상황이었어요. 저야 아버지가 응급실에 있는 게 더 마음이 편하지만 뒤에 오실 분들이 계시니까 일반 병동으로 옮겼는데, 간병인을 구하냐 아니면 우리 중 한 명이 일을 과감하게 포기하냐를 놓고 가족회의를 했어요. 어떻게 되겠어요? 연봉이 낮은 사람이 하게 되는데, 사람을 돈으로 매기게 돼서 불합리하죠. 저희 어머니가 요양보호사세요. 당장 내일 그만두겠다고 말하면 어머니가 담당하는 분들이 내일부터 돌봄을 못 받으시는 거예요. 그래서 간병비를 대자고 결단했죠. 비참한 게, 간병 업체에 다 전화를 해요. 가격이 얼마인지 다 물어봐요. 그 사람도 저희도 존엄해지지 못하는 순간이죠. 제일 저렴한 12만 원을 찾았어요. 24시간 돌봄을 하는데 12만 원은 정말 있을 수 없거든요. 어쨌든 그분을 선택하지 않으면 대안이 없었죠. 30일을 계시면 360만 원이죠. 월급의 3분의 1, 2분의 1을 내야 하는 상황이라서 일주일에 6일만 해 달라 그랬는데, 그럼 또 간병인은 하루치 수입이 날아가니까 힘드신 거예요. 협상하면서 저희는 저희대로 너무 죄송하고 그분도 죄송하다고 하는 상황이 반복되는 거죠. 그래서 간호간병통합 병동을 이용하고 싶었는데, 그것마저도 돈이 더 들어가네요. 도대체 의료보험도 연동이 안 되나요?

돌봄 시민 2 병원마다 약간씩 다른 것 같은데, 보통 병원이 좀 비싸기는 하지만 아마 간병비보다는 조금 저렴할 거예요.

돌봄 멘토 1 복지부에서는 9만 원 차이가 난다고 해요. 보통 병원은 12만 원에서 15만 원이잖아요. 그 병원은 이삼 만 원 정도 낮은데, 병원 등급에 따라서 달라요. 그것만 해도 도움이 되죠.

간병비 급여화를 막는 걸림돌들

돌봄 시민 2 우리 요양보호사들도 병원에서 24시간 하고 싶어하지는 않아요. 너무 망가지니까. 간호간병통합 서비스가 일대일 간병이 아니라

방마다 한 명씩 3교대로 돌거든요. 모든 병원이 다 그렇게 하면 좋겠죠.

돌봄 시민 1   간병비는 의료 급여화하면 좋지 않나요? 어차피 건강보험료 다 내는데 간병 보험이 요새 유행을 해요. 돌봄이 상품화되는 과정이거든요. 보험료 못 내는 분들은 혜택을 못 받잖아요. 보험료 많이 올라가지 않겠느냐 하는데, 실비 보험이든 간병 보험이든 해지하면 오히려 많은 사람이 혜택을 받을 수 있잖아요. 저는 비혼이라 나중에 독거노인이 되고 고독사할 위험을 되게 많이 느끼는 사람이에요. 노인 천만 시대라는데 1인 가구가 진짜 많아요. 이런 사람들이 병원을 가려면 보호자가 있어야 돼요. 보호자가 없으면 아무 진료도 받을 수가 없어요. 생활동반자법이 통과되면 요양보호사도 함께 가서서 진료가 필요한지 얘기해 줄 수가 있는 거죠. 병원 문턱이 너무 높아요, 노인 혼자서 가기에는. 더군다나 요새 전부 키오스크로 변해 버려서 보호자가 없으면 혼자서 안 돼요. 저 같은 경우는 장애인이기 때문에 재활 운동치료를 받기 위해서 병원을 가려면 보조기를 안 해야 돼요. 그럼 휠체어를 타고 가야 되거든요. 제가 운전을 한답니다. 주차장에서 휠체어 케어를 요청하니까 병원에서 안 된대요. 그래서 포기했어요. 보호자 없이 왜 오느냐는 말이거든요. 그런데 저는 보호자가 필요하지 않거든요. 병원 입구에 휠체어 수북하게 쌓아 놓고 있잖아요. 보호자가 가서 주민등록증을 맡기고 빌려 와야 돼요. 주차장에서 보안 요원한테 연락만 할 수 있게 해 주면 되는데, 나같이 혼자서 찾아가는 사람, 특히 휠체어 이용자는 병원 진료를 못 받게 된다는 말이죠.

돌봄 시민 2   간호간병통합 병원이 막 나오다가 이용 부담이라든가 이런 문제가 있어서 쑥 들어가고, 이제 몇 개 없어요. 진짜 필요하거든요.

얼마 전에 아들이 군대에서 희귀 심장병을 진단받아서 하루 입원을 해야 됐어요. 스무 살 넘은 성인이니 혼자 간다면서 병원에 딱 가니까 보호자를 찾더래요. 시술하고 나서 화장실도 못 다니고 움직이지 못하니까 제가 안 가면 어쩔 뻔했어요. 간호간병통합을 차라리 의무화하면 그런 갈등이 없잖아요.

돌봄 시민 1 병원 시스템이 너무 막혀 있어요. 가족 중심 제도 안에 꽉 막혀 있어요. 돌봄 민주주의를 하면 가장 먼저 이 인식부터 깨야 해요. 병원에서 깨져야 편안하게 진료받을 수 있는데.

돌봄 시민 2 어차피 정부가 지금 뭘 안 만들고 있기 때문에 계속 의견을 넣어야 할 거예요. 그저께 경기복지재단에 있는 어느 박사님을 만났는데, 경기도에 돌봄 서비스, 일상생활 지원 서비스가 있어요. 경기도만 아니라 지자체마다 우후죽순 있어요. 문제는 이걸 다 몰라요. 단어만 들은 적 있다는 거예요. 필요할 때 부르면 뭐든 다 해 주는 거예요. 노인이나 장애인이 아니어도 가능해요.

돌봄 시민 1 민간에서 자격증을 발급해요. 택배 기사들 사업자 만들듯 그런 식으로 시장화하고 있어요. 막아야 해요. 민간으로 들어가는 순간 우리가 피해자가 되거든요. 체계적으로 교육해서 활성화해야 해요. 인천은 민간으로 넘어가기 직전인데 자원봉사센터에서 관리해요. 신청해도 받기가 진짜 어려워요.

돌봄 시민 6 돌봄통합법이 시행돼서 어떨지 모르지만, 지역에서 그런 일을 할 수 있는 분들이 계시거든요. 자원봉사가 아니라 서로 돌봄을 하는 형태죠. 저희가 충남사회서비스원에서 농촌 공동체 지원 사업을 받아서 제도권을 벗어나 혼자 지내는 분들 열 가구 정도를 직접 눈으로 봤거든요. 노인건강돌봄지도사라고 있어요. 전문 의료인이 아니더라도 지역 주민이 어르신들에게 관심을 갖게 하는 활동을 교육하고 활동비를 주는 정책이 필요해 보였어요.

돌봄 시민 1 단순히 노인 일자리 사업에 연계할 수 있는 건 아니라는 생각이 드는데, 어쨌든 이게 확대잖아요. 확대 지원이 돼야 가능하잖아요. '서로돌봄 품앗이'라고 이름을 바꾸면 훨씬 더 품위 있겠어요. 일자리 사업은 형편없어져서 경쟁자만 많아지고 있거든요. 그렇게 되면 시너지를 발휘할 수 있지 않을까요.

돌봄 시민 5 장애인 등록을 하려면 무조건 의사 진단서랑 의료 기록이 필요해요. 보호자가 직접 하려면 정말 너무너무 힘들고, 당사자가 직접 와야 한다고 그러거든요. 민간, 병원, 행정이 연계가 잘돼서 병원에서 그냥 바로 행정복지센터에 정보를 넘기면 빠른데, 신청하고 전달하는 단계를 많이 줄이면 좋겠어요. 지적 장애나 발달 장애, 정신 장애인에 한정해서 먼저 자격 요건이 충족되면 주치의 진단을 거쳐서 의무적으로 바로 등록할 수 있게 제도화하는 거죠. 데이터베이스를 공공에서 꽉 잡고 지역 사회에 공유하지 않아서 문제라고 생각하거든요. 우선 복지신청주의가 깨지면 좋겠어요. 돌봄이 힘들어서 스웨덴으로 이민 가신 분이 있어요. 그러니까 스웨덴 말을 못 하잖아요. 일시적 장애라고 그러면서 스웨덴은 1년 동안 소통하는 서비스를 해 주더라고요.

상담부터 신청까지 한 번에

돌봄 시민 4 왜 당사자들이 장애 등급을 받기 싫어할까 생각해 보면,

장애인을 바라보는 사회적 인식이 안 좋은 탓이에요. 돌봄의 공공화라고 할 때 가족 돌봄과 비가족 돌봄 중에 선택할 수 있는 제도가 마련되면 좋겠어요. 어떤 부부가 독일에 20년간 살다가 한국에 온 뒤에 남편이 쓰러진 거예요. 병원에서 아내에게 슬리퍼 같은 물건을 챙겨 오라고 했대요. 독일은 입원하면 병원에서 다 해결돼서 가족한테 아무 말 안 하거든요. 한국에 오니까 너무 생소했대요. 간호간병통합은 당연히 전국적으로 해야 되지만, 한편으로는 내가 정을 붙인 사람한테 더 돌봄을 받고 싶기도 하잖아요. 그렇게 돌봄을 쏟고 싶은 사람도 있을 거고요.

외국 사례를 찾아보니까 가족 돌봄을 하는 사람들한테는 국가에서 공공 지원을 해 줘요. 생활비를 준다거나 휴가 비용을 지원해 주고, 다른 사람이 잠시 맡을 수 있게 해 주는 제도들을 만들어야 해요. 프랑스나 독일은 친밀한 관계에서 하는 돌봄을 1년이든 2년이든 지원하는 식으로 발전했죠. 돌봄이 희생이라고 생각 안 하는 거예요. 저희 아빠가 간병비가 많이 드니까 간병인 안 써도 된다고 하세요. 그러다가 사고가 일어나죠. 집에 아버지가 돌아오시면서 전문적인 돌봄이 너무 필요해요. 감정이 안 좋을 때나 아플 때면 옹고집을 부리세요. 전문 상담사가 상담해 주면 좋겠어요. 의료 지원이나 사회 정책, 제도를 같이 알려 주면서 내가 돌봄을 잘 해 낼 역량을 키워 주면 좋겠어요. 다 나뉘어 있으니까 구청에 전화할 때도 노인복지과로 하다가 주거정책과로 하다가 뺑뺑이 도는 시스템인데, 한 사람이 일대일로 하면 종합적으로 볼 수 있지 않을까 싶어요. 예를 들어서 저희 아버지가 지금 집에서 통합 재활을 하시니까 왔다 갔다 할 때 도와줄 수 있는 분만 필요하거든요. 지금은 서비스를 왕창 받거나 아예 적게 받거나 그러니까, 이런 문제를 조절하면 비용 문제도 해결될 수 있지 않을까 싶어요.

돌봄 시민 2 상담만 아니라 상담에서 서비스로 이어져야 맞아요. 상담은 상담이고, 해결은 또 내가 해야 되잖아요.

돌봄 시민 1 가족주의가 깨져야 돼요.

돌봄 시민 3 해결책보다 비용 문제가 심각해서 간병비가 문제라는 생각이 일단 들었고, 마을에 위기가 생긴 때 전문적으로 해결할 수 있는 활동비를 주자는 생각도 들었어요. 돌봄 활동비 같은 거죠. 경기도는 마을 공동체 활동을 하는 활동가들한테 활동비를 지급해요. 허들을 좀 낮춰서 돌봄 활동을 할 수 있는 사람들이 쉽게 접근할 수 있으면 좋겠어요. 국가 자격증은 아니지만 생활지원사 같은 거 많잖아요. 돌봄 대상자 데이터 공유는 쉽지 않은 일이지만, 저희도 마을 안에서 뭘 하고 싶을 때 데이터가 없어서 활동하다 알게 된 어르신이나 청년들한테 묻거든요. 데이터 공유가 공식화되면 사각지대에 놓인 분들도 밀착 지원할 수 있지 않을까요.

돌봄 시민 1 마을 통장은 기초생활수급자 연락망을 가지고 있어요. 거기에서 빠진 사람이 있으면 주민센터나 통장은 알지만 개인 정보 유출 때문에 비밀이에요. 낙인이 될 수 있다고 보거든요. 저는 왜 낙인이 된다고 생각하는지 모르겠어요. 명단을 알리고 서비스를 더 많이 제공하면 좋잖아요. 마을 공동체로 상상해 봤어요. 노인 일자리 사업 예산이 있잖아요. 뙤약볕에서 일하고 쓰레기 줍는 그런 것만 일자리라고 생각해요. 마을에서 놀고, 운동하고, 노래 불러도 돈을 준다면 혼자 계시는 분들도 다 나올 거예요. 폐지 주우러 다니는 분들이 진짜 많아요. 생활이 어려운 탓도 있겠지만 재미로 하는 분들도 있는데, 5000원이라도 준다고 하면 다 나오실 거예요. 그럴 때 데이터를 만들어 놓고 이분이 계속 나오는지 안 나오는지 확인하면 고독사나 우울증도 막을 수가 있지 않을까요.

돌봄 시민 6 시골 마을에서 어르신들 의료적 문제 때문에 기관에 어떻게 연결해야 할지 물어야 해서 자녀한테 연락해도 싫어하는 분, 감사하는 분, 귀찮아하는 분까지 다양해요. 앞으로 법이 어떻게 될지 모르겠지만 주치의 제도라든지 방문 의료가 활성화돼야 해요. 요양병원에 가려고 하시지만 결국 비용이 많이 들고 시설에 들어가면 자녀도 마음이 아프다 보니 어쨌든 지역에서 저희가 뭔가를 하려고 해도, 마지막에는 저희가 할 수 있는 게 사실상 아무것도 없어요. 집에서 존엄하게 돌아가실 수 있게 하는 방안이 법제화되면 좋겠어요.

돌봄 시민 2 기록으로 남기고 싶어서 한 말씀만 드리겠습니다. 지금 나온 이야기들은 법제화나 제도화가 진행되고는 있어요. 문제는 지자체별로 천차만별이라는 점이에요. 법과 시스템은 있는데 잘 모르기도 하고, 지자체에 알아서 하라고 하니까 지자체장이 지닌 의지에 따라 달라지고 그래요. 우리나라는 복지나 돌봄을 바라보는 인식과 제도가 아직 저급한 수준입니다. 각자 알아서, 지자체가 알아서 하게 합니다. 중앙에서 일괄적인 시스템을 만들고 제도화해야 합니다. 우리가 오늘 나눈 이야기가 잘 종합돼 법으로 만들어져서 돌보는 사람이나 돌봄 받는 사람을 모두 불쌍하고 낮잡아 보는 시선이 사라지면 좋겠습니다. 그래야 돌보는 사람이나 돌봄 받는 사람이나 모두 떳떳할 수 있잖아요.

돌봄 멘토 1 정책 제안을 두 가지로 정리하겠습니다. 첫째, 원스톱 맞춤형 돌봄 지원 제도를 만들자. 공공 영역에서 의료사회복지사 상담을 필수로 해 감정 케어를 하고 돌봄 역량을 키우는 한편 행정과 병원을 연계해 복지 신청을 자동화하자. 둘째, 간병비를 의료 급여에 포함하자. 돌봄 상품화 과정에 맞서서 돌봄 양극화를 막으려면 간병비가 의료 급여 안에 포함돼야 한다.

10장

"이웃 돌봄만 잘 받아도 괜찮잖아요"

지역 사회, 이웃 기반 돌봄 시스템 1

'시민 주체로 운영되는 지역 돌봄 센터를 구축하자', '전문직만이 아니라 동네에서 서로 돌보는 이웃 돌봄자를 양성하자' 등 내가 겪은 돌봄 경험과 내가 발견한 지역 돌봄 과제를 함께 나누며 '참여형 돌봄'을 함께 실현하자고 입을 모았습니다. 중앙 정부와 지방 정부의 기능과 책임도 중요하지만, 지역 간 격차가 심각해지고 돌봄 과제가 복잡해지면서 서로 기대고 함께 돌보는 실천이 필요한 때라는 점을 절감했습니다. 돌봄 경험을 바탕으로 우리 동네를 가장 잘 아는 당사자가 제안하고 지역에 거주하는 생활자가 참여하는 '시민 주도형 지역 돌봄 체계 구축'을 위해 모두 노력하면 좋겠습니다.

— 조유성 한살림연합 돌봄기획팀 팀장

돌봄 시민 1　안녕하세요. 정책을 연구하는 연구자로 일해요. 그래서 진보적 관점으로 돌봄자를 어떻게 지원할 수 있을지 고민하다가 이 자리에 오게 됐습니다. 이 일을 하기 전에는 사회복지사로서 지역에서 초등 아이들을 돌보는 일을 했어요. 오늘 많은 이야기 나눌 수 있으면 좋겠습니다. 반갑습니다.

돌봄 시민 2　민간 정책 연구소에서 일하고 있어요. 행사 주최하시는 분 특강을 듣고 쓴 책을 우연한 읽은 뒤에 저도 곧 돌봄이 필요한 나이가 될 것 같아서 관심을 가지게 됐습니다.

돌봄 시민 3　인천에 있는 노인돌봄서비스센터에서 일하는데, 저희도 '100인 좋은 돌봄 원탁회의'를 해 보려고 해요. 그래서 좀 배우기도 하고 고민도 나눌 겸 왔습니다.

돌봄 시민 4　저는 인천에서 왔습니다. 어머니가 혼자 계세요. 혼자 있는 어머니를 개인적으로 돌보는 게 아니라 지역 사회에서 잘 돌볼 수 있을지 고민하던 차에 노인인권센터를 준비하게 됐어요. 그래서 오늘 이 자리에 같이 오게 됐습니다.

돌봄 시민 5　저는 그냥 일반 시민이고 어머니랑 같이 살고 있습니다. 어머니도 연세가 많고 저도 조금 있으면 나이가 들어서 미래가 걱정됩니다. 어떤 방법이 있을지 궁금해서 참가했습니다.

돌봄 시민 6　우리가 생각하는 돌봄이 다 다르잖아요. 돌봄의 정의가 다르고 돌봄 경험이 다르잖아요. 이웃 간에 대화하듯이 편안하게 돌봄 경험을 이야기하면 좋겠습니다. 제가 먼저 사례를 말씀드릴게요. 제가 소속된 의료복지사회적협동조합에서 토요일마다 어르신들이랑 같이 서로돌봄카페를 합니다. 한 세 시간을 같이 보내는데, 이분들이 평일에는 복지관에 다니세요. 배우자는 돌아가시고 자녀들은 멀리 떨어져 있어서 혼자 사는 분이 많죠. 이분들이 협동조합 공간에 놀러 오시면 저도 놀러 갑니다. 다들 겉으로는 건강해 보이세요. 요양보호사가 오신다거나 그 정도 서비스가 필요한 분들이에요. 같이 레크리에이션도 하고 체조도 해요. 봉사가 아니고 저도 놀러 갑니다. 저도 동네 친구가 별로 없거든요. 낮에는 직장 다니니까. 이심전심 통하는 동네 친구가 토요일에는 생기는 거예요. 요즘 상급지로 가야 한다는 부동산 신화가 있는데, 이분들을 보면 우리 아버지도 여기로 빨리 이사 오게 하고 싶다, 나도 이 동네에서 오래 살고 싶다는 친밀감과 안도감이 들어요. 또 이야기 나눠 주실 분 계실까요?

이웃 돌아보기, 공문 없는 빠른 돌봄

돌봄 시민 4 제 이야기를 먼저 하면 더 좋을 뻔했어요. 주말에 1박 2일로 워크숍을 간 적이 있어요. 어머니는 혼자 계세요. 90세이신데 아직 건강하고 자유롭게 이동하실 수 있거든요. 그냥 안부 전화를 하니까 갑자기 아프시다는 거예요. 아는 질병이니까 약만 드시면 괜찮은데, 그날따라 약이 떨어진 거예요. 급하게 돌아가서 일요일이라 다니던 병원에 못 가고 응급실을 찾아갔어요. 별거 아닌 병인데 피 검사, 소변 검사를 다 하고 약도 못 받았어요. 담당 의사가 없으니까 다음 날 다시 병원에 오라는, 너무 답답한 상황이었어요. 엄마가 멀리 가기 싫다고 하셔서 월요일에 다니던 병원에서 그냥 약을 받았거든요. 방금 말씀하신 그런 공간이 곳곳에 있으면 멀리 있더라도 초조해하지 않고 이웃 돌봄만 받아도 괜찮잖아요.

돌봄 시민 3   저는 돌봄이 사회적 비용으로 진입하지 않게 하는 업무를 해요. 어르신을, 이렇게 표현하면 안 되는데, 여가 문화를 즐길 수 있는 분, 그다음에 등급자와 등급외로 보통은 크게 구분하거든요. 저는 등급외를 담당해요. 그러니까 등급으로 진입하지 못하게 하는 거죠. 맞춤 돌봄이나 장기요양 같은 등급이 돼서 비용이 커지지 않게 만드는 일을 하는데, 여기에 긴급 돌봄이라는 게 있어요. 퇴원하고 나서 2개월 정도만 영양식 관리하고 복약 지도만 잘해도 등급으로 넘어가지 않거든요. 이런 어르신을 돌보는 거예요. 긴급 돌봄 어르신이 딱 오면 48시간 이내에 서비스를 해야 돼요. 그런데 공문이 안 오면 나갈 수가 없어요. 동에서 구로 가고, 구에서 서비스원으로 가고, 서비스원에서 다시 구로 보내면, 구에서 동으로 와서 저희한테 오는 거예요. 말은 긴급인데 시스템이 하나도 긴급하지 않죠. 긴급한 어르신이 오면 빨리 나가서 영양 관리도 하고 복약 지도도 해야 되는데, 그런 돌봄을 방해하는 시스템이 너무 문제가 되다 보니까 저희는 항상 공문만 기다리는 거죠.

긴급 돌봄이 종류도 많아요. 틈새 돌봄, 간헐적 가사 돌봄 등등 너무 많은 돌봄이 등급외에 있는데, 하나도 체계적이지 않고 형평성 있게 진행되지 않는다는 거죠. 그런 점이 늘 고민이 돼서 이웃 돌봄에 주목하고 있습니다. 이웃은 빠르게 돌봄을 할 수 있거든요. 요양보호사여야 되고 건강진단결과서 있어야 되고 이러니까 옆집 이웃한테 좀 돌봐 주실래요 하면 빨리 되잖아요.

돌봄 시민 5   긴급 돌봄 서비스 이름이 뭐예요? 주민센터에 전화해서 뭘 얘기해야 해요?

돌봄 시민 3 어떤 분이 병원에서 퇴원하시잖아요. 그럼 사회복지상담실을 들르세요. 지역에 연계해 줘야 되니까요. 그럼 병원 사회복지사가 구청에 신청하는 거예요. 그럼 구청에서 동으로 넘기고, 동에서 저희한테 넘어오는 거예요.

돌봄 시민 5 우리는 누구예요?

돌봄 시민 3 서비스를 제공하는 민간 기관인데, 노인지원서비스센터라고 독립 기관이에요. 서울 같은 경우는 지정된 기관이 있을 거예요. 긴급 돌봄은 구청에서 발굴하는 경우, 병원 담당자가 발굴하는 경우, 읍면동 사례관리자가 발굴하는 경우, 이웃이 신고하는 경우, 저희 같은 전문가가 발굴하는 경우가 있어요. 인천은 이런 것 같고 서울은 인터넷으로 신청하면 바로 진행은 되는 것 같아요. 서울시 홈페이지에서 긴급 동행 서비스나 의료 서비스를 신청할 수 있다고 알고 있어요. 이번에 사회서비스원을 없앴지만, '돌봄SOS' 시스템을 어쨌든 만들어 놓기는 했어요. 아주 간단하게는 다산콜센터에 전화하면 알려 줄 거예요.

돌봄 시민 6 구조적 문제점을 이야기하기 시작하면 굉장히 할 말이 많아질 겁니다. 구조나 제도는 나중으로 미루고 지금은 개인적 경험에 좀더 집중하죠.

돌봄 시민 2 제가 활동하고 있는 자원봉사 단체가 있어요. '계단뿌셔 클럽'이라고, 이동 약자를 위한 접근 정보를 시민이 모여서 조사하고 다니거든요. 주말에 모여서 활동해요. 어느 날 실제 휠체어 탄 사람이 자원봉사를 하러 온 거예요. 그런 분들을 위해서 저희가 정보를 모으고 있는데 당사자가 직접 활동하고 싶다고 나타난 거죠. 이분이 그냥 휠체어만 타시는 게 아니라 거의 뇌병변 중증 장애 같았는데, 그냥 스티븐 호킹을 생각하시면 될 것 같아요. 그런데 봉사 활동을 직접 하러 나오신 거예요. 저희도 그분이 오시니까 봉사 활동이 갑자기 힘들어지는 거예요. 원래 멀쩡한 사람들끼리 다니면서 사진 찍고 이 정도만 하면 되는데, 이분이 오시니까 사진도 대신 찍어야 되고 일이 늘어나기는 하잖아요. 하여튼 정말 대단한 분이라고 생각하고 있었죠. 어느 날 자원봉사자들이 다 모여서 콘퍼런스 같은 걸 했는데, 그분 아버님이 오셨어요. 점심 식사를 제공했는데, 이분이 음식을 드시려면 활동지원사가 있어야 하는데 못 오셨거든요. 휴일에 했거든요. 아버님을 뵈니까 저런 일을 지금까지 혼자서 다 하신 건가 하는 생각이 들더라고요. 표정이 되게 먹먹한, 그러니까 약간 부처님이 내려앉은 얼굴이더라고요. 저런 분이 혼자서 다 감당하는 게 맞는 일일까 하는 생각이 들더라고요. 그분은 어쨌든 지금도 봉사 활동을 정말 잘하고 계세요. 저희가 종로 같은 데에서 자원봉사를 하면 분당에서 혼자 전동 휠체어 타고 오세요.

돌봄 시민 1 다들 좋은 사례를 나눠 주시는데, 저는 분노한 사례를 말해야겠습니다. 동네에 있는 사회적 협동조합이어서 동네 아이들을 돌보거든요. 아이들이랑 놀이터에 가면 학원 가기 전에 잠깐 들른 아이들이 있잖아요. 그럼 같이 놀았거든요. 그러다가 제가 이직을 했어요. 똑같이 동네 놀이터에 나들이를 나가서 노는데, 팀장이나 센터장이나 놀이터에 있는 다른 아이들을 데리고 놀지 말라는 거예요. 애들이 놀다 보면, 술래잡기도 하고 얼음땡도 하고 그러다 보면 같이 하잖아요. 한두 명 껴서 축구도 하고 그러는데, 그러면 안 된다는 거예요. 정말 곤혹스러웠어요. 돌봄이 지역 사회에 진짜 필요한 일이라는 목적 아래 공공이 운영하는 건데, 문제 생기면 책임질 수 없으니까 너를 지키기 위해서는 쟤네를

끼워 줘서 같이 놀게 하면 안 된다는 거예요. 이런 돌봄이 제 사명이기도 하고 공동체의 목적이기도 하지만, 아이들이 우리 반 친구라고 하는데 같이 놀지 말라고 해야 하는 거죠. 지역 사회 돌봄이 어때야 하는가, 돌봄이 관계 중심이라고 하는데 이게 뭔가 하는 문제의식이 있어요.

어르신 돌봄도 기관에 발굴할 수 있는 권한을 주잖아요. 직접 신청을 못 하는 사람이 엄청 많으니까. 지역 사회가 그런 일을 해야 한다고 저는 생각하는데, 아직도 현장에서는 보편화되지 않은 것 같아요. 위기 가정이나 송파 세 모녀 사건이나 보면, 당사자가 서비스를 신청하지 않아도 기관이 판단해서 진행할 수 있는 권한이 필요하다는 거죠.

돌봄 시민 5   서대문구에 사는데, 불광천을 걷다 보면 날씨 좋을 때는 노인 분들이 많이 나와서 사람들 구경하시거든요. 그런 모습을 볼 때마다 저게 내 미래인가 생각하죠. 그런데 뭔가 심각한 주제를 떠올리기보다는 좀 편안하고 잔잔한 방식으로 문제를 해결할 수 있을까 생각해요. 동네 친구 같은 데 관심이 많거든요. 아까 등급외 분류 말씀도 하셨지만, 요즘 1인 가구 서비스 많은데 2인 가구는 안 되더라고요. 그런데 2인 가구가 건강하고 젊은 사람만 있지는 않거든요. 중장년 1인 가구를 대상으로 하는 요리 프로그램이 있길래 참가하고 싶다고 하니까 2인 가구라서 안 된대요. 사실 지금은 2인 가구이지만 곧 어머니 돌아가시면 1인 가구가 될 텐데 말이죠. 그런데 조직을 중심으로 접근하게 되면 결국 개인이 조직에 의존하는 방식으로 일이 진행될 수밖에 없고 개인과 개인 간의 관계는 불가능해요. 조직이라는 게 일하는 사람들이 모인 거잖아요. 조직은 모든 걸 돈이나 일로 보지 관계로 생각할 리가 없죠. 이런 접근도 필요하기는 하지만, 저 같은 사람은 자꾸 밀려나서 결국 등급을 받을 때가 돼야 이 조직이랑 연결될 수 있는 거죠. 이런 상황을 좀 바꾸면 좋겠어요. 그래서 저 같은 경우는 사실 개인이 갈 수 있는 공간이 없어요. 무슨 프로그램이 진행돼야, 하다못해 라틴 댄스라도 배우려고 해도 돈을 내야 들어가는 거죠. 갈 데가 없어요.

돌봄 시민 6   핵심적인 이야기를 해 주셨어요. 편안하고 잔잔하게 문제를 해결하면 좋겠다는 말이 저는 많이 와닿아요. 개인과 조직이 아니라 개인과 개인이 주체적으로 연결될 수 있게 해 주는 활동이나 공간이 지역에 있으면 좋겠다는 말씀이었습니다.

경계를 넘어 움직이는 안전한 연결

돌봄 시민 1   저는 일하는 사람 처지에서 서비스 신청자만 돌봐야 되는 문제가 있었잖아요. 그래서 사각지대 없이 제도를 운영하고, 일하는 사람이나 돌봄 제공자에게 뭔가 시급하거나 단발적인 활동에 관련된 권한을 주면 좋겠어요. 그러면 우리가 말하는 돌봄을 더 잘할 수 있지 않을까 하는 생각이 들어서요.

돌봄 시민 6   정책 제안 형태로 하면 '돌봄 노동자의 지역 사회 책임 강화에 따른 권한 보장' 정도가 어떨까요?

돌봄 시민 1   권리라고 해야 될지, 아니면 권한이라고 해야 될지 약간 고민됩니다. 불광천 인근에 어르신들이 그렇게 앉아 계시면 정자나 담소방 같은 공간을 만드는 거죠. 거기에서 대화 나누시다가 싸움이라도 나면 적극적으로 개입해서 말릴 사람이 있으면 훨씬 부드럽게 관계가 이어질 수 있겠죠. 동네 사람이 그런 돌봄 코디네이터, 돌봄 매니저 같은 일을 하면 좋겠어요.

돌봄 시민 3 긴급 돌봄 체계를 변화시키려고 노력하는 지역들이 좀 있어요. 긴급 돌봄 상황에서 이웃이 돌보는 이웃 돌봄자 양성 과정이라는 게 있어요. 그래서 가능하면 이웃이, 그리고 사례관리자가 긴급한 이웃 몇 명을 명단으로 올려놔요. 그럼 이웃에서 갈 수 있는 사람이 단톡방에 내가 가겠다고 말하거든요. 처음부터 이웃 돌봄자 양성 과정에 노인 학대 예방 교육, 그다음에 노인 인권 교육을 몇 시간 수료한 사람이라고 기준을 정해 놓는 거예요. 아무튼 이런 긴급 돌봄이나 틈새 돌봄에 투입되기가 너무 어렵다는 거죠. 편안하게 옆집 이웃이 갈 수 있으면 좋으니까 이 정도 간단한 돌봄은 이웃이 할 수 있게 하자는 거죠. 긴급 돌봄이 필요할 때 이웃 돌봄자를 이용하자, 그리고 이웃 돌봄자 양성 과정을 만들자는 정책을 제안하고 싶습니다.

돌봄 시민 4 거리에 있는 간판 중에 '노치원'이 없으면 좋겠어요. 이름을 바꾸면 좋겠어요. '노인 유치원'이라는 말이잖아요. 주간보호센터를 노치원이라고 부르는데, 너무 대상화한다는 거죠. 그래서 저는 이렇게 대상을 딱 고정하고 마치 가두듯이 하는 게 아니라 '움직이는 돌봄 센터'가 있으면 좋겠어요. 말하자면 커뮤니티 센터인데 움직인다고 하면 유연한 느낌이잖아요. 노인만 오는 게 아니라 필요한 사람은 다 올 수 있고, 의료적 연결이나 대화도 이어지고, 식사를 함께하거나 문화 프로그램이나 교육이 공존하고, 그래서 청년들도 와서 연결되는 거예요. 노인과 청년이 연결되고 이웃이 연결되는 커뮤니티, 일자리도 되면서 문화를 공유하고 향유할 수 있는 공간인 거죠.

돌봄 시민 6 움직인다는 게 어떤 뜻이죠?

돌봄 시민 4   우리는 어떤 공간을 딱 생각하잖아요. 공간과 대상을 딱 고정되게 생각하는데, 예를 들면 프랑스는 기후 위기에 대응하는 방법으로 아끼자거나 줄이자는 게 아니라 거리에 벤치를 많이 만들겠다는 정책을 내놨어요. 집 안에 있지 말고 밖에 나와서 이웃들이랑 대화하라는 거거든요. 집에서 에어컨 틀고 혼자 있지 말고 밖에 나와서 이웃들이랑 관계로 연결되라는 의미죠. 돌봄도 공간을 고정하지 말고 서로 배우고 공유하고 도움도 줄 수 있는 연결이 일어나는 자리면 좋겠어요. 그러면 공간과 공간을 나누는 문도 열리니까 밖에 나가서 다른 사람을 만날 수도 있고 산책을 다녀올 수도 있잖아요. 우리가 안전을 꼭 공간 안에서만 찾거든요. 안전을 말하는 범위도 확장해서 안전한 연결을 만드는 게 중요해요.

돌봄 시민 1   안전이라고 하면 물리적 안전만 생각합니다. 지원이라고 하면 물적 지원만 생각하는 것처럼. 노인과 청년이 연결될 수 있고, 의료적 연결이나 식사나 교육이 공존할 수 있는, 그러면서 조금 흘러가는 느낌을 줘서 많은 분이 편안하게 이용할 수 있는 움직이는 돌봄 센터!

돌봄 시민 4   밥도 같이 먹으면 좋잖아요. 공유 주방이 요새 많은데, 노인들하고는 거리가 있어요. 돈도 많이 들고, 멋있는 기자재도 사실 필요 없거든요. 하다못해 따로 안 만들어도 어떤 식당 쉬는 날에만 같이 쓸 수 있어도 괜찮아요. 누구나 와서 밥 먹고 관계를 연결하는 공간이 되면 좋겠어요. 도시락 돌봄도 집단으로 만들어서 배달하면 혼자 먹잖아요. 도시락이 관계를 잇는 고리가 돼야 하는데, 그냥 대상화되는 거죠. 도시락 주는 사람, 도시락 받는 사람. 관리 측면에서 접근하면 관계가 딱딱해질 수밖에 없어요. 공유 주방도 깔끔하고, 사진 찍기 좋고, 깨지면 큰일 나는 물건들 말고 자기 것처럼 편안하게 쓸 수 있게 해 줘야 죠. 누구나 밥은 먹어야 하니까 젊은 사람도 오고 노인들도 올 수 있게 해야죠.

돌봄 시민 6　지역에서 함께 밥 먹을 공간을 말씀하셨습니다. 밥이 관계를 연결하는 고리가 되면 좋겠다는 말이 핵심 같아요.

돌봄 시민 4　관계의 미학을 추구하는 작가 중에 리크리트 티라바니자라는 유명한 사람이 있어요. 전시장에서 타이 음식을 해서 같이 나눠 먹어요. 문턱을 낮춰서 접근성을 높이는 거죠.

돌봄을 저축하는 100만 이웃 돌봄자

돌봄 시민 2　지금은 제가 멀쩡하잖습니까? 완전 멀쩡하지는 않지만, 하여튼 건강해서 힘이 있을 때 다른 이들에게 돌봄을 제공하고 쿠폰처럼 적립해서 제가 나중에 필요할 때 헌혈증처럼 쓰는 거죠. 탄소 배출권이라고 있잖아요. 나무를 심거나 그러면 탄소를 배출할 권리를 주듯이 제가 취약해지면 돌봄을 받을 수 있는 정책이 나오면 괜찮을 것 같아요. 이웃 돌봄자 양성 과정을 거치고 도움을 제공하면 쿠폰을 주는 거죠. 쿠폰 이름도 이미 있어요. 타임뱅크라고. 활성화돼 있지는 않아요. 딱히 돌봄에 국한된 건 아니고, 다른 사람을 위해 뭔가를 하는 만큼 시간으로 보상하는 거예요. 인구 구조가 바뀌면 나중에는 5명 정도가 어르신 한 명을 돌봐야 할지도 몰라요. 그러니까 나중에 돌봄을 받아야 할 사람들이 지금 돌봄을 하게 만드는 동기도 될 것 같아요.

돌봄 시민 5　그래서 임진왜란 때 이이가 십만양병설을 주장했잖아요.

'100만 돌봄 시민을 양성하자'는 어떨까요?

돌봄 시민 2 100만 이웃 돌봄자 양성. 좋네요. 그리고 하나 더 있는데, 요즘 정신적 문제가 하도 심각하잖아요. 그래서 아예 '정신 돌봄 서비스'라는 용어를 만드는 거죠. 꼭 상담 같은 형태가 아니어도 만나서 얘기만 해도 정신 돌봄이 되잖아요. 아까 말한 대로 여성은 그런 걸 잘하니까 오래 살고 남성은 잘하지 못하니까 빨리 병들죠. 그래서 '정신 돌봄 남성 서비스'가 어떤가 싶어요.

돌봄 시민 5 정신 돌봄이 필요합니다. 같이 밥 먹고 이야기도 나눌 대상이 있어야 건강한 사회가 되는데, 안 그러니까 다 광화문 가고 이러시잖아요.

돌봄 시민 6 지금까지 나눈 이야기 중에 정책으로 제안할 만한 게 있을까요? 내용이 너무 포괄적이라 두 가지 정책으로 요약해야겠습니다. 움직이는 돌봄 센터가 저는 가장 기억에 남아요. 이걸 큰 제목으로 삼고 아래에 세부 내용을 채우면 어떨까 합니다.

돌봄 시민 1 움직이는 돌봄 센터를 1번으로 하고, 다음에 돌봄자 100만 명 양성이랑 돌봄 교육을 합치면 좋을 것 같아요.

돌봄 시민 5 이웃 돌봄이 들어가면 좋겠어요.

돌봄 시민 6 '이웃 돌봄자 100만 양성'은 어떠세요?

돌봄 시민 3 움직이는 돌봄 센터는 동 단위면 제일 좋겠어요. 단위별로 하나씩 있어야 하지만, 적어도 우리 동네 사람들은 거기에 가면 다 만날 수 있잖아요.

돌봄 시민 6 그럼 권역별로, 시민 주체 형태로 운영되는 동 단위 움직이는 돌봄 센터로 정리할게요. 식사나 교육, 의료 등을 함께 지원받을 수 있는 공간, 노인과 청년 등 모든 연령층이 함께할 수 있는 열린 공간, 이렇게 이야기하면 괜찮을까요? 그럼 '이웃 돌봄자 100만 양성' 아래에는 어떤 세부 내용이 들어가면 좋을까요?

돌봄 시민 1   헌혈처럼 나중에 돌려받는 시스템, 아니면 쿠폰 형태도 가능하겠어요. 돌봄 화폐 제도도 괜찮겠네요.

돌봄 시민 2   그런 인센티브도 중요하겠지만, 누구든 미래에 당연히 돌봄을 받아야 한다는 사실이 위협으로 다가오고 있는 것 같아요. 맨날 유튜브에서 보거든요. 불안하거든요. 그러니까 그 불안감 때문이라도 이런 게 생기면 적극적으로 참여할 것 같아요.

돌봄 시민 4   지금 이웃 돌봄을 잘 안 해요. 복지관에 가면 그만큼 보상을 주거든요. 자원봉사자가 점점 없어지는데, 자원봉사에 보상하는 제도가 생기면 이웃 돌봄이 더 좋아지지 않을까 생각해요. 미래에 내가 돌봄에 쓸 수 있다는 건 굉장한 장점이죠.

돌봄 시민 2   부모님께 돌봄 상품권을 선물할 수도 있어요.

돌봄 시민 6   돌봄자를 양성하고, 돌볼 사람도 연계하고, 돌봄 제공 시간도 관리하는 타임뱅크.

돌봄 시민 4   좋다! 친구들한테 협박할 것 같아요. 빨리 해서 나한테 다 달라고.

돌봄 시민 6   이웃 돌봄자 100만 명을 양성하고 돌봄 제공 시간을 관리하는 움직이는 돌봄 센터로 정리하겠습니다.

11장

"작은 끈을 이어 주는 네트워크가 지역마다 있으면 좋겠어요"

지역 사회, 이웃 기반 돌봄 시스템 2

현재 돌봄 제도가 놓치고 있는 공백을 지역 주민이 형성하는 관계적 돌봄망으로 해결할 방안을 이야기하는 매우 뜻깊은 시간이었습니다. 같은 듯 다른 듯 다양한 의견들이 모여 지역에서 해야 할 일들이 더욱 분명해진 것 같습니다. 감사합니다.

— 인정현 노원돌봄사회적협동조합 이사장

퍼실리테이터 영케어러였습니다. 7년간 친할머니가 치매를 앓아서 돌본 경험이 있고, 지금은 대학생 상담사로 일해요. 애도 시기가 조금 지나니까 이런 활동을 할 심리적 여력이 생기더라고요.

돌봄 시민 1 돌봄과미래에서 2년 전에 연 아카데미를 이수했습니다. 먹고사는 직업 빼고는 시민단체 활동을 하고 있습니다.

돌봄 시민 2 원래는 지역 활동가 출신이에요. 일본에서 시민사회 활동을 하면서 공공이나 지역 사회에 관련된 다양한 활동을 한국에 소개하기도 했고요.

돌봄 시민 5 산모를 돌보는 일을 하고 있는데, 그런 일에 관련된 정책적 대안을 마련하는 데 의견을 내고 싶어서 참석했습니다.

돌봄 시민 3 1인 가구나 비혼 아니더라도 서로 돌봄에 관심이 많아요. 혼자 살 수 있지만, 결국 또 혼자 살 수 없는 존재이기 때문이죠. 그래서 계속 돌봄 공부를 하고 있어요. 원가족은 고향에 있고 저는 혼자 사는데, 같은 지역 사회 안에 서로 도움이 되는 친구들도 있고 지역 기반이 튼튼하면 이사 가지 않고 계속 살고 싶어요. 또한 지역 사회 안에는 다양한 계층에 속하는 사람들이 많이 있잖아요. 그런 모든 사람도 우리가 결국 이렇게 서로 돌보면서 살 수밖에 없는 존재잖아요. 그런 시스템이 우리 사회에 좀더 잘 마련되면 좋겠다는 마음으로 장애 아동을 가르치는 일을 하고 있어요.

돌봄 시민 4 예전에 시민단체 활동을 하다가 자활이나 사회적 경제 관련 활동을 했고, 현재는 돌봄사회적협동조합에서 일하고 있습니다.

퍼실리테이터 제가 돌봄을 할 때는 영케어러라는 말이 없었어요. 그러다 보니까 7년간 한 경험을 바탕으로 목소리를 낼 기회가 없었어요. 애도 기간을 거치는 중에 대학원에 진학했는데, 돌보던 아버지가 돌아가시자 돌봄 청년이 징역형을 선고받는 사건이 있었어요. 개인적으로 큰 충격을 받았고, 엔인분도 그때부터 활동이 활발해진 걸로 알고 있어요. 대학원을 졸업하고 일하다가 활동에 관심이 있어서 참여했습니다.

비빌 언덕, 통합을 위한 개념이자 공간

돌봄 시민 1 가족이 아파서 몇 달씩 병원에 있던 일 말고는 제가 직접 돌봄을 한 경험은 없어요. 친한 친구가 돌봄을 하는 모습을 보면서 많은 걸 느꼈어요. 걔가 어릴 때 부모님이 이혼하셨는데, 어머니가 먼저 치매가 와서 3년 동안 식물인간 상태로 누워 사셨거든요. 친구가 출퇴근을 그만두고 요양보호사 오는 네 시간에 마트 가서 물건을 사 오거나 밖의 일 보면서 재택근무로 돌린 거예요. 그나마 디자이너이고 온라인 마케팅 업무를 하던 친구라서 가능했는데, 아예 그 네 시간만 밖에 나갈 수 있는 삶이 됐더라고요. 어머니가 돌아가셨는데, 아버님께서 정신 질환으로 병원에 있다가 나와야 하는 상황이 됐어요. 친구가 매일매일 똥 묻은 팬티를 빠는 모습을 보면서 요양원에 모시는 게 낫지 않느냐고 하니까 죄짓는 것 같아서 못 하겠대요. 외할머니가 요양원에서 삐끗했는데 고관절에 문제가 생겨서 돌아가셨대요. 요양원을 신뢰하지 않는 거죠. 돌아가실 때까지 직업적 손해를 보더라도 돌보겠다는 친구를 보고 심각하다, 한 사람의 인생이 다 흔들린다고 생각했어요. 친구가 싱글이니까 다른 문제는 없지만, 돌봄에 관련해 많은 문제의식을 느꼈어요.

돌봄 시민 2 절실한 돌봄을 사실 해 본 적은 없고, 간접적인 경험은 했죠. 한국과 일본을 지켜보면서 지역 사회 돌봄 문제를 어떻게 해결할지 고민했어요. 어차피 지역 활동가 출신이다 보니까 일본이 먼저 겪은 상황을 살펴본 거였죠. 2010년에 일본에서 들어와서 맨 처음에 한일청년포럼을 만들었어요. 한국은 얘기조차 안 나오는 시기였지만, 일본은 이미 히키코모리나 니트 문제가 심각했거든요. 한국 사회도 앞으로 똑같이 되지 않을까 생각해서 모임을 만들었어요. 사회적 고립 청년을 일본에서는 '와카모노'(젊은이)라고 표현하는데 우리말로 어떻게 옮길까 고민하다가 처음에는 연령대로 소개했어요. 와카모노 대상이 만 15세 이상에 34세 이하였거든요. 청년도 아니고 청소년도 아니고 그래서 제가 처음에는 '청(소)년'이라고 했어요. 그런데 연령으로 얘기할 문제가 아니더라고요. 일본도 처음에는 29세이다가 34세로 늘렸고, 다시 39세가 되고, 지금은 44세까지 갔어요. 와카모노라는 정책 용어는 연령 문제가 아니라 사회적 이행기에 있는 청년이라는 의미인 거예요. 그래서 '사회적 이행기 청년'으로 소개했죠. 취업 문제도 있지만, 단순히 취업보다는 다양한 관계 단절이나 고립 문제가 중층적이고 복합적으로 섞여서 사회적 이행을 잘하지 못하는 사람이 늘어나는 현실에 관심을 많이 가졌어요. 그러다 중간에 박사 학위를 하러 또 일본에 갔다 왔는데, 2010년에 들어와서 만난 청년들이 다 고립돼서 활동하고 있더라고요. 그 친구들이 집밥이 그립다는 얘기를 많이 했어요. 한 달에 한 번 청년들을 집으로 불러서 같이 밥 먹는 모임을 시작했어요. 지금도 밥모임은 지속되고 있어요.

아이가 유치원 다닐 때인데, 친구를 만들어 주고 싶지만 아는 사람이 없잖아요. 우연히 텃밭 공간을 만든다는 얘기를 듣고 친구를 좀 만들어 줄까 하는 개인적 욕구 때문에 갔죠. 거기에서 사회적 돌봄을 같이했어요. 전통적 공동체가 깨진 뒤에 새로운 관계와 공동체를 만드는 과정에서 텃밭이라는 공유 공간이 중요하다는 경험을 했고, 박사 논문을 썼어요. 제 아이는 텃밭 덕분에 잘 자랐다고 생각해요. 일본 다녀와서는 어쩌다 보니 혼자 살게 됐어요. 강남구에서 민주당이 한 번 이긴 적 있거든요. 그때 제가 정책 자문을 들어가서 두 가지를 제안했어요. 하나가 1인 가구 지원 활동 정책이에요. 그래서 한국에서 처음으로 강남구가 1인가구지원센터를 만들었어요. 지금은 여기저기 많이 생겼죠. 또 하나는 적정 복지 모델이에요. 일본 복지클럽생협이 적정 복지 모델 개념을 만들었거든요. 한국은 최소 복지 모델이거든요. 국민기초생활보장법이 있지만 최소한도를 정할 뿐이지 나한테 와닿는 돌봄은 아니잖아요. 모든 사람에게 와닿는 적정 복지를 지역 사회 안에서 만들자는 의미였죠. 그래서 강남구가 적정 복지 기준선을 조사했어요. 1인 가구를 지원하자는 얘기는 저항감이 있어서 센터 이름은 '강남구1인가구커뮤니티센터'로 했어요. '혼자라도 괜찮아, 필요할 땐 사회적 가족'이 캐치프레이즈거든요. 혼자 사는 게 문제가 아니라 혼자 살 수 있도록 서로 관계를 잘 만들어 나가는 게 중요하다는 거죠.

돌봄 시민 5   초등학교 6학년부터 중학교 3학년까지 짝꿍이던 친구가 시인에 가까운 애였는데, 죽으려고 계속 수면제를 모은다는 걸 알고 제가 가방에서 뺏어서 버린 기억이 있어요. 대학원 다닐 때는 아동과 청소년 지원에 관한 논문을 썼어요. 어머니가 암 투병을 하셨는데, 처음에는 제 발로 요양원에 가셨어요. 형제들이 다 멘붕에 빠졌죠. 암이 재발해서 수술하실 때는 요양원에 다시는 안 가겠다면서 집에 혼자 계셨어요. 어머니를 요에 싸 가지고 제집으로 모셔 왔어요. 그때 직장을 다니고 있었거든요. 형제들이 일주일 동안 휴가를 다 내고 돌봤는데, 그러다 어버이날 지나 5월 9일에 돌아가셨어요. 요양보호사 자격도 갖추지 못한 상황에서 어머니를 잘못 돌본 건가 후회했죠. 북한 이탈 주민을 상담하면서 기력이 완전히 빠져 소진된 상태에서 겨우 밥 차려 드리고 옆에 같이 누워 있던 게 어머니한테 죄송해요. 박봉으로 일했는데, 관리직들은 우리 몇 배 연봉을 받으면서 무슨 일이 나면 상담사를 곤란하게 했죠.

지금은 출산한 산모를 돌보는 일을 하는데, 정부에서 지원도 많이 하지만 4주 하면 지원이 끊어져요. 돌봄이 필요한 사람들, 특히 쌍둥이 낳은 산모는 정책적으로 지원해야 해요. 몸도 채 회복하지 못한 엄마가 혼자 어떻게 쌍둥이를 돌봐요? 아이들이 세 살, 다섯 살 될 때까지 지원하면 출산율도 올라가지 않을까요?

돌봄 시민 3 아버지가 폐암으로 돌아가셨는데, 그때는 어머니가 계시니까 저는 서울에서 직장 다니면서 대구를 왔다 갔다 했어요. 전적으로 엄마가 간병을 하셨거든요. 길게 하신 건 아닌데도 아버지 보내고 나서 엄마가 진짜 폭삭 늙으셨어요. 돌봄 문제를 잘 알지 못하고 엄마가 당연히 하는 일이라고 생각했어요. 제가 비혼인데, 언니랑 동생이 있지만 결국 돌봄은 비혼 여성에게 몰리잖아요. 그런 상황을 준비해야 한다는 생각이 들고요.

주위에서 다양한 돌봄 때문에 어려움을 겪는 사람들을 많이 보죠. 갑자기 심정지가 와서 식물인간이 된 가족을 직장 생활하면서 돌봐야 하는 지인이 있어요. 요양보호사나 간병인을 쓰는데, 시간당 따지면 큰돈은 아니지만 한 달로 따지면 많다고 얘기하는 거예요. 거꾸로 생각해 보면, 제가 돌보는 아동 중에 다문화 가정 아동이 있는데 엄마가 간병인이다 보니 삼촌이랑 같이 살거든요. 간병인으로 일하면서 정작 자기 아이는 못 돌보잖아요. 돌봄에 돈이 많이 들기는 하지만 간병인 상황을 생각하면 그게 아닌 거죠.

장애 관련된 일을 하기 때문에 탈시설에 동의하면서도 탈시설이 모든 사람에게 다 좋을까 하는 생각도 하게 돼요. 복지를 원하는 사람들도 스펙트럼이 다양한 것처럼 정책도 다양한 스펙트럼에 맞춰 세세해야 한다고 생각해요. 돌봄 당사자로서, 1인 비혼 여성이자 중장년 여성으로서 보면, 중장년 중에도 직접적인 지원이 필요한 사람이 있고 네트워크가 필요한 사람이 있듯이 다양하잖아요. 아동 복지나 노인 돌봄처럼 나이를 기준으로 딱 구분하잖아요. 나이로 딱 자르다 보니까 정작 중장년이면서 도움이 필요하거나 네트워크를 원하는 사람들은 받기가 어려워요. 개인으로, 1인 가구로 살아서 되게 좋지만, 때로는 적정한 수준에서 연대하고 서로 돌보면서 살고 싶은 마음도 있잖아요. 모든 노인이 노인정에 가지는 않아요. 공유 공간인데, 굉장히 좋고 넓은 그런 공간을 거의 잘 사용하지 않아요. 가는 사람만 가죠. 다른 방식으로 활용할 방법을 모색해야 되지 않을까 생각해요.

돌봄 시민 2 지금 복지가 세대나 계층을 따라서 분절적으로 운영되잖아요. 통합할 수 있는 개념이나 공간을 고민하다가 일본에서 쓰는 '이바쇼' 개념을 갖고 왔어요. 정확하지 않아도 우리말로 굳이 옮기자면 '비빌 언덕'인데, 그냥 나 자체로 인정받거나 내가 도움이 필요할 때 기대도 되는 사람이나 공간을 의미해요. 나다움을 표현할 수 있는 공간이나 조직 있잖아요. 지역 사회 안에서 다양한 계층이나 사람을 포괄하는 공간이나 모임을 만들 수 있지 않을까 생각해요.

돌봄 시민 3 말씀하신 대로 공간도 굉장히 중요해요. 공간을 어떻게 구성하느냐에 따라 공간 자체만으로 힘이 생겨요. 공간이 있어야 사람들이 모일 수 있잖아요. 얼마 전에 책을 보니까 복지관을 리모델링하면서 여러 세대가 교류할 수 있게 바꾸더라고요. 돌봄은 이런 포괄적 관점이 필요해요. 아는 복지 기관 공무원도 복지를 이런 복지 저런 복지로 잘게 나누니까 의사소통이 안 된다면서 통합해야 한다고 그러라고요.

돌봄 시민 1 참여정부 때 점점 학생이 줄어든다고 예측해서 그런 제안이 나왔어요. 국공립 유치원 만들고, 담 허물어서 노인복지관 만들고, 텃밭도 만들어서 학교 끝나면 아이들이랑 노인들이랑 마니또처럼 연결하자는 거였죠. 전 계층에서 노인, 어린이, 장애인, 다문화 가족, 홈리스 등 사회적 소외 계층이 모일 수 있죠. 《모든 것은 도서관에서 시작되었다》는 책을 읽었는데, 북유럽은 도서관이 쇼핑센터를 거쳐 지하철에 연결돼 있대요. 그럼 턱도 낮추고 장애인이나 노인이나 아이들이 모여서 토론도 하고 놀이도 하고 배울 수도 있잖아요. 부모가 늦게 오면 이웃들이 같이 아이를 돌보는 공간도 되죠. 도서관 표어가 평범한 사람들이 건강한 시민으로 살아가도록 하는 데 교육 목표를 둔다고 딱 써 있대요. 니콜라이 그룬트비 같은 형태의 교육 철학이 저는 굉장히 중요하다고 생각하는데, 단순히 아픈 사람 돌보고 장애인 돌보자는 차원이 아니라 우리가 서로 더 귀하게 여기자는 말이잖아요. 에드가 칸이 쓴 《이제, 쓸모없는 사람은 없다》는 책에 보면 타임뱅크라는 개념이 나와요. 내 시간과 네 시간이 같다는 거죠. 제가 청소부예요. 그런데 이분은 변호사예요. 청소부의 한 시간과 변호사의 한 시간이 사회적으로 다르지만 이분이 저를 위해 한 시간 동안 상담을 했어요. 그럼 저는 이분 집에 가서 한 시간 동안 청소하면 되는 거예요. 이런 식으로 발상을 바꾸면 자본주의적 틀을 벗어날 수 있다는 얘기를 좀 하고 싶습니다.

작은 끈을 이어 주는 네트워크

퍼실리테이터 되게 공감되는 게 제 할머니가 요양원은 아니고 할머니들 모이는 공간에 다니셨거든요. 할머니들만 모이니까 활동이 제한적이에요. 밥은 해 먹는데 인지 활동을 깨우는 활동 자체가 부족한 거죠. 한 달에 한 번 간호사가 와서 치매 선별검사를 하는데 약간 후방 조치 같아요. 단순한 장소를 넘어서 지역 사회에서 활동해야 치매가 생기지 않을 텐데, 제 할머니하고 할머니 몇 분이 결국 치매에 걸리셨어요.

돌봄 시민 1 몇 년을 부산 친척 집에서 살았어요. 서울에서 한 분이 정년퇴직하고 내려오셨는데, 심심하니까 제가 서울에서 내려온 사실을 알고 자주 놀러 오셨어요. 저희 애들도 이모라고 불렀죠. 한 열 시나 열한 시 되면 별일 없으면 오셔서 제가 빨래 개고 있으면 빨래도 개 주시고 백화점도 같이 가고 그러면서 저한테 관심을 써 주셨어요. 정말 작은 끈이 잖아요. 그냥 동향이라는 이유로 저를 한참 돌봐주셔서 지금도 감사하게 생각해요. 그렇게 작은 끈을 이어 주는 네트워크가 지역마다 있으면 좋겠어요.

돌봄 시민 4 지금 말씀하신 공동체 돌봄이 타임뱅크라고 해서 경북 구미시나 서울 노원구 같은 곳에서 시범 사업을 했거든요. 오랫동안 했는데, 실패한 원인을 분석해서 실현할 수 있게 만들면 좋겠어요. 그래서 참여 소비라든가 변형된 형태로 대안들이 나오고 있어요. 그중 하나가 마을 주민이 함께 참여하는 돌봄 네트워크인데, 핵심은 거점이잖아요. 박원순 서울시장이 빈집 전수 조사를 한 적이 있어요. 서울도 그렇게 많다더라고요. 빈집을 매입해서 커뮤니티 공간으로, 청년 주택이든 돌봄 공간이든 만드는 방안을 추진하다가 안 됐어요. 경로당이 대한노인회한테 독점권을 부여한 건데, 폐쇄적이다 보니 개방형 경로당이 생겼더라고요. 개방형 경로당도 어려움이 많대요. 주상 복합 건물이나 지하철 역사처럼 유동 인구 많고 접근성이 좋은 곳들이니까 돌봄 거점으로 삼아도 되겠어요.

저희가 작년에 돌봄 영역별로 돌봄 공백을 찾는 집담회를 여러 번 했는데, 거기에서 말씀하신 내용이 딱 나왔어요. 요양보호사가 오는 시간이 세 시간이나 네 시간인데, 끝나면 바로 공백이잖아요. 주말이나 공휴일도 공백이고. 데이케어센터도 똑같아요. 가족들이 출근을 일찍 하니까 데이케어센터 차 타는 데까지 데려갈 사람을 찾는다는 광고를 당근마켓에 당사자가 올렸더라고요. 아침이랑 저녁 해서 30분에 얼마 드리겠다고. 이런 것도 돌봄 관계망이 있으면 마을 일자리 개념으로 같이 만들 수 있겠죠.

미국에서 국가가 사람들한테 열 시간 동안 지역 사회에서 노인이랑 얘기하면 공공 임대 주택 월세 20만 원을 면제해 준다고 그랬대요. 우리도 이렇게 시작할 수 있다고 생각해요. 서울시에서 '집집마당'이라는 프로그램으로 공동체 주택을 지원해 줘요. 땅 사고 건축하는 비용까지 90퍼센트를 공동체 투자 형태로 지원하는 사회 주택이에요. 10퍼센트만 내면 집을 지을 수 있는데, 조건이 붙어요. 전체 건축 면적의 10퍼센트를 지역 주민에게 내놔야 해요. 네덜란드는 전체 주택의 45퍼센트가 사회 주택인데, 민간에 떠넘기는 대신에 사회주택협회 300여 개가 국가 행정 안에서 민간이랑 협력하는 형태예요.

퍼실리테이터 좋은 사례들을 나눠 주셨어요. 2부에서는 우리나라 실정에 맞는 현실적 대안을 머리를 맞대고 만들면 좋겠습니다.

돌봄 시민 6 죄송합니다. 좀 늦게 왔어요. 엔인분 구성원이에요. 조현병이 있는 어머니하고 알코올 의존증 아버지랑 살고요. 사회학자이면서 여러 활동을 하고 있습니다. 아침에 대전에서 어머니랑 같이 왔어요. 얼마 전부터 어머니를 독립시키는 문제 때문에 가족들이랑 열띤 논의를 하는 중인데, 어머니 형제들하고 얘기하다 너무 과열돼서 막 싸우다가 부랴부랴 왔어요.

퍼실리테이터 지금까지 각자 돌봄 경험을 나누고 제가 정리했습니다. 첫째, 대상에 따라 서비스가 나뉘어 있는 만큼 세대를 아우르는 통합형 돌봄이 필요하다. 둘째, 일본에서 쓰는 이바쇼라는 개념처럼 지역 주민 사이의 관계적 돌봄이 일어나는 거점을 만들어야 한다. 유휴 공간이나 유동 인구 많은 곳을 찾아 돌봄 거점으로 삼자. 셋째, 돌봄 공백을 메울 대안적 돌봄 형태로 타임뱅크, 참여 소득, 시간제 돌봄 같은 관계적 돌봄을 확대해야 한다. 그래서 2부에서는 우리가 제안할 두 가지 정책을 정리해야 합니다.

돌봄 공백 메우는 공간 전략

돌봄 시민 1 주민센터 맨 위층에 큰 홀이 있더라고요. 오늘 이런 행사도 그런 데서 할 수 있다고 생각해요. 자기 지역 돌봄 문제를 들고 구청까지 가면 너무 넓어지니까 주민센터 같은 데서 매달 만나는 거죠. 주민 자치회랑은 좀 다르게 참여하고 싶으면 다 받아들여서요. 단순히 얘기만 하는 게 아니라 공부 모임도 진행하면 좋겠어요. 정식 토론에 들어가기 전에 미리 공부할 수 있는 프로그램을 주민 단위로 갖는 거죠. 마포여성동행센터라고 있거든요. 거기에서 작년에 1년 동안 돌봄을 주제로 한 독서 토론을 매달 한 권씩 했어요. 돌봄에 관한 인식을 확대하려는 시도죠. 장애인이 탈시설을 할 때 문제가 뭔지만 얘기하지 말고 경제개발오개년계획처럼 차근차근 만들어 나가야지, 지금 발전이 없다고 포기하면 변화도 없거든요. 탈시설을 한 장애인을 만나 얘기한 적이 있는데, 그분이 시설에서 10년 사는 것보다 나와서 한 달 살고 싶대요. 인간으로서 자존감과 자유를 갖고 살고 싶다는 거죠. 파주영어마을처럼 아예 숙박도 가능한 마을을 만드는 거예요. 마당 있는 공간을 만들어서 주거하면서 가족들도 자유롭게 드나드는 거죠. 사람들이 의지를 갖고 자발적으로 나서면 예산이 그렇게 많이 안 필요할 수도 있어요.

돌봄 시민 2　돌봄 거점을 마련하려면 먼저 공공 공간의 성격을 변화시켜야 한다고 생각해요. 그런 일은 많은 예산을 들이지 않아도 해 볼 수 있지 않을까 해요. 개방하고 확장하는 식으로. 국가가 새로 공간을 매입하려면 정책도 짜고 예산도 마련해야 하는데 설득하는 과정이 쉽지 않아요. 얘기하신 것처럼 여성, 노인, 아동이 다 분절돼 있으니까 통합하는 곳을 자치구에 하나 정도 만드는 거죠. 그런데 내가 노인이에요. 노인에 관련된 돌봄 거점이 있으면 좋겠는데 버스 타고 가야 해요. 그런데 근처에 아동센터가 있어요. 그럼 아동센터를 아동만 아니라 노인도 이용하는 공간으로 개방하면 더 좋잖아요. 각 계층만 대상으로 하던 공간을 개방하고 확장하는 방식으로 걸어서 갈 수 있는 거리에 돌봄 거점 공간을 만들자는 거죠.

돌봄 시민 1 공간이 있으면 프로그램은 자생적으로 생기지 않을까 싶어요. 애를 키우고 있는 엄마예요. 애를 좀 봐 주면 좋겠어요. 학원 다녀온 애가 동네에서 머물 수 있는 곳이면 좋겠죠. 할머니나 할아버지들이 여기에 타임뱅크를 적용할 수도 있어요. 일주일에 15시간을 도움받으면 나도 15시간을 지역 사회에 내놓는 거예요.

돌봄 시민 5 지역아동센터는 오전에는 대부분 비어 있고 경로당은 오후에 비니까 개방하는 거죠. 노인 분들이 인센티브를 받으면서 아이들을 돌볼 수 있다면 지역아동센터 선생님들도 일 부담이 줄잖아요.

돌봄 시민 4 거점을 만들어서 돌봄 공백을 메우는 거죠.

돌봄 시민 5 거점에서 돌봄도 하지만 돌봄을 연계해 주는 거예요. 거점에 올 수 없는 사람도 있잖아요. 돌봄을 원하는 곳으로 찾아가는 것도 중요하겠어요.

돌봄 시민 1 타임뱅크가 왜 좋냐면 혼자 사는 여성은 집 고장 나도 사람 부르기 어려워요. 무서울 수도 있고. 동네 사는 할아버지가 오시면 신원이 확실하잖아요. 단순히 돈 문제가 아니라 신뢰, 소속감을 형성하는 게 좋다는 거죠.

돌봄 시민 2 타임뱅크가 좋기는 하지만 장기적으로 고민하면서 봐야 해요. 타임뱅크는 자본주의에 맞선 대안적 시스템이라서 효능감을 느낄 때 가능해요. 의도가 아무리 좋아도 받아들일 준비나 경험이 없으면 불가능하죠. 오히려 마을형 일자리가 어울려요. 일본에서는 커뮤니티 워크라고 하는데, 시장 영역하고 볼런티어, 자원봉사 영역 사이에 있는 일자리예요. 공공 근로랑은 달라요. 공공 근로는 국가가 줘서 하는 형태이고, 커뮤니티 워크는 주로 사회적 경제 영역이나 협동조합 같은 곳에서 보이는 형태인데, 시장 가격으로 돈을 받지 않아요. 그렇다고 자원봉사는 아니죠. 단체를 운영해야 하는데 유지하기가 쉽지 않아요. 시장 가격과 자원봉사 사이에서 가격을 설정해요. 우리말로 공동체 일자리라고 할 수도 있죠. 어떤 복지 서비스가 있는데, 내가 지금은 제공자이지만 수요자가 될 수도 있잖아요. 시장 가격으로 복지 서비스를 구매하기에는 부담스러운 거죠. 내가 낮은 가격에 서비스를 제공할 수 있으면 수혜자가 될 때도 같은 가격으로 받을 수 있어요. 임금 개념으로 보면 안 돼요.

돌봄 시민 4 서울시에서 하는 보람일자리가 보통 50만 원 정도 받는데, 한 달에 20만 원 받는 자리도 있거든요. 돌봄 서비스는 요양보호사라는 국가 자격증을 가진 사람이 제공하지만, 이런 일자리는 대학생이 할 수도 있고 아이 학교 보낸 전업주부가 두 시간 정도 할 수도 있어요. 지역 돌봄 체계에 기여하고 호혜적인 돌봄이 지속 가능하게 만드는 방식이죠.

돌봄 시민 2 국가가 최소 복지를 충실하게 실행한다는 전제 아래 공동체가 양과 질을 보장한다는 전제가 있어야 한다고 봐요. 공동체가 전부 다 하겠다고 나서는 순간 국가는 해야 할 책무를 내던질 수 있거든요. 국가가 할 몫을 정확하게 규정해야 하지만 모든 걸 다 국가가 할 수는 없으니까 일자리 체계는 공동체의 힘으로 만들어야 공동체도 결속력이 생기고 서비스도 지속되죠. 공간을 만들어 준다고 해서 사람들이 알아서 오고 활성화되지는 않거든요. 만들어 놓고 쓸모없어진 공간이 되게 많잖아요. 동네마다 수요가 다 달라요. 설계부터 주민이 참여해야 해요. 어떻게 설계하는지가 중요하거든요. 일본 오사카에 있는 기타시바라는 작은 마을에서 광장을 만들었어요. 아이부터 어른까지 모두 참여해서 페인트칠도 하고 자기네 공간으로 만들기 위한 작업을 했거든요. 그 공간이 만들어진 순간부터 거기에 참여한 사람들이 모두 자기가 만든 공간의 주인이 되는 거예요. 그러니까 그 공간이 되게 복합적이고 다양하게 쓰이기 시작하죠. 결혼식도 하고, 농부 시장도 열고, 바비큐 파티도 하고.

돌봄 시민 1 사회 복무 제도를 만드는 거죠. 남자들이 군 복무를 하잖아요. 그런데 남자 중에 군 복무에 적절하지 않은 사람도 있고 여자 중에 군 복무에 적절한 사람도 있죠. 사회 복무 제도를 만들어서 돌봄 노동을 1년 반이든 그 이상이든 의무적으로 하게 하면 돌봄 인력 문제도 해결하고 돌봄 문화도 확 달라질 수 있다고 봐요. 돌봄을 희생이 아니라 제도로 끌어들이는 거죠.

돌봄 시민 6 말씀 중에 염려된 게 봉사도 아니고 임금 노동도 아닌 일자리예요. 정말 이상적인 아이디어이지만 유급 노동이 다운그레이드될 가능성이 있어요. 결국 중년 여성이 하게 될 거예요. 성숙한 분위기가 안 되면 압박이 될 수도 있고요. 복합적인 콘텐츠를 체험할 공간이 만들어진다면 관리나 조율을 할 수 있는 전문가가 꽤 많이 유급 노동으로 들어가야 한다고 생각해요. 어차피 지금 일자리가 많이 없는 상황이라서 전문가들이 꽤 많거든요.

돌봄 시민 5 진짜 시작한다면 전문가가 한 경로당에 한 사람씩 들어가야 되겠죠. 경로당이라고 하지 말고 이름을 센터로 바꾸면 좋겠는데, 일단 자원이 문제잖아요. 정책적으로 필요하다면 수요도 중요하지만,

"작은 끈을 이어 주는 네트워크가 지역마다 있으면 좋겠어요"

공급자, 그러니까 어르신들한테 그런 일을 할 때 정말 봉사할 의사가 있는지를 먼저 조사해야 한다고 봐요. 그러면 그분들을 좀더 교육해서 이웃 돌봄에 투입하는 거죠.

돌봄 시민 1 타임뱅크 얘기할 때 문제가 국가가 해야 할 일을 민영화하는 데 익숙해져 있다는 거예요. 유급 노동 같은 얘기가 나오는데, 사실 저는 이런 생각을 해 봤어요. 자본주의 시스템을 적극적으로 활용한다면 나중에 늙어서 받을 요양을 젊을 때 적립하는 거죠. 지역 사회에서 내가 할 수 있는 돌봄 형태로, 아이나 노인을 돌봐서 저축하는 식이죠. 지금 청년들이나 우리도 마찬가지잖아요, 돌봄이라든지 사회적으로 쓸모가 없어진 대상을 혐오하거나 배제하는 문화가 팽배하잖아요.

돌봄 시민 4 지금까지 나온 이야기는 크게 두 가지예요. 하나는 걸어서 10분 이내 거리에 주민이 참여하는 돌봄 거점을 만든다. 또 하나는 마을 일자리를 활용해 돌봄 공백을 해소한다. 마을 일자리를 활용한 시간제 돌봄이라고 해도 될 텐데, 돌봄 공백을 어쨌든 메운다는 거거든요. 복약 지도라든가 안부 확인 등 마을 일자리를 활용해서 시간제 돌봄에 맞춰진 초점을 옮긴다. 마을의 인적 자원을 활용하자.

돌봄 시민 2 마을 단위 돌봄 거점 센터 구축, 주민 참여형 마을 일자리로 돌봄 공백 메우기.

돌봄 시민 3 나이 들어가는 건 모든 사람에게 해당하잖아요? 그런데 우리나라는 그런 게 너무 없다 보니까 저는 의료 같은 분야도 지역에서 해결하면 괜찮겠다는 생각이 들어요.

돌봄 시민 2 관악정다운의료사협이라고 관악구를 거점으로 활동하고 있습니다.

돌봄 시민 2 그러니까 지역 사회 돌봄 공백 해소가 정책 명칭이고, 그런 문제를 해소하기 위한 방안으로 마을 일자리나 커뮤니티 워크를 활용한다는 거네요.

돌봄 시민 4 자원을 활용한다는 건 어때요? 돌봄 공백을 해소하기 위한 마을 일자리 활용은요? 왜냐하면 정책 명칭에 구체적인 내용이 안 들어가 있어서.

퍼실리테이터 첫 제안은 '마을 단위 돌봄 거점 구축'을 제목으로 하고, 내용은 이렇습니다. 걸어서 10분 이내에 주민이 참여하는 돌봄 거점을 동네마다 마련한다. 기존 커뮤니티 공간을 활용하는데, 예를 들어 경로당이나 주민센터, 지역아동센터 등을 주민이 참여해 지역의 필요를 반영한 마을 돌봄 플랫폼으로 만든다. 또한 이웃 기반 돌봄 커뮤니티 공간으로 활용한다. 둘째 제안은 '마을 일자리를 활용한 시간제 등록 돌봄 공백 해소'로 하고, 내용은 이렇습니다. 초등학생 시간제 돌봄처럼 활용한다. 마을 일자리를 활용해 학생이든 전업주부든 직장인이든 주민이 돌봄 제도의 공백을 메우는 일을 서로 돕는다.

12장

"이 인분, 삼 인분……
가족이 다 죽어야 끝나나?"

청년 돌봄

중증 장애인인 동생이 복지관 프로그램을 신청하고 3년을 대기하다가 막상 차례가 오자 이동 수단을 찾기 어려워 포기한 이야기가 기억에 남습니다. 가족 돌봄 청년이 예산을 지원받아 직접 계획을 세워 운영하는 커뮤니티 센터, 가족 돌봄 청년 돌봄 경력 인정과 학업 지원 등이 필요하다는 목소리가 꼭 정책에 반영되기를 바랍니다.

— **김미희** 고려대학교 보건학 협동과정 박사 수료

돌봄 시민 1   돌봄을 직접 경험한 적은 없습니다. 공부하다가 영케어러를 알게 됐고, 관련 법이 개정돼 영케어러들이 도움을 받을 수 있으면 좋겠습니다.

돌봄 시민 2   그동안 이야기 나눌 자리가 없어서 답답함이나 분노를 털어놓을 데가 없었어요. 저는 '케이 장녀'이고 다양한 돌봄 경험을 했어요. 동생은 중증 발달 장애인데, 어머니가 주로 돌보지만 저도 돌보고 있어요. 그러다 어머니가 암 환자가 되셨어요. 할아버지까지 노환이셔서 돌봄에 부담을 많이 느끼고 있어요.

돌봄 시민 3   종합사회복지관에서 일하는 사회복지사입니다. 돌봄을 잘 이해하지 못한다고 생각해서 더 알고 싶었어요. 회복되기 어려운 노동자와 돌봄 노동자들이 일터에서 점점 더 눈에 띄었어요. 사각지대가 많은데 정책적으로 잘 보완이 되면 좋겠어요. 1인 가구 고독사도 그렇고, 실태 파악조차 안 되잖아요. 결론은 실효성 있는 서비스가 부족해 보여요. 정책적으로 보완돼서 지원되면 좋겠습니다. 1인 가구 고독사에 관한 논의가 활발한데, 반면에 영케어러에 관한 사회적 논의가 얼마나 되고 있는지 체감될 만한 지역 사회 서비스가 있으면 좋겠어요. 영케어러가 다른 영케어러를 멘토링하면서 서로 이해하고 다독이고 연결되는 경험을 할 수 있으면 어떨까 해요. 현장에서 느끼는 무력감이 줄어들겠죠. 근무하는 곳의 지역적 특성이 뚜렷하다 보니까 예전보다 확실히 좀 많아진 듯해요.

돌봄 시민 4   저는 사회복지를 전공하고 있는 대학생이에요. 사실 청년 돌봄에 큰 관심은 없고 오히려 어르신이나 장애인에게 관심이 많았는데, 요새 뜨거운 이슈가 청년 돌봄이어서 더 알고 싶다, 더 시야를 넓히고 싶다는 생각이 들어서 참여하게 됐습니다.

돌봄 멘토 1   아버지께서 여든여덟이고 어머니는 여든하나이신데, 아버지께서 요즘 크게 편찮으세요. 한두 달에 한 번 정도는 병원을 모시고 가야 되고 하루나 이틀을 완전히 휴가를 내야 돼요. 지방에서 올라오시기 때문에 열차 내리는 데에서 모시고 와서 병원 갔다가, 집에서 하룻밤 자고 병원 또 갔다가, 다시 모셔다드리고 있어요. 제가 직장에 매일 나가는 직업이 아니고 아르바이트처럼 며칠만 나가서 공부하는 상황이에요. 동생들도 다들 자기 일이 있기 때문에 1남 3녀지만 시간 내기가 어려운 거예요. 우리 집은 참 다행이라 제가 시간이 되지만 다른 집들은 되게 힘들겠다 싶어요.

가족이 다 죽어야 이게 끝나나

돌봄 시민 3   나라에 정책이 있지만 해결이 안 되니까 민간으로 온다고 생각해요. 공적 부조로 해결이 안 되는 부담을 오롯이 가족이 떠안게 되는 상황이죠. 가족이 다 죽어야 이게 끝나나 하는 얘기를 들은 적도 있어요. 서로 건강이 안 좋아서 돌봄도 여의치 못한 케이스도 있더라고요. 돌봄 상황이 갑작스럽게 생겨서 삶에 희망이 없어지는 경우도 있고요. 준전문가로서 상담이나 방문 등을 할 때 힘든 상황이 너무 많아요. 회복될 수 없는 장애, 만성 질환, 정신적 이슈, 움직일 수 없는 경우 등. 장애인 활동지원사 돌봄 지원은 낮에만 가능해요. 밤에 대소변 문제나 위급 상황이 발생하면 가족이 다 해결해야 해요. 학교 가야 되는데, 몸은 피곤하고, 모든 게 악순환이죠. 공공도 감당 못 하고 민간도 해결이 어렵고. 방법이 더 없어요.

돌봄 멘토   아마 예전에는 대가족이니까 가족 안에서 해결됐고, 그때는 한 명만 벌어도 가족 전체가 먹고살았잖아요. 지금은 아이는 적게 낳고 그 적은 아이가 부모를 다 책임져야 되니까 청년들 부담이 그때보다 훨씬 큰 것 같아요.

돌봄 시민 2   돌봄이 여성이나 청년에게 너무 가중되고 있어요. 가족돌봄 청년이라고 최근에 키워드로 많이 들리는데, 실효성은 잘 모르겠어요. 저는 혜택을 받기 위해 무기한 대기하고 있고, 가족이랑 분리가 돼야 지원이 많아지고 소득 기준으로 혜택이 나오기 때문에 모순이 많아요. 복지부나 시청, 복지관 등 다니면서 보면 삶이 투쟁이고 탈시설이라는 생각이 들어요. 내가 없으면 채워지지 않는 돌봄 공백에 대해 생각해요. 신청, 심사, 연결 과정에서 생기는 공백, 결과에 대한 수용, 일상 돌봄과 장애인 활동 지원 등이죠. 답답함을 많이, 많이 느끼고 있습니다.

퍼실리테이터   제가 아까도 저희 아버지 말씀을 드렸지만, 첫 번째로 드는 물음표는 왜 보험이 안 될까였어요. 그러니까 아버지가 50대 때부터 이미 당뇨에 고혈압이어서 보험에 가입할 수 없었어요. 아버지는 보험 처리가 안 돼서 최소한의 건강보험만 하고 나머지는 대부분 비급여로 처리하다 보니까 약값이나 병원비가 많이 들어가는 편인데, 왜 이렇게 돈이 많이 들어야 하지, 나라가 이 정도는 도와줘야 되지 않나 생각했어요. 아버지가 화물 운전을 좀 오래 하셔서 척추도 안 좋고, 이명도 있고, 두통도 있고 그러세요. 어느 날 갑자기 서 있기도 힘든 수준으로 어지러워하세요. 어머니랑 같이 식당 일을 하시거든요. 서빙하다 말고 갑자기 집에 가서 누워야겠다고 가 버리신대요.

어머니한테 전화가 뒤늦게 온 거예요. 저는 별로 믿음직하지 못한 딸내미고 오빠한테는 신뢰가 있어서 '케이 장남'을 먼저 부르십니다. 그런데 케이 장남은 출퇴근하는 사람이라 저한테 다시 전화가 오는 거예요. 저는 프리랜서라. 그런데 그날은 그냥 구급차 불러서 가지 않고 굳이 네가 와서 아빠 병원 가라고 막 그러더라고요. 증상이 좀 괜찮아져서 친구분인가가 아버지를 모시고 병원을 갔대요. 곰곰이 생각해 봤는데, 저도 바빠 죽겠는데 자꾸 전화 오니까 안 내고 싶어도 짜증이 나는 거예요. 나중에 왜 아버지가 구급차는 싫고 가족이 데려가기를 원한 걸까 궁금하더라고요. 가족이 마음을 기대는 일 순위이다 보니까 그러신 게 아닐까 싶습니다. 가족이 진짜 다 죽어야지 이게 다 끝나는 건가 그런 생각까지 드는 경우가 있어요.

어떤 가족이 어머니도 건강이 안 좋으신데 따님도 건강이 안 좋아요. 서로 돌볼 수 없는데 돌볼 수밖에 없는 구조라든가, 가족을 돌봐야 되는 상황이 갑작스럽게 생겨 희망이 다 사라지는 그런 모습들을 보면서 생각하죠. 민간에서 훈련받고 교육받은 준전문가인 나도, 가정에 상담도 하고 지원도 하는 나조차 힘들어요. 희망이 안 보이고 연결해 줄 자원도 없는데, 해결해야 되는데 해결이 안 되는 끝나지 않는 굴레가 있어요. 회복될 수 없는 장애, 만성적 질환, 투석해야 하거나 정신적으로 안 좋거나, 몸을 움직일 수 없는 분도 있고. 낮 동안 장애인 활동지원사 지원을 받아도 밤 동안 대소변이나 위급 상황이 생길 때는 가족이 다 해결해야 되는. 학교 가기가 힘들고, 학교 가도 수업에 집중하기 힘들고. 공공도 민간도 한계가 있는데, 어디로 가야 하죠? 무력감, 분노를 느껴요.

돌봄 시민 2 얘기를 들으면서 직접 방문 상담을 오시는 분들이 떠올랐어요. 항상 결론은 안타깝지만 드릴 도움이 없대요. 내가 시간을 내서 받은 상담인데 허무할 때도 참 많았고, 긴급 돌봄을 신청하려고 하는데 7일 전에 신청해야만 됐고. 저는 충남 아산에 사는데 공주까지 갈 픽업 서비스도 없어요. 공주까지 내려가야 되고 증명을 일일이 다 해야 되고요. 어떻게 이게 긴급 돌봄이지 하는 생각이 들어요. 복지 체계가 우리를 무기한 대기시킨다는 걸 반복적으로 느끼고 있거든요.

주간보호센터 같은 데는 2년에서 6년까지 대기해야 해요. 이미 들어간 인원이 잘 안 빠지거든요. 대기가 빠질 때까지 그냥 기다려라 그러다가 끝이 나기도 하고요. 3년 기다린 프로그램에 드디어 됐는데, 결국 포기했어요. 이동 때문에요. 신설된 장애인복지관에서 재활 프로그램에 들어갈 기회가 생겼어요. 휠체어를 타는데, 정해진 시간까지 이동해야 하는데, 장애인 콜택시도 대기 시간이 얼마나 길고 얼마나 랜덤인지 정해진 시간에 이용할 수 없어요. 어머니 치료는 제가 전담해요. 일상 돌봄을 신청했는데, 논란이 많더라고요. 정책 수혜 대상인지 확인하는 데 시간이 오래 걸려요. 대상자가 되기는 됐어요. 어머니가 50대이고 휠체어 이용자니까 병원 동행이 주요 서비스예요. 그런데 연로하셔서 휠체어 밀 기력이 모자란 분들이 오신 거예요.

가족 돌봄 청년으로 일상 돌봄 받는 것도 월 최대 시간이 72시간이고 12시간, 36시간 등 유형별로 선택할 수 있는데, 너무 부족해요. 하루에 거의 두세 시간 정도 사용할 수 있거든요. 청년 돌봄 당사자가 13세부터 34세까지 10만 명 정도 되는데, 삶의 불만족 비율이 22.2퍼센트, 우울증 유병률이 63.2퍼센트로 일반 청년에 견줘 7배에서 22배까지 엄청 높아요. 가족의 일이라는 형태로 배제된 채 숨겨진 집단이라고 부르더라고요.

이 인분, 삼 인분, 사 인분……

돌봄 시민 3   일단 실태 조사를 의무화하는 조례부터 있어야겠다고 생각해요. 가족 돌봄을 하는 당사자와 수행자가 규모가 얼마나 되는지, 어떤 어려움을 겪는지 조사하는 거죠. 고립 가구도 시행된 지 얼마 안 돼서 데이터가 막 나오고 있는데, 가족 돌봄은 찾아보기 어렵더라고요. 둘째, 자산 형성을 지원하는 사업을 가족 돌봄에 특화해서 디딤씨앗통장처럼 사회에 진출할 때 초기 자산 형성을 도와주면 좋겠다고 생각했어요. 마지막으로는 본인이 의사를 정확하게 수행하기 어렵거나 정신 질환이나 중증 장애가 있을 때 성년 후견인을 둘 수 있잖아요. 그때 돌봄을 수행하는 사람이 학령기 청소년일 경우 성년 후견인을 지정해서 중대한 의사 결정이랄지 금융에 관련된 사안을 처리할 수 있게 하면 좋겠어요.

돌봄 시민 2   지금 제가 가족 돌봄 청년으로서 받을 수 있는 도움은 정서적 상담이거든요. 그런 것 말고도 정책적 상담을 받을 수 있으면 좋겠어요. 돌봄이라는 게 어느 순간 있다가 끝나는 일이 아니니까 평생 돌봄을 설계해 주면 좋겠어요. 생애 주기별로 필요한 것 같기도 하고요. 돌봄이 가치를 인정받으면 좋겠어요. 경제적으로 보면 돌봄 시간을 포인트로 적립해서 교통비나 교육비로 사용하게 할 수도 있겠죠. 청년 돌봄자로서 단절이 너무 많았거든요. 사회적 경력이라든지 교육이라든지, 공백이 정말 쉽게 생겨요. 돌봄 경험을 직무 교육이랑 연결해 주면 어떨까 싶어요. 돌봄 경험이 소진되고 날아가지 않게 나라에서 인정해 주면 좋 잖아요. 마지막으로 공간이 필요해요. 돌봄 시스템을 갖춘 주택이라든 지 쉼터나 커뮤니티 공간이 있으면 좋겠어요. 청년 돌봄자가 거기서 학 습이나 일을 할 때 돌봄 인프라가 구축돼 있으면 좀 안전하게 지낼 수 있지 않을까 하는 생각을 했습니다.

돌봄 시민 4　지역 사회 기반이 확장돼야 해요. 무슨 조례를 만들어도 무조건 서울이나 수도권 중심이니까 지방 청년도 차별 없이 혜택받을 수 있게 지역 기반 청년 센터나 돌봄망이 확대돼야 한다고 생각해요. 그리고 정책 대상을 세분화해야 해요. 그냥 청년이라고 하면 범위가 너무 넓잖아요. 연령, 소득, 지역, 가정 환경 같은 세부 요인을 기준으로 맞춤형 정책을 마련해야 해요. 청년정신건강센터 확대에 더해서 청년 돌봄을 초점으로 아동 복지나 청소년 복지 관련 자격증을 가진 전문가가 있는 상담 센터를 확대해야 한다고 생각해요. 마지막으로는 만 12세까지 대상인 드림스타트를 확대하는 거예요. 일찍 결혼한 청년이라든지 부모나 형제도 돌봐야 하는 청소년들한테는 반드시 필요할 것 같아요. 드림스타트는 나라에서 가장 처음 시행된 아동 복지 프로그램이고 꽤 대중화된 제도라고 알고 있어요. 이미 인프라를 갖춘 드림스타트센터에서 가족 돌봄 때문에 자기 자신을 돌보지 못하는 청년들을 위한 프로그램도 같이 운영하면 어떨까요?

돌봄 시민 5　엄마가 뇌출혈로 오른쪽이 마비됐거든요. 장애인 등록이 돼 있는데 걸음걸이가 이상하세요. 밖에 나가기를 거부하시는데, 사실 요즘에 되게 날이 좋잖아요. 엄마를 데리고 나가고 싶은데 엄마한테는 너무 두려운 거죠. 집에만 머물러 있는 게 요즘 고민이거든요. 처음에 쓰러지신 때 재활 치료를 많이 다녀야 되는 상황이어서 왔다 갔다를 해야 하는데 이동이 어렵더라고요. 택시 타는 것도 불편해하시고 장애인 콜택시 부르면 빨리 안 오고 그래서 제가 운전면허증을 취득하고 운전 연수를 막 했어요. 이동 지원을 받으면 좋겠다는 생각이 들더라고요. 운전을 하려면 차가 있어야 되니까 쏘카 같은 카 셰어링 서비스 이용권을 바우처처럼 제공해 주면 어떨까 해요. 성북구에 '고요한 택시'라고 청각 장애인이 운행하는 택시 바우처가 있더라고요. 그런 게 확대돼서 이동하는 데 불편이 줄면 좋겠어요.

잘 걷지 못하지만 그래도 나가시는 분들이 꽤 계세요. 그런데 그분들이 마땅히 갈 수 있는 공간이 없더라고요. 공원에 혼자 나가서 운동하시는데 아이들이 아직 장애인 인식이 덜 돼서 놀리는 일들이 벌어지니까 엄마가 나가기를 꺼리시더라고요. 장애인들이 재활 치료로 나가는 건데 안전한 공간이 있으면 좋겠다는 생각이 들었고, 여가 시간을 보낼 수 있는 커뮤니티 서비스도 있으면 좋겠다고 생각해요.

돌봄 시민 2 이동이 너무 어려워서 운전면허를 따도 휠체어가 들어가는 차가 없어요. 리프트를 개인적으로 설치해야 되는데, 몇 천만 원이 들어요.

퍼실리테이터 제 친구는 휠체어 장애인인데 차 위에 휠체어가 올라가더라고요. 원래 그렇게 파는 차인 줄 알았는데 아닌가 봐요. 운전도 하체로 못 하니까 액셀러레이터랑 브레이크를 다 손으로 조작해요. 특수한 차인지 개조한 건지 자세히 안 물어봤어요. 공간이라는 게 그냥 하드웨어 하나 뚝 생긴다고 다 해결되는 것도 아니죠. 요 몇 년 동안 서울 중심이기는 하지만 청년을 사회적 약자로 네이밍하고 청년을 위한 공간이

자치구 단위로 많이 생겼잖아요. 그 공간에서 돌봄 노동을 하는 청년들이 기꺼이 어울릴 수가 없어요. 교육이나 취업 준비 등 일반적인 청년을 대상으로 하는 프로그램 위주니까요. 돌봄에 초점을 맞춘 전문적 공간을 구체적으로, 예를 들면 집에서 걸어서 5분 안에 있고, 커피도 마실 수 있고, 한 30명쯤 들어갈 만하고, 돌봄을 같이하는 사람이 있고, 어머니가 같이 어울리고 싶어하는 분들이 서로 존중하면서 뭔가를 함께할 수 있는 곳을 상상해 볼 수 있어요. 디딤씨앗통장도 한 달에 30만 원씩 희망두배청년통장처럼 저축해서 10년 뒤에 얼마쯤 모이면 사회생활을 시작할 수 있고요.

돌봄 시민 5 둘이 살다 보니까 가사 부담이 좀 있는데, 엔인분에서 무료로 보내 주는 가사도우미 덕분에 일주일에 한 번씩 서비스를 받고 있어요. 엄마가 오른쪽이 불편하시다 보니까 체험 활동보다는 음악 프로그램을 즐길 수 있으면 좋겠어요. 안마기가 많으면 좋겠어요. 엄마뿐 아니라 다른 장애인도 운동할 수 있는 실내 체육관이 있으면 좋겠고, 집에서 재활 교육을 할 수 있으면 좋겠어요. 진짜 속상한 일은 엄마가 처음 쓰러지실 때 요양보호사 지원을 못 받은 거예요. 집에서 혼자 밥을 차려 드시는데 왔다 갔다 할 수가 없어요. 밥그릇에 모든 반찬을 얹어서 드시는 거예요. 같이 점심을 만들어 먹으면 좋지 않을까 하는 생각이 있지만 또 이동해야 하잖아요. 이동 서비스를 지원받으면 좋겠습니다.

이동 제한, 공간 제한, 돌봄 제한, 이 세 가지를 해결할 공간이 있으면 좋겠어요. 돌봄 인프라도 구축돼 있지만 서로 도와줄 수 있는 프로그램이 상시 열린다든가 하는 식으로. 돌봄 대상도 청년 돌봄자도 사회적 고립이 되게 심하거든요. 집 밖에 나갈 수 없으니까 해소할 수 있는 공간이면 좋겠어요. 교류도 하고, 정보도 나누고, 대화도 나누고, 쉼도 누리는, 안전하고 접근성 좋은 공간이 있으면 좋겠다는 생각을 했어요.

돌봄 시민 3 배달하는 분들 목소리가 많이 나오면서 쉼터가 세워졌잖아요. 그런 것처럼 돌봄에 관련해서 쉼터를 세우면 좋겠어요. 케어를 해줄 전문 간병인이나 요양보호사가 상주하는 공간이 만들어져서 거기에 가면 내가 일하거나 쉴 수 있으면 좋겠어요. 그러려면 비용은 물론이고 사회적 합의도 돼야 하는데, 아직 공감이 덜하죠. 가족 안에서 해결해야 되는 것 아니냐고 생각하는 시선이 남아 있으니까요.

돌봄 시민 2 이미 접근성 좋은 장애인 시설이 곳곳에 있잖아요. 주간보호센터 같은 데가 오후 3시 30분이나 4시면 끝나거든요. 그런데 직장이 빨라야 6시에 끝나잖아요. 그 공백을 메우기가 어려운 것 같아요. 이미 인프라가 있으니까 인력을 투입해 활용할 수 있는 방안을 찾으면 좋겠어요.

돌봄 시민 4 보육에서 아이디어를 많이 얻으면 좋겠어요. 무상 보육이잖아요. 직장 다니는 부모들을 위해서 7시 30분부터 열어요. 보통 몇 명이 일찍 와요. 저녁에 늦게 퇴근하는 부모들을 위해서 야간 보육도 해요. 시간제 보육도 있어요. 낮에 두세 시간 엄마가 어디 갔다 오는 거요. 찾아오는 아이 돌봄 서비스도 있잖아요. 꼭 집에서 아이를 키우고 싶다고 하면 집에 사람이 와서 아이를 돌봐 주거든요. 종합적인 보육이 굉장히 발달돼 있는데, 이 시스템을 그대로 가져다가 적용하면 되잖아요. 정책 대상자들이 소득에 상관없이 모두 적용받는 방식이죠. 이런 정책은 내 일이 아니면 공감하기가 어렵고, 이기적인 마음으로 내 세금이 왜 그런 데 쓰여야 하냐고 물으면 얘기가 꼬이기 시작하잖아요. 아이디어는 보육 쪽에서 가져오되 어떻게 잘 펼칠지는 고민이 좀 필요할 것 같기는 합니다. 이미 있는 시설을 활용해서 아침 7시부터 오후 3시까지 1부, 오후 3시부터 밤 9시까지 2부로 나눠 이부제로 운영하면, 일하는 분들은 이부제로 일하고 이용하는 사람은 자기가 필요한 시간에 가는 거죠.

공간 나누기, 시간 나누기, 마음 나누기

퍼실리테이터   가족 돌봄 때문에 청년 당사자가 겪는 사회적 고립감과 경력 단절 등이 심각하다, 그리고 공간 문제를 해결하면 좋겠다는 이야기가 나왔어요. 전문성까지 넘어가면 자격증을 따라고 할 것 같으니까 돌봄 경험자가 한 경험을 공유하는 멘토링 정도가 들어갈 수 있지 않을까 싶어요. 우리 테이블은 일단 센터 얘기를 한 꼭지로 정리하고 사회적 존재로서 청년 당사자를 위한 이야기를 다듬으면 좋겠어요.

돌봄 시민 5   청년 돌봄자나 영케어러의 정신 건강과 정서 지원을 위한 집단 상담이나 회복 프로그램을 지자체 수준에서 전국적으로 운영하는 방안을 생각해 봤어요. 공공이랑 민간이 협업해서 종합복지관이나 주민센터에서 전문가를 만날 수 있는 공간을 마련하는 한편 그 시간 동안 돌봄 공백을 메워 주고 차비 등을 지원하는 거죠. 나중에 청년 돌봄자나 영케어러 전용 정신 건강 클리닉까지 실현된다면 정신 건강 문제에만 집중할 수도 있겠어요.

돌봄 시민 3   돌봄 경험이 경력으로 인정되고 연결되면 좋겠다고 하셨죠? 검색하니까 자립준비청년 상담센터라고 자립을 경험한 상담원이 일대일 온라인 채팅이나 전화로 상담을 해 주네요.

돌봄 시민 4 외국에 치매 어르신이 영케어러나 아동을 돌보면 치매 어르신한테도 좋고, 아동도 좋고, 부모도 돌봄 부담을 덜 수 있어서 좋다는 사례가 있다더라고요.

퍼실리테이터 유럽인가 어디에서 한 실험이었는데, 직접 물 갖다 드시라고 하면서 움직이게 하니까 어르신이 더 건강해졌대요. 치매 있는 어르신들이 아동을 돌보면 약간 안전 문제가 생길 수 있다고 염려하는 분들도 계실지 모르겠어요. 그렇지만 뭔가 보완되는 사례일 것 같아요.

돌봄 멘토 두 가지 방향으로 정리하면 좋겠다 싶어요. 하나는 실제 돌봄을 열심히 하는 청년들을 직접 지원하는 방법으로, 돌봄 하는 시간을 인정해 주고 포인트로 적립하는 제도예요. 운전면허를 취득하든 뭘 하든 뭔가를 시도할 때 쓸 수 있게 만드는 방법은 당장이라도 시행할 수 있는 직접 지원이에요. 포인트뿐 아니라 경력으로 인정해서 직무 교육으로 연결하거나, 방송통신대학교든 사이버대학교든 들어갈 수 있게 해서 사회복지사 자격증 딸 때까지 지원하는 거죠.

퍼실리테이터 원래 사회복지사가 되고 싶어한 사람은 아닌데 돌봄 때문에 자격증까지 따면서 전문가로 새로운 인생을 선택한다는 게 충분한 동기 부여가 될까요? 저는 돌봄 경험 자체를 누군가에게 알려 줄 만한 노하우로 생각했거든요.

돌봄 멘토 제가 학교 다닐 때도 대면 교육을 해야 되는데 서울까지 오기가 너무 힘들잖아요? 그래서 10년을 길게 공부했어요. 집에서도 온라인 수업을 보장받으면 좋겠어요. 당사자에게 온라인 교육을 무상으로 제공하고, 돌봄 기간만큼 관련 업종에 취업할 수 있게 하거나 경력을 인정해 월급을 더 받게 하는 거죠. 또 하나는 공간 문제인데, 실제 돌봄 청년을 위한 커뮤니티 공간이 필요해요. 청년들이 뭔가를 하면서 가족을 돌볼 수 있는 시스템을 갖춘 공간이죠. 당사자들이 직접 운영위원회를 만들어서 운영하고 주인이 되는 공간이요. 서비스를 받으러 오는 공간이 아니라 돌봄을 하는 청년들 스스로 의논해서 결정하고 스스로 운영하는 방식이고요. 그런데 한시적이고 금방 끝나는 돌봄이면 상관없는데 오랫동안 지속해야 한다면 단순히 잠깐 맡기는 정도로 해결되지 않기 때문에 부수적 시설을 운용하는 동시에 일상적으로 정책을 건의할 수 있는 통로도 될 수 있으면 해요. 커뮤니티 공간은 재활 치료실, 회의실, 어르신들이 어울릴 놀이 공간, 전문가가 와서 돌볼 공간, 식사 만드는 공간이 같이 있으면 좋겠어요. 커뮤니티 케어는 결국 시설에만 맡기지 말고 지역 사회에서 돌보자는 거잖아요.

돌봄 시민 5 처음에 너무 막연하고 두려워서 청년센터가 지원하는 자조 모임을 운영하면서 그런 감정을 해소했어요. 그런 센터가 생긴다면 갈 것 같아요.

돌봄 시민 2 수혜자만으로 보지 않는 게 가장 좋았어요. 항상 뭔가를 기다려야 되고, 직접 알아봐야 되고, 수혜자로 취급돼서 어려웠거든요.

퍼실리테이터 '돌봄 청년을 위한 커뮤니티 공간이 필요하다'가 첫 번째 정책 제안이고, 두 번째 정책 제안은 '가족 돌봄 청년을 위한 직접 지원이 필요하다'입니다. 첫 번째 제안을 구체화하면, 이미 지역 안에 있는 복지관, 주민센터, 보건소 같은 인프라를 활용해서 가족 돌봄 청년을 위해 집중적으로 제공하는 사회 서비스 프로그램을 만들고, 돌봄 대상자랑 함께 방문해서 청년도 한숨 돌리고 휴식하거나 교류할 수 있는 시스템을 갖추자 등이 되겠습니다. 두 번째 제안은 돌봄 전문가의 정서적 상담과 정책 지원이 필요하다는 정도로 구체화하겠습니다. 돌봄 경험을 경력으로 인정하는 사회적 공감대 형성, 가족 돌봄 청년을 위한 자산 형성 제도와 돌봄 포인트 제도 실행 등이 포함되겠습니다. 이상입니다.

13장

"돌봄 도시를 만들자!"

자율 주제

각자 자리에서 당면한 돌봄에서 출발한 정책 제안은 처음에는 각양각색으로 보였지만, 이야기가 진행될수록 신기하게도 묶이거나 연결되고 수렴됐습니다. 돌봄 의무 교육, 돌봄 교육자 양성, 공적 돌봄 복무제, 돌봄 30분 아르바이트제 등은 참여 확대를 넘어 모든 시민의 돌봄 역량을 높이는 방향으로 나아갑니다. 세대 통합, 죽음 인식과 공동체 의식 제고까지 포괄해 '돌봄 도시 만들기 사업'으로 엮을 수 있었습니다. 짧은 시간인데도 훌륭한 기획이 마련되는 과정이었습니다.

— 장숙랑 중앙대학교 적십자간호대학 학장

퍼실리테이터 몇 년 전에 암 진단을 받고 수술했어요. 그런데 건강보험에 우리 가족이 다 제 밑에 들어 있다는 말이에요. 제가 계속 노동을 해서 부양해야 되는 상황에서 동사무소에서는 혼자 사니까 전화가 와요. 내가 나를 돌봐야 되는 상황인데, 나중에 가족들이 돌봄을 받아야 되는 일이 생길 때는 어떡하나 그러면서 두려워지더라고요. 몸이 아픈 당사자로서 겪는 고민, 그러면서도 계속 노동해야 되는 어려움, 앞으로 돌봄 상황이 생길 때 감당이 안 될 것 같은 두려움, 이런 걸 느낀 적이 있어요.

돌봄 시민 1 최근에 아버지가 실수로 화재를 내고 크게 화상을 입어서 병원에 입원하셨어요. 지금은 퇴원하셨지만, 집이 다 불타서 뒤처리를 해야 하는데 아버지가 모아 둔 돈이 없다 보니까 제 돈으로 해야 하는 상황이었거든요. 경제적 지원을 받으려고 동사무소에 여러 번 갔는데, 집이 아버지 명의라서 도움을 줄 수 없다는 답변만 계속 받았어요. 사람이 살 수 있는 집이 아니고 사유 재산이지만 어찌 됐든 주변에 피해가 가고 있으니까 조금 도움을 받고 싶었는데, 안 된다는 말에 막막했습니다.

돌봄 시민 2 친할머니가 일흔 살에 치매가 발병해서 8년간 어머니가 굉장히 고생하셨어요. 아버지도 일흔에 치매가 발병했는데, 지금 일흔여덟이세요. 요양병원에서 케어가 안 돼서 요양원으로 가셨어요. 저는 마흔일곱인데 직장 생활을 하다가 이런 생각이 들더라고요. '나도 20년밖에 안 남았네.' 이게 부모님 일이지만 내 일일 수도 있고, 안사람이 당신도 치매 보험 들어야겠다고 그래요. 직장 생활을 20여 년 하고 있는데, 지금 하는 일이 사회적으로 무슨 가치가 있을까 싶더라고요. 시간 있을 때 가치 있는 일을 해 보자 싶었어요. 물론 경제적인 부분을 놔야 된다는 부담은 있지만요. 우연찮게 돌봄시민회의 홍보물을 봤고, 사전 등록도 없이 아침에 와서 이렇게 참석하게 됐습니다.

돌봄 시민 3 의료협동조합에서 방문 진료 활동을 하고 있어요. 오전에는 외래 진료 하고 오후에는 병원에 올 수 없는 노인이나 장애인을 돌봅니다. 서비스를 제공하면 할수록 스스로 할 거리를 만들면 좋겠다고 생각하게 돼요. 관계라는 키워드가 마음에 들었는데, 무수히 남는 시간을 어떻게 보낼지가 가장 문제 같아요. 치매나 인지 기능이 많이 떨어진 사람들은 절대적으로 의존할 수밖에 없을지 몰라도, 정신이 뚜렷하고 의사소통도 가능하고 누워 있지만 손은 움직일 수 있는 분들은 집 안에서도 뭔가를 할 거리가 있어야 한다고 생각해요. 낮 시간에 스스로 알찬 생활을 계획해야 한다는 거죠. 준와상이랄까 와상 상태로 밖에 못 나가면서 10년이든 25년이든 지내야 되잖아요. 계속 방문 진료를 다니면서 정책으로 이어지면 좋겠다는 생각을 했어요.

제가 직접 본 사례가 그래요. 이분이 장애인인데 침대에 누워 계세요. 뒤집어 주고 욕창을 관리해야 돼요. 이분이 매일 볼펜 깍지 끼우기를 하고 있어요. 장애인 기관에서 일거리를 갖다줬어요. 1주나 2주에 한 번씩 방문해요. 일거리도 주고, 건강도 챙기고, 욕창이 있을 것 같으면 의료 기관에 연결하고. 이분이 좋은 게, 정말 밝아요. 내가 뭔가 할 수 있다는 느낌을 주는 일거리가 굉장히 사람을 즐겁게 만들 수 있더라고요. 생산성이 떨어지니까 경제적으로는 지속 가능하지 않은 일이지만, 돈으로 환산할 수 없고 오히려 돌봄 투자 개념일 수는 있겠죠. 공적 영역에서 건강한 20대 성인을 기준으로 일자리를 계획하지 말고 누구나 다 일자리를 가질 수 있어야 된다고 봐요. 일거리를 가질 수 있어야 된다는 원칙이 정책을 만드는 기반이 된다면, 수혜자도 서비스만 받는 대상을 넘어서서 사회의 일원이라는 자부심을 가질 수 있어요. 이동형 자격증을 만들면 좋겠어요. 지자체나 사회적 경제 관련 모임에서 지역에 있는 기업이나 상점이랑 협력해서 일거리를 주는 식으로 지원하는 거죠.

돈에 상관없이 돌봄을 함께 책임지는 사회

돌봄 시민 4 결혼 전에는 장애인 시설에서 일했어요. 결혼 후에는 세 아이를 키우고 있는데, 양가 부모님이 다 살아 계세요. 그런데 갈등이 생겨서 다른 가족들하고는 단절한 상태이고, 부모님 돌보는 일은 저랑 남편이 고민하고 대비하는 마음으로 살고 있어요. 기관에서 활동하는 친구들이 힘들고 지칠 때 하는 얘기를 들어 주기도 하고 가족들이랑 갈등 때문에 고립되고 단절된 분들을 만나서 연결하는 일을 하고 있죠. 어르신들은 너무 바빠서 자녀들 얘기를 들어 주지 못해 후회하고 부모님께 하고 싶은 말을 다 못한 청년들은 이제 얘기할 수도 있죠. 어르신들하고 중창단도 하는데, 이런 활동을 혼자 하다 보니 막막했어요. 도움도 받고 같이하는 친구들, 어른들도 계시기는 하는데, 서울 올라와 얘기 들으니 좋네요.

돌봄 시민 5 언니가 발달 장애인인데, 학교에 다니면서 저희 자매랑 다른 삶을 살게 됐어요. 온 가족이 생계를 위한 노동을 하느라 언니를 돌볼 사람이 없어요. 퇴직한 이모가 언니랑 같이 접근성이 좋지 않은 시골에 살고 있어요. 언니가 서른세 살인데, 평범한 서른세 살하고 삶이 너무 달라요. 마음 같아서는 저희 가족이 돌보고 싶어요. 언니랑 함께 살기에는 시간도 돈도 부족해요. 나이가 더 들면 어쩌나 걱정이고. 가장 큰 문제점은 생계를 위한 노동과 돌봄 노동 양쪽에 시간을 안배하는 것이 불가능하다는 사실이에요.

돌봄 시민 6 엄마는 중증 정신 장애인이세요. 외삼촌 댁에 거주하면서 외할머니가 저를 키워 주고 삼촌이 경제적 문제를 해결했어요. 저는 좀 돕고요. 할머니가 저를 돌본 대로 지금은 제가 할머니를 돌보고 있어요. 집을 나올 수 있으면 나왔겠지만, 그러지 못했어요. 도움을 받았고, 20대를 그렇게 보냈어요. 저도 성취하고 싶은 게 많은 시기에 뭔가를 하지 못해서 분노의 에너지가 있어요. 그래도 좋은 것만 생각하자 그러면서 살고 있어요. 지금 서른다섯 살이거든요. 엄마가 그때 병원에 계셨거든요. 가기 싫었을 거예요. 할머니가 저랑 같이 방에서 지내면서 제가 세 끼를 다 챙겼어요. 지금은 제가 사회복지사 2급을 따고 1급은 떨어졌거든요. 또 볼 거예요. 그러면서 아르바이트나 뭐든 해야겠죠. 약국에서도 근무한 적이 있는데, 경력을 쌓고 성장할 수 있는 일이 더 좋은 것 같아요. 약국도 평균 200만 원은 받지만 더 안정적이고 보람 있는 일을 하고 싶어요. 이제 할머니는 돌아가셨어요. 20대에 스트레스 받을 때 사회복지사가 꿈이었는데, 아직 결혼도 못 하고 성취도 못 했네요.

돌봄 시민 7 10년 전에 엄마가 뇌경색으로 쓰러져서 지금까지 편마비이신데, 2년 정도는 병원에서 생활하셨고요. 자식들이 돌아가면서 간병을 책임지는 거죠. 직장을 다니면 하루씩 빼서 했는데, 저희는 그래도 다행히 자식이 많았어요. 다섯 명. 아빠 포함해서 일주일에 한 번씩 돌아가면 되는데, 그때 저는 어린아이를 둘 키우면서 일주일에 한 번은 병실에서 같이 자고 다음 날 출근하는 식으로 교대했어요. 누나들이 다 결혼해서 각자 가정이 있고 그래서 지금은 결혼하지 않은 남동생이 엄마를 독박으로 책임지고 있어요. 한 8년 전에 아버지는 힘들어서 돌아가셨어요. 돌봄은 결국 한 사람의 생을 마감하게 할 수 있구나 생각했죠. 아버지는 엄마 돌봄을 받으며 평생 살다가 직접 돌봄을 하려니까 못 견디시고 4년 하시다가 먼저 가셨어요. 누군가 독박으로 할 수밖에 없는 상황인 거죠. 엄마는 삶의 의지가 높으세요. 노래교실도 가시고 혼자 병원도 가시는데, 누군가 옆에 항상 있어야 해요. 요양보호사가 오지만 그 시간 말고는 남동생이 할 수밖에 없는 조건이에요. 지원을 받는다고 해도 돌봄이 끝나는 게 아니라서 국가가 건강하게 지낼 수 있는 다양한 지원을 해 줘야 한다는 생각이 들고, 남동생이 시든 꽃처럼 살아가는 모습이 마음이 너무 아파요. 뭔가 제도를 만들어 주고 싶어요. 돌봄을 하면 대부분 가족이 책임질 수밖에 없는 구조이고, 저도 곧 돌봄을 받을 나이잖아요. 독박 돌봄이라는 체계를 깨야 된다는 생각이 들고, 성별이나 돈에 상관없이 돌봄을 함께 책임지는 사회로 가야 된다고 생각해요. 그런 제도를 만들기 위해 뭐가 필요한지 생각을 좀 나누고 싶어요.

20년 뒤, 곧 돌봄 받을 나이

돌봄 시민 1 아버지가 입원한 곳이 간병인을 써야 하는 병원이었는데, 간병비가 하루에 14만 원 정도니까 쉽지 않더라고요. 아버지가 손을 엄청 많이 다치셔서 혼자서는 아무것도 못 하시는 거예요. 거동은 하시는데 식사도 다 챙겨 드려야 돼요. 아침에 엄마, 점심에 남동생, 저녁은 저나 언니가 챙겨 드리는데, 아버지가 눈치를 보세요. 배고픈데 참으시고, 애들 밥 먹을 때까지 기다리세요. 저희는 한 여덟 시간 동안 일하고 오지만 아버지는 여덟 시간 동안 아무것도 못 하시잖아요. 하루 종일 심심한데 말도 못 하고요. 아버지 병원비 때문에 어머니는 일하는 시간을 늘렸어요. 열 시간 일 끝나고 와서 아버지가 막 얘기하시는 걸 들으시는데, 어머니 정신 건강도 걱정되거든요. 어머니가 진짜 말라 가요. 열 시간 일하고 집에 와서 또 애들 밥 챙겨야 되고, 내일 밥도 챙겨야 되고. 아픈 사람은 한 명인데 온 가족 다 생활이 무너지고 다 말라요. 아픈 사람이 나을 수 있다는 마음을 가져야 주변도 좋아질 텐데, 그런 부분에서 도움이 필요해요. 정부에서 가족들이 일을 더 많이 안 해도 되게 간병비를 지원하거나 어디가 불편한 사람도 할 수 있는 다양한 일자리를 지원해 주면 좋겠습니다.

돌봄 시민 4 어르신들이나 친구들이나 마지막에 가장 많이 한 얘기가 죽음이거든요. 어르신들도 돌봄을 받고 돌봄을 하지만, 결국은 손발을 쓸 수 없고 몸을 움직일 수 없는 상황이 되면 그런 얘기를 나눌 사람이 없더라고요. 존엄한 죽음을 계속 고민하시고, 자식들한테 보호받지만 마음이 편치 않으니까 존엄하게 가고 싶다는 얘기를 굉장히 많이 하시더라고요. 죽음이 그냥 슬픈 일로 끝나는 게 아니라 희망이고 자유이기도 하다고 얘기하면서 인식을 개선해야 한다고 생각해요.

돌봄 시민 8 기저귀부터 식사하고 씻기기까지 할머니를 돌보는데, 할머니가 저보다 커요. 제가 항상 따라다니거든요. 따라다녀야 돼요. 가끔은 제 꿈이 용감하게 도움을 안 받고 안 주는 거거든요. 아파서 제가 사실 언제 결혼할지도 모르고, 결혼을 한다 해도 나중에 요양보호사한테 도움을 받을지 안 받을지 아무도 모르잖아요. 캡슐 안에 들어가서 약물로 숨 못 쉬게 해 주는 존엄사가 있다고 뉴스에서 봤거든요. 정책으로 마련되면 좋겠어요. 건강하게 살려면 일이 필요하지만 에이아이 때문에 일자리도 없어지고 경제가 성장하지 않아서 소비도 줄고 그렇다는데, 어쨌든 존엄하게 죽고 싶어요.

돌봄 시민 7 어르신들이 치매를 가장 두려워하잖아요. 스위스라든지 여러 나라에서 치매 안심 마을이나 치매 걸린 분들만 사는 마을을 꾸려서 공동체 생활을 하는 모습을 보면, 왜 우리나라는 치매를 혐오할까 하는 생각이 들어요. 치매도 질병의 하나로 받아들이는 인식 개선이 되면 좋겠어요.

돌봄 시민 3 똑같은 키워드인데 남는 시간을, 나한테 주어진 많은 시간을 어떻게 알차게 보낼까 하는 거예요. 먼저 일거리를 말씀드렸고, 다음으로 문화 활동이에요. 요양원에 가니까 현기영 작가 책을 보는 어르신들이 있더라고요. 어떤 분은 달력 뒷면에다가 평생 처음으로 그림을 그렸어요. 그런데 엄청난 작품이에요. 문화적 감수성이 전문 교육을 받지 않은 사람한테도 내재된 경우가 있다고 봐요. 일거리하고 문화적 욕구를 충족시키는 활동을 지자체별로 진행하면 좋겠어요. 집에서 문화적인 향유를 누릴 수 있게 적절히 지원해 주면 좋겠어요. 신청하면 활동가가 와서 책 읽어 주고 그림 그려 주는 거죠. 식사 시간에 밥 먹는 것 말고 즐거운 일이 없어요. 우울하니까 자꾸 우울증 약 처방해 달라고 합니다. 우울증 약이 도움이 되기도 하지만, 당사자를 중심으로 하는 경제 활동이나 지원 활동이 새롭게 구성돼야 해요.

돌봄 시민 2 죽음은 누구도 피할 수 없잖아요. 육체적 죽음이 있고 정신적 죽음이 있는데, 한쪽이 더 빠르게 간다는 거죠. 치매는 정신적 죽음의 속도가 더 빠른 거죠. 개인이 이런 격차를 이해하고 거기에 적합한 뭔가를 하기는 힘들죠. 시행착오의 위험과 여러 가지 어려움을 개인 책임으로 떠맡기는 게 맞지 않는다, 국가가 주도하고 개인이 동참해야 한다고 생각하게 됐어요. 제 아버님은 치매 단계에서 요양원으로 가셔서 간병인이 붙어 있는 상황이에요. 간병인이 너무 힘들어하시는 거예요. 거의 한 95퍼센트가 조선족인데, 대부분 경제 활동을 위해서 오신 분이시고 간병인인지 환자인지 구분이 안 될 정도인 분들도 있어요. 국가가 나서서 체계적으로 관리하고 교육하고 이끌어 줘야 된다고 생각하거든요. 생각 안 하고 있다가 갑자기 내 일로 닥치면 우왕좌왕하게 되잖아요.

돌봄 시민 5　언제든지 우리는 돌봄을 받는 당사자가 될 수 있고 돌봄을 하는 당사자가 될 수도 있잖아요? 주변 또래 중에 돌봄이 뭔지 모르는 사람도 많아요. 발달 장애인은 어떤 특징이 있는지, 어떻게 돌봐야 하는지, 왜 돌봐야 하는지 전혀 모르는 상황이죠.

돌봄이라는 걸 돌봄 상황에 놓인 사람만 알고, 이제 막 닥친 사람들은 하나같이 몰라서 우왕좌왕하고. 학교에서 초등학교 졸업할 때부터 돌봄에 관해 배울 수 없을까요? 교과목에 들어가게 해서요. 개인 문제가 아니라 사회 문제로 다뤄야 해요.

돌봄 시민 3　봉사 활동 시간 채우는 정도인데요. 그런 것도 배제할 필요는 없지만 정규 과목이 돼야 합니다.

돌봄 시민 교육을 하는 돌봄 도시

돌봄 시민 6　가족 돌봄 청년이라고 한정해서 청년한테만 혜택을 주지 말고 통합적으로 균등하게 맞춤형으로 가면 좋겠어요. 어떤 분은 40대나 50대는 왜 세금만 내고 혜택이 없느냐는 말씀도 하시더라고요. 우리가 돌봄 기본권을 제안해서 잘되면 좋겠어요. 청년 당사자로서 청년 관련 제도가 생기면 반갑죠. 그렇지만 청년뿐 아니라 다양한 연령층이나 다양한 사람들한테도 혜택이 돌아가면 좋겠어요.

돌봄 시민 4 지역에서 할머니들을 만나서 뭘 해 보려다가 개인적으로 따로 이야기하고 들어야 한다는 생각이 들더라고요. 그러니까 모성이 엄마한테만 있는 게 아니잖아요. 누구에게나 있잖아요. 오늘 막내를 첫째랑 둘째한테 맡기고 왔거든요. 모성을 회복할 수 있는 교육이나 경험이 요즘 없다고 느껴요. 포용하고 수용하고 이해하는 경험과 방향성을 제시해 주고 한계나 경계, 책임을 알려 주는 돌봄 교육자가 필요하다는 생각이 들었고, 인지뿐 아니라 경험에 바탕한 교육을 같이하면 좋겠습니다. 어릴 때 옆집 엄마가 일하러 가기 힘들어서 7개월 된 갓난아이를 저희 엄마한테 부탁했거든요. 그래서 저랑 언니가 아기를 돌보니까 용돈을 주셨어요. 제가 막내를 우리 아이들하고 같이 키워 보니까 누군가를 돌보고 감정을 이해하고 밥을 먹이고 하는 과정이 모두 교육적으로 좋았어요. 부모님이 아이를 돌봐 주다가 자녀들이랑 갈등과 오해와 서운함이 쌓여서 관계가 단절되기도 하는데, 사실 남의 집 아이나 남의 부모한테는 너그러울 때가 많거든요. 교차해서 돌볼 수 있지 않을까 생각해요. 서로 다른 엄마들 얘기를 들어 보고 다른 자식들 얘기를 들어 보는 기회를 마련해 주고 연결해 주는 수 있는 사람이 필요하다는 생각이 들었습니다.

돌봄 시민 8 중고등학교에서 돌봄 교육을 하면 어떨까요?

돌봄 시민 4 죽음과 삶에 관한 공부도 같이하면 좋겠네요. 단순히 돌봄이 끝나는 지점은 결국 죽음인데, 죽음에 관한 얘기를 일상에서 나눌 기회가 너무 없어서요.

돌봄 시민 5   또래 중에 장애나 돌봄을 이해하지 못하는 사람이 많아요. 친구들은 제가 장애인을 돌본다는 사실을 모른다는 생각을 많이 했어요. 공교육 과정에서 장애나 질병 때문에 돌봄 당사자가 될 수도 있다고 배우면 좋겠어요. 어린 시절부터 억울했어요. 쟤들은 자유롭게 사는데 나는 왜 이렇게 살아야 되냐고 생각했어요. 친구들이 누리는 자유로운 시간을 나도 10분의 1만 나누고 싶다는 생각을 했어요. 군대처럼 의무적으로 돌봄에 시간을 써야 하는 제도가 있으면 좋겠어요.

돌봄 시민 3   건강한 삶이나 알찬 삶은 원하는 삶으로 이어 주는 거예요. 외부에서 오는 지원으로 한정하지 말고 그 사람이 원하는 것으로 채워야 해요. 지자체에서 '돌봄 도시'라는 타이틀 아래 첫 번째로 일할 거리를 마련하고, 두 번째로 일주일에 한 번씩 노래 같이 불러 주러 가는 주민 100명을 꾸려야 해요. 또한 일주일에 한 번씩 그림책 읽어 주는 활동이나 편지 대필해 주는 활동처럼 즐길 거리를 이어 주면 좋겠어요.

돌봄 시민 1   일본에서 할머니랑 할아버지랑 두 분이 사시는데, 어느 날 할아버지는 누워 계시고 할머니가 팔이 부러진 거예요. 30분 동안 빨래랑 설거지를 해 달라고 지자체에 지원을 신청했더라고요. 30분을 시간 통장에다 적립할 수도 있고 급여로 받을 수도 있어서 나중에 도움이 필요할 때 통장에서 꺼내 쓰는 거죠. 초등학교 때 시각 장애인을 도와주는 교육을 받기는 했거든요. 이런 교육을 모든 장애인에 관련해서 배워야 한다는 생각이 들었어요. 그리고 저처럼 갑자기 어떤 일이 벌어질 때 어디에 도움을 요청해야 하는지 당황스럽잖아요. 주민센터나 구청에 가면 된다고 교육하는 거죠. 그런데 유독 복지는 통합이라서 주민센터에 얘기하면 구청으로 넘어간다고 하는데, 통합이니까 어디를 가든 처리만 되면 좋겠어요. 통합이라 더 안 되더라고요.

돌봄 시민 2   간병인을 좀 체계적으로 운영하고 관리해야 해요. 예를 들어 저녁 7시에 간병인이 투입돼도 14만 원, 오전 9시에 퇴원을 하셔도 14만 원, 1박에 28만 원이에요. 다음으로 수급은 수월한 것 같은데 서비스가 굉장히 열악하다고 느끼거든요. 간병인이 병원 소속이 아니더라고요. 법적인 위험을 회피하기 위해서 간병인협회 소속도 아니고. 무자격 간병인 인력을 알선하는 상황인 거죠. 시장 논리 때문에 이런 금액으로 중국 동포밖에 없는 구조거든요. 간병 가족들은 의무 복무 같은 대처라든가 정부 지원을 통해서 부담을 줄여 주고, 간병하시는 분들은 소명 의식을 가지고 적정한 비용을 받을 방안을 마련하고, 요양보호사들은 의무 교육 시간을 인정해서 양질의 서비스를 제공할 수 있게 하는 체계적인 프로그램이 마련돼야 한다는 생각을 했어요. 8년째 치매를 앓고 계시지만 동네에서 저희 아버님 치매라는 말을 아직 못 하고 있어요. 치매가 창피한 일은 아닌데 사회적 인식이 좋지 않다 보니까 문화적으로 인식을 개선해야 할 것 같아요. 요즘 '케이 드라마'가 인기잖아요? 치매 가정들이 보내는 일상생활을 드라마로 만들어서 자연스럽게 보여 주면 어떨까 하는 생각도 했어요.

퍼실리테이터   이제 복습을 할게요. 누구나 장기요양 등급법, 청년뿐 아니라 다른 세대한테도 돌봄 혜택을 주는 돌봄 기본법, 다양한 세대나 다양한 사람을 이어 주는 직업적이고 전문적인 돌봄 연결자, 죽음에 관련된 교육을 하는 돌봄 교육자, 내 주변에 돌봄 당사자가 있다면 돌봄을 함께하는 의무 돌봄제, 돌봄을 필수 과목으로 넣기까지 여러 얘기를 하셨어요. 그다음에 돌봄 당사자들이 시간을 주체적으로 채울 수 있도록 지자체에서 지원하는 일자리와 문화 활동, 지자체에서 관리하는 타임뱅크, 처음 다칠 때 적용할 수 있는 가이드라인, 돌봄 관련 주관 부처 정리, 체계적인 간병인 제도 운영과 인력 관리, 치매 문화 교육 등을 말씀하셨습니다.

돌봄 시민 7 실효성이 중요해요. 대통령 후보들이 정책으로 받으려면 새로운 내용은 어려울 것 같아요. 돌봄 교육은 시민사회 중심으로 성평등 교육이랑 동시에 해야 한다는 이야기가 나오다가 만 것 같고, 장기요양 등급 확대도 되면 좋겠는데 잘 모르겠어요. 여성 친화 도시도 도시별로 관련 정책이 만들어지고 있어요. 돌봄 도시를 중앙 부처에서 내걸면 지자체가 선정되기 위해 뭔가 하지 않을까 생각해요. 사실은 장기요양 등급 확대가 가장 중요하다고 생각합니다.

돌봄 시민 6 모든 세대에 돌봄이 필요하니까 누구한테나 갈 수 있게 보편적 돌봄이 되면 좋겠어요. 장기요양 받을 때도 보면 65세 이상만 받을 수 있는 게 있고 65세 아니어도 받을 수 있는 특정한 병명이 있어요. 돌봄 단계도 당연히 도입되면 좋겠지만, 이미 있는 노인장기요양 제도랑 연결되는 통합적 돌봄 서비스가 생기면 좋겠어요. 돌봄통합법이 2026년 3월부터 시행되는데, 내가 사는 곳에서 돌봄을 받을 수 있다는 게 캐치프레이즈거든요. 그런데 지자체가 준비가 안 돼 있고 예산도 부족해서 실현될지 모르겠어요.

돌봄 시민 4 유아 교육을 전공하고 대학원을 사회복지 쪽으로 나와서 자격증은 다 있는데 결혼을 일찍 하고 아이를 셋 키우느라 공부한 것들을 활용할 기회가 별로 없었거든요. 아이를 키우는 일도 결국은 사회복지와 유아 교육에 관련된 일이어서 결혼 전보다 오히려 일을 잘할 수 있는 경험이 많이 쌓인 상태라고 생각하는데, 막상 취업하려고 보니까 경력이 단절된 탓인지 쉽지 않더라고요. 돌봄 교육자가 필요하다는 얘기는 제 얘기이기도 하거든요. 정말 힘들게 육아를 하는 엄마들에게 제 경험을 나눌 수 있으면 되게 좋겠어요. 잘하고 싶은데 잘 안 돼서 무너지는 심정이 어떤지 아니까요.

돌봄 시민 5 대통령 후보들에게 현실적인 정책을 전달하고 싶어요. 지금 육아 휴직을 1년 정도 주는데, 저는 돌봄 유급 휴가제가 생기면 좋겠어요. 돈도 벌고 생계도 유지해야 하니까요.

돌봄 시민 3 돌봄 시민 교육이 초중고부터 대학까지 필수 교육 과목으로 지정되고, 돌봄 도시를 국가 브랜드로 만들 수 있지 않을까요? 돌봄 유급 휴가도 세 달이든 다섯 달이든 육아 휴직처럼 필요하고요.

돌봄 시민 1 제가 마이스터고를 나왔는데, 사실 마이스터고도 대통령 선거에서 엄청 밀어서 실현됐거든요. 지금은 많이 죽었지만요. 어쨌든 대통령 선거에서 돌봄 교육을 밀면 좋겠어요.

돌봄 시민 2 돌봄 시간 인정, 군 복무 대체 돌봄 도입, 돌봄 의무 교육 도입, 자격증 취득 과정 중 현장 교육 의무화. 이렇게 하면 소명감 있는 사람들이 투입돼서 돌봄 제도도 안착하고 돌봄 현장에도 활기가 돌지 않을까요.

에필로그
101번째 돌봄 시민을 기다리며

허선 돌봄과미래 교육연수위원장·순천향대학교 사회복지학과 교수

"이게 과연 가능할까?" '맨땅에 헤딩'하는 심정이었습니다. 돌봄이라는, 너무나도 사적인 동시에 가장 보편적인 문제를 공론장으로 끌어내는 일은 시작부터 거대한 도전이었습니다. 그렇지만 시작하지 않으면 아무것도 할 수 없다는 믿음 하나로 우리는 '100인 돌봄시민회의'라는 천 리 길을 향해 첫걸음을 뗐습니다.

행사를 준비하면서 가장 염려한 점은 무거운 현장 분위기였습니다. 놀랍게도 현장은 밝은 웃음과 열기로 가득했습니다. 오랫동안 묻어 둔 이야기를 꺼내 놓을 수 있다는 안도감, 함께하면 바꿀 수 있다는 희망이 그곳에 있었습니다. 우리 모두 얼마나 간절히 기다린 자리인지를 보여 주는 증거였습니다. 돌봄 당사자 100명이 꺼내 놓은 절실한 외침이 더는 한숨 섞인 하소연으로 그치지 않고, 전문가가 제안한 정책이 현실에서 동떨어진 공허한 메아리로 사라지지 않게 하려면 무엇이 필요할까요?

지난 연말, 저와 조기현 대표는 이 절박한 물음 앞에서 당사자와 전문가가 함께 머리를 맞대고 해법을 찾자는 데 뜻을 모았습니다. 그런 의기투합이 가져온 결실이 바로 '100인 돌봄시민회의'이고, 지

금 여러분 손에 들린 이 책은 그 뜨거운 현장에서 길어 올린 100개의 '돌봄 목소리'를 한데 엮은 생생한 기록입니다.

정책을 만드는 사람과 전문가는 왜 반드시 돌봄 당사자가 내는 목소리에 귀를 기울여야만 할까요? 돌봄은 숫자로 된 통계나 보고서 속 활자만으로 결코 전부를 담을 수 없는, 구체적인 몸과 마음의 언어로 구성된 현실이기 때문입니다. 정책에 치우친 언어는 평범한 사람뿐 아니라 정치인의 마음을 움직일 수 없습니다. 한 사람 한 사람이 들려주는 생생한 경험담, 그 속에 담긴 '사례의 힘'이야말로 정책에 영혼을 불어넣고 실질적인 변화를 이끌어 내는 가장 강력한 동력입니다. 돌봄 예산은 해마다 늘어나는데 '간병 살인' 같은 비극은 오히려 증가하는 역설적 현실은 바로 이런 현장의 목소리가 정책에서 얼마나 중요한지를 뼈아프게 증명합니다. 돌봄 당사자의 삶에 무관한 정책은 아무리 그럴듯해도 결국 공허한 메아리가 될 뿐입니다.

이 책에 담긴 목소리들은 때로 비명에 가깝습니다. 가족 돌봄을 위해 직업적 경력을 포기해야 하는 억울함, 기약 없는 돌봄에 짓눌려 '가족이 다 죽어야 끝나냐' 하고 절규하는 막막함, 사회에서 고립된 채 모든 것을 홀로 감내해야 하는 외로움은 더는 개인에게 닥친 불행으로 남겨 둬서는 안 될 우리 사회 전체가 해결해야 할 과제입니다. 돌봄의 사회화가 이토록 시급한 이유는, 지금 이 순간에도 숱하게 많은 가정이 무너지고 있으며 숱하게 많은 개인이 존엄을 잃어 가고 있기 때문입니다. 이런 현실은 먼 미래에 다가올 위험이 아니라 바로 오늘 우리가 직면하고 있는 위기입니다. 더는 머뭇거릴 시간이 없습니다.

그렇기 때문에 우리는 단순히 어려움을 토로하는 데 그치지 않습니다. 돌봄 당사자들이 고통 속에서 스스로 찾아낸 지혜와 희망을 구체적인 정책으로 들려줍니다. 돌봄 편의점, 실질적인 가족 돌봄 휴가 제도, 걸어서 15분 안에 갈 수 있는 생활권 돌봄 거점 마련, 우리 모두 언제인가 돌봄의 주체이자 대상이 된다는 사실을 배우는 돌봄 시민 교육 의무화 등 당사자들이 뜨겁게 외친 요구는 이제 정책으로 구현될 준비를 마친 청사진입니다. 이런 내용은 막연한 바람이 아니라 우리 사회가 실현해야 할 최소한의 약속이자 정당한 요구입니다.

물론 '100인 돌봄시민회의'는 아쉬움도 많았습니다. 시간이 더 길었더라면, 장소가 더 넓었더라면, 더 많은 사람이 참여했더라면, 국회의원과 대통령 후보들이 더 오래 귀를 기울였더라면 하는 안타까움이 남습니다. 사실 이 회의는 몇몇 단체와 개인이 참여하고 후원해 성사시킨 자리였습니다. 언제까지 시민들이 스스로 돈을 내어 이런 자리를 만들어야 할까요? 이제는 국가가, 국회가 시민들 목소리를 듣는 일을 의무로 삼아야 합니다.

그래서 우리는 더 큰 꿈을 꿔야 합니다. 한 번 행사로 끝나서는 안 됩니다. 처음 계획한 대로 2024년 연금개혁 공론화위원회처럼 시민들 목소리를 정책에 상시적으로 반영할 수 있는 '300인 돌봄시민의회'를 법으로 만들어 시민 참여를 제도화해야 합니다. 이것이 바로 우리가 함께 요구하고 관철해야 할 다음 목표입니다.

이런 움직임은 우리만 벌이는 외로운 싸움이 아닙니다. 영국에는 60년 넘는 역사를 지닌 '케어러스 유케이(Carers UK)'가 있습니다. 선진 복지국가라면 돌보는 이들의 권리를 대변하는 전국적 단체가 당연히 활동해야 합니다. 저는 '100인 돌봄시민회의'가 '케어러스 코리

아'로 나아가는 의미 있는 시작점이 되리라 굳게 믿습니다. 돌봄 문제를 해결하기 위한 시민 참여를 법제화하고 우리 사회 곳곳에 이런 목소리가 더 크게 울려 퍼지게 만들기, 그런 변화가 바로 '전 국민 돌봄 보장'을 앞당기는 가장 확실한 길입니다.

　　　　　이제 마지막 바통은 이 글을 읽는 바로 당신에게 전해집니다. 책장을 덮는 순간 당신은 더는 방관자가 아니라 '101번째 돌봄 시민'입니다. 그저 읽고 공감하는 데 그치지 말고 이 책을 우리 동네 돌봄 지도를 바꾸는 '실천 매뉴얼'로 삼아 주십시오. 돌봄 시민들이 제안한 아이디어를 들고 이웃을 만나 작은 대화를 시작하고, 내가 사는 지역에서 활동하는 정치인에게 이 책을 건네며 물어 주십시오. "우리의 돌봄을 위해 무엇을 하고 있습니까?"

　　　　　우리는 삶의 어느 순간에는 돌보는 사람이 되고, 또 다른 순간에는 돌봄을 받는 사람이 되며, 그렇게 끊임없이 서로 자리를 바꿉니다. 그런 거대한 순환 속에서 부디 기억해 주십시오. 혼자서는 버거운 이 길은 우리 모두 함께 걸어간다면 얼마든지 잘해 낼 수 있으며, 그런 사회를 하루빨리 만들어야 한다는 사실을 말입니다.

　　　　　가장 연약한 순간에 놓인 자기 자신을 기꺼이 세상에 내어준 돌봄 시민 100명과 이제 101번째 이야기를 함께 쓸 독자 여러분께 마음 깊이 감사 인사를 전합니다. 돌봄이 더는 개인이 짊어져야 할 과제가 아니라 우리 사회가 함께하는 따뜻한 기쁨이 되는 그날까지, 우리 이야기는 결코 멈추지 않을 겁니다.